2

Economía
y política
en democracia

JOSÉ LUIS SÁEZ LOZANO

PROFESOR TITULAR DE ECONOMÍA DE LA UNIVERSIDAD DE GRANADA

Economía y política en democracia

EDICIONES PIRÁMIDE

COLECCIÓN «ECONOMÍA Y EMPRESA»

Director:
Miguel Santesmases Mestre
Catedrático de la Universidad de Alcalá de Henares

Diseño de cubierta: C. Carabina

Realización de cubierta: Anaí Miguel

© José Luis Sáez Lozano
© Ediciones Pirámide (Grupo Anaya, S. A.), 2000
Juan Ignacio Luca de Tena, 15. 28027 Madrid
Teléfono: 91 393 89 89. Fax: 91 742 36 61
Depósito legal: M. 48.024-1999
ISBN: 84-368-1411-8
Printed in Spain
Impreso en Lerko Print, S. A.
Paseo de la Castellana, 121. 28046 Madrid

A Juan Velarde Fuertes, maestro.

«Los partidos desarrollan políticas para ganar las elecciones; no ganan elecciones para desarrollar políticas» (Panebianco. *Modelos de partidos*, 1990).

Índice

Prólogo

Las relaciones entre la política y la economía son tan íntimas que se han analizado desde tiempos de Aristóteles. La novedad que se plantea ahora es la de los enlaces entre la economía y la política en esa nueva realidad que surgió a partir de finales del siglo XVIII. En ese momento estalló, por una parte, la Revolución Industrial, que día tras día muestra una capacidad tal en la generación de bienes y servicios que el diseño de su realidad no es una función lineal, sino que es una función exponencial. Simultáneamente, durante un siglo se consolidó la victoria del Parlamento sobre la Corona en Inglaterra tras la Revolución puritana; los Estados Unidos se independizaron tras una revolución impregnada de mensajes liberales y democráticos; finalmente, en 1789 estalló la Revolución Francesa y, con ella, el mundo entero recibió un mensaje que, tras la Segunda Guerra Mundial se intentó que fuese universal.

Tal mensaje de un hombre, un voto, rompiendo todo planteamiento estamental y corporativo, que la sociedad burguesa francesa había comenzado a emplear en el siglo XVIII en las Logias masónicas y que el abate Sieyès proclama como algo absolutamente obligado en *¿Qué es el Estado llano?,* se fue generalizando, con muchos altibajos y defectos, pero en el mundo occidental —si se quiere, en el mundo de la OCDE y algunos países más, que constituyen el núcleo económico esencial de nuestro planeta— esto es una realidad diaria, casi me atrevería a decir que absolutamente trivial.

En este momento, además, coexisten dos hechos. Por una parte, esa especie de anfictionía económica que ha surgido entre los pueblos con mayores niveles de renta de todo el mundo, ha cristalizado, a partir de finales de los años ochenta, en una realidad nueva: la globalización económica. El sistema globalizado ha pasado a existir como algo de enorme fuerza, que automáticamente disminuye la del Estado, y que exige a la política económica de éste, si quiere obtener resultados aceptables, una sumisión clarísima a las tendencias del sistema global. Al lado de esto, ha surgido una sociedad de masas. En su *Prólogo para franceses* de *La rebelión de las masas,* Ortega y Gasset atina a denunciar este fenómeno cuando señala, premonitoriamente, que «la unidad de Europa no es una fantasía, sino que es la realidad misma, y la fantasía es precisamente lo otro; la creencia de que Francia, Alemania, Italia o España son realidades sustantivas independientes... Este carácter unitario de la magnífica pluralidad europea, es... la buena homogeneidad, la que es fecunda y deseable, la que hacía ya decir a Montesquieu —en *Monarchie universelle: deux opuscules*—: "L'Europe n'est qu'une nation composée de plusieurs" y a Balzac, más románticamente, le hacía hablar de la "grande famille continentale, dont tous les efforts tendent à je ne sais quel mystère de civilisation". De este modo, esta muchedumbre de modos europeos que brota constantemente de su radical unidad y revierte a ella manteniéndola, es el tesoro mayor de Occidente... Triunfa hoy sobre toda el área continental una forma de homogeneidad que amenaza con consumir por completo aquel tesoro. Dondequiera ha surgido el hombre-masa, un tipo de hombre hecho de prisa, montado nada más que sobre unas cuantas y pobres abstracciones y que, por lo mismo, es idéntico de un cabo de Europa al otro. A él se debe el triste aspecto de asfixiante monotonía que va tomando la vida en todo el continente. Este hombre-masa es el hombre previamente vaciado de su propia historia, sin entrañas de pasado y, por lo mismo, dócil a todas las disciplinas llamadas *internacionales.* Más que un hombre es sólo un caparazón de hombre constituido por nuevos *idola fori;* carece de un *dentro,* de una intimidad suya inexorable e inalienable, de un yo que no se puede revocar. De aquí que esté siempre en disponibilidad para fingir ser cualquier cosa. Tiene sólo apetitos, cree que tiene sólo derechos y no cree que tiene obligaciones: es el hombre sin la nobleza que obliga —*sine nobilitate*— snob...

Como el snob está vacío de destino propio, como no siente que existe sobre el planeta para hacer algo determinado e incanjeable, es incapaz de entender que hay misiones particulares y especiales mensajes. Por esta razón es hostil al liberalismo... La libertad y el pluralismo son dos cosas recíprocas y... ambas constituyen la permanente entraña de Europa».

La canalización, en uno u otro sentido, de esa riada de bienes y servicios, interesa muchísimo a todos los miembros de la sociedad. Poco a poco, para alcanzar el poder, a veces con ese cinismo extremo que el profesor Tierno Galván admitió que era el humus en el que germinaba la ambición de los políticos —hacer promesas con el ánimo clarísimo de no cumplirlas—, se formulan propuestas de política económica poco racionales, a sabiendas de que no van a provocar efectos secundarios muy desagradables. Surge así el mundo de los demagogos. Volvamos de nuevo a Ortega cuando nos advierte: «Es, en efecto, muy difícil salvar una civilización cuando le ha llegado la hora de caer bajo el poder de los demagogos. Los demagogos han sido los grandes estranguladores de civilizaciones. La griega y la romana sucumbieron a manos de esta fauna repugnante, que hacía exclamar a Macaulay —en *Histoire de Jacques*—: "En todos los siglos, los ejemplos más viles de la naturaleza humana se han encontrado entre los demagogos". Pero no es un hombre demagogo simplemente porque se ponga a gritar ante la multitud. Esto puede ser en ocasiones una magistratura sacrosanta. La demagogia esencial del demagogo está dentro de su mente y radica en su irresponsabilidad ante las ideas mismas que manejan y que él no ha creado, sino recibido de los verdaderos creadores. La demagogia es una forma de degeneración intelectual».

Ahora, pasan cosas en relación con todo esto en el mundo occidental, que en grandísima medida es todo el mundo, tras la caída del muro de Berlín en noviembre de 1989 y la entrada de los pueblos del Tercer Mundo en ese pavoroso caos que hoy reina en África y que asoma más de lo que debiera en amplias zonas de Iberoamérica y del Asia del Índico, que les obligan a pedir un casi ininterrumpido auxilio a Occidente. Esas cosas que suceden son, en primer lugar, una creciente producción de bienes y servicios, que parece que no va a detenerse en su rápido ascenso, que crea en todas partes ese absurdo mundo consumidor de chirimbolos que denunció Galbraith en *The affluent society* y que ha llegado a su cumbre actualmente en Norteamérica. En este país la voracidad del consumidor es tal que, colectivamente, desahorra, y crea así un hueco financiero muy importante en el sistema financiero mundial. En esa capacidad de deglución de mercancías y servicios, radica precisamente una de las bases del hombre-masa. Ha cambiado la frase de Descartes, estropeándola, naturalmente, como atinó a observar un inteligente periodista francés, a un «Consumo, luego existo».

Por otro lado, crea hábitos de consumo casi normalizados en el planeta, el enlace entre esta demanda masiva, la expansión gigantesca de las multinacionales que, contra lo que muchos señalaban sobre las deseconomías de escala, gozan de excelente salud, y emprenden, incluso, activas políticas de fusiones, y la globalización económica, facilitada además por la irrupción de los ordenadores así como de las telecomunicaciones debido a los avances en la exploración del espacio exterior. Gracias a Internet y a las campañas publicitarias a escala mundial los lemas, las marcas, son semejantes en Moscú y en Nueva Delhi, o en Nueva York, Madrid, Buenos Aires o Londres. Además este proceso se acentúa por momentos. El bramido de los rinocerontes de Ionesco se expansiona por doquier, y en su pastoreo más se oyen las voces de los demagogos que las de los maestros.

Por supuesto que nos encontramos en todo esto, precisamente, además, en estos mismos momentos, con un panorama muy complejo sobre el que conviene reflexionar. La reacción del filósofo alemán Peter Sloterdijk contra la *bestialización* de la civilización moderna, así como el posible renacimiento del humanismo —con todo lo que éste nos ha proporcionado, desde la democracia al derecho—, lleva a Alain Renaut —el director de una considerable *Histoire de la philosophie politique* (5 tomos, Calmann-Lévy, 1999)— a señalar que «el asunto Sloterdijk es, en realidad, una reacción ante la reactivación del racionalismo democrático —incluso transformado— bajo la órbita de la teoría de la justicia de Rawls o bajo la ética de la discusión, especialmente en la filosofía de Jürgen Habermas, que caracteriza la filosofía política desde el fin de la Segunda Guerra Mundial». Por supuesto que es preciso aquí tener en cuenta ese alegato de John Rawls, que es su *Teoría de la justicia,* publicada en 1971, que se alzó contra el utilitarismo de Bentham y Mill que impregnaba toda la vida estadounidense.

En esta obra intentaba dilucidar la cuestión básica de cuáles eran las condiciones mínimas para que una sociedad capitalista avanzada, como puede ser ahora la española, pudiese calificarse de automáticamente democrática. Naturalmente, la línea de Hayek y Nozick puso el grito en el cielo. Por otro lado, más a la izquierda que Rawls, ha protestado Michael Sandel en su obra *Democracy's discontent, America in search of a public philosophy* (Belknap Press, 1996), que ha dado lugar a una rica polemica, en parte recogida en los *Collected papers* de Rawls (Harvard University Press, 1999). Lo que se intenta es frenar la autocomplacencia de los Estados Unidos, al observar su innegable crecimiento económico. Es lo que pretende Richard Porty en su *Achieving our country* (Harvard University Press, 1998). Sloterdijk, por un lado, y Rawls y sus epígonos más o menos discrepantes por otro, muestran una notable disconformidad con esta realidad creada por el avance económico.

Quizá en el fondo tales disconformidades tengan unos cimientos muy débiles, porque lo que pretenden es luchar contra los efectos de una globalización que se ha pasado a demonizar. Parecería que los filósofos actuales se parecen a los chamanes que creían que las nubes o las sequías eran reacciones de espíritus a los que había que calmar y que, por ello, de algún modo, se podían manejar. Nada de eso; a la lluvia o a la sequía no se las puede manipular *ex ante* con ensalmos; sí, *ex post,* con embalses y canales. En estos momentos eso es lo que sucede, ante este fenómeno de la economía globalizada. Fernando Henrique Cardoso lo acaba de señalar muy bien en unas declaraciones a Jean-Jacques Sévilla, que aparecen en *Le Monde* de 21-22 de noviembre de 1999: «Se me reprocha —indica el presidente de Brasil— no hacer causa común, para a continuación actuar, con países como la India, Malasia o África del Sur. Las gentes no se dan cuenta que los tiempos han cambiado. Antaño los Estados eran actores importantes. Hoy su margen de maniobra es mucho más reducido. No pueden hacer frente a los desafíos del desarrollo del mismo modo que antes». De todos modos, con ideas como las del impuesto Tobin, los días 20 y 21 de noviembre de 1999, en torno a la cuestión de *El progresismo ante el siglo XXI,* que se divide en dos grandes ponencias, *La nueva economía: igualdad y oportunidad* y *Las democracias en el siglo XXI: valores, derechos y responsabilidades,* se han reunido en Florencia, invitados por el Instituto Universitario Europeo y la Universidad de Nueva York,

Bill y Hillary Clinton, Cardoso, Tony Blair, Gerhard Schröder, Lionel Jospin, y en algún grado Antonio Guterres, y los anfitriones Romano Prodi y Massimo d'Alema. Intentaron escudriñar por dónde se puede introducir, bajo su durísimo caparazón, algún electrodo que convierta en manejable a la economía global. Parece que no han acertado con la coyuntura por donde puede lograrse algún tipo de intervención dominadora de este nueva y gigantesca realidad, con la que hay que convivir, guste o no.

El resultado es que van a existir fenómenos de repulsa que nadie va a saber cómo canalizar, porque es preciso no ser ingenuos respecto a los planteamientos democráticos en relación con los dirigentes políticos. Éstos pueden creer que es posible algún tipo de elitismo. Nada sería más equivocado. Los votantes van a actuar y son capaces de desbarajustarlo todo. La acción de los demagogos va a ser muy intensa en este sentido. Tanto que dos miembros de la famosa escuela de Virginia, Buchanan y Wagner, fueron autores de un ensayo célebre, *Democracy in deficit,* porque el déficit financiero del sector público pasa a ser, normalmente, el fruto de estos manejos. Por eso, casi angustiados, lanzaron la idea de la constitucionalización del equilibrio presupuestario, como único camino para así escapar de la demagogia.

Esta cuestión de los propagandistas políticos, de los populismos, de los demagogos, introducen en todo lo anterior una variable muy importante. Sin tenerla en cuenta, no percibimos adecuadamente la realidad. De ahí la importancia de los trabajos de Alesina y su grupo. Tras sus huellas, que podríamos sintetizar en los trabajos sobre los enlaces entre las elecciones democráticas y la evolución de la política económica, ha marchado el profesor José Luis Sáez Lozano, escudriñando la concreta realidad española en ese sentido. Es una cuestión muy delicada, y probablemente sólo él podría llevarla adelante. El enlace de un buen conocimiento estadístico, una comprensión macroeconómica muy aguda, un análisis certero de la realidad política, una enorme capacidad de trabajo, han de situarse en los cimientos de una obra como ésta que prologo. Al concluir de leer *Economía y política en democracia,* el estudioso comprenderá lo importante que es conocer todo esto si queremos estar bien ambientados en estas cuestiones. También entenderá de modo más atinado mucho de la historia política contemporánea de España.

Conozco al profesor Sáez desde hace mucho tiempo. Siempre me admiraron tanto su vocación investigadora como su capacidad expositiva docente. Asimismo, el no desalentarse nunca ante las dificultades que inevitablemente aparecen en estos terrenos académicos. Este libro es buena muestra de todo este impulso intelectual que le convierte en un economista importante.

Madrid, 23 de noviembre de 1999.

JUAN VELARDE FUERTES

1

Introducción

Transcurridos los primeros años de nuestra joven, pero a la vez madura democracia, ha llegado el momento de analizar qué ejecutivos han utilizado la política económica con fines ideológicos, políticos o ambos a la vez. A priori, es previsible que en estos veintidós años transcurridos desde la instauración de las libertades públicas, algunos gobiernos hayan orientado la política presupuestaria, las medidas que regulan el empleo e incluso los instrumentos monetarios[1] con el fin de satisfacer los principios ideológicos del partido que respaldó su acción de gobierno, otras veces han buscado un mayor respaldo electoral en los próximos comicios, o bien persiguieron ambos fines al mismo tiempo. En ese sentido, nuestro principal objetivo en este libro es investigar qué ejecutivos han manipulado la economía con fines partidistas, políticos y eclécticos, en qué momento sucedió, y cuál fue la magnitud de tal instrumentalización.

En los albores del siglo XXI, no se pone en duda que economía y política interactúan entre sí, a través de diferentes mecanismos e instrumentos. Desde que en 1959, Lipset[2] publicara su germinal y polémica tesis sobre la relación entre desarrollo económico y democracia, han ido apareciendo estudios[3] que evidencian que no

---

[1] Aun a pesar de que en junio de 1994 se aprobó la Ley de Autonomía del Banco de España, nadie duda, que hasta ese momento, la política monetaria pudo utilizarse con fines oportunistas, partidistas o satisfactorios.

[2] Vid. S. M. Lipset (1959). «Some social requisites of democracy: Economic development and political legitimacy». Incluido en S. M. Lipset (1960). *Political man: The social basees politics.*

[3] Vid. A. Alesina y D. Rodrik (1994). «Distributive politics and economic growth»; G. Bertola (1993). «Factor shares, saving properasities, and endogenous growth»; R. Peroti (1992). «Income distribution, politics, and growth»; y T. Persson y G. Tabellini (1991). *Is inequallity harmful for growth? Theory and evidence.*

estamos ante una cuestión marginal e irrelevante dentro del panorama investigador de la ciencia económica. Desde entonces, cada vez son más los investigadores que planteamos la posibilidad de que los gobiernos democráticos se vean tentados a utilizar algunos instrumentos de política económica con fines ideológicos, políticos y eclécticos; pero esta línea de trabajo no alcanzó su máximo apogeo, hasta que se publicaron los primeros trabajos de *Public Choice,* cuya hipótesis fundamental es que el Estado no es neutral en su acción de gobierno, tal y como defendía la Síntesis Neoclásica, que dominó el pensamiento económico desde mediados de los cincuenta hasta los años setenta. El Estado ya no es el elemento exógeno que garantiza el orden social en un sistema económico democrático, más bien es una institución regida por personas concretas, que buscan satisfacer unos intereses. En ese sentido, el gobierno es un componente más, que aun actuando de modo colectivo, está regido por políticos que desarrollan su función coaccionados muchas veces por intereses partidistas y/o electorales. La desmitificación del político, como alguien que es inmune a cualquier preferencia ideológica o interés político, la sintetizó muy bien Buchanan: *El romanticismo se ha ido, quizá, para nunca volver. Se ha perdido el paraíso socialista. Los políticos y los burócratas son personas comunes, bastante parecidas a nosotros, y la política es considerada como un juego, en el que muchos jugadores, con objetivos bastante dispares, se interrelacionan; de tal manera, que se genera una serie de resultados que pueden no ser coherentes ni eficientes bajo ningún criterio.*

Con anterioridad a la *Public Choice,* hay algunas aportaciones importantes, que es necesario reseñar. En primer lugar, destacaría la posición crítica mantenida por *Kalecki* en los años treinta respecto al papel estabilizador de los gobiernos. A finales de los años cincuenta, aparecieron los trabajos de *Downs*, que alteraban la visión que se tenía hasta el momento del sistema democrático en las economías industrializadas; sin olvidar tampoco el carácter pionero del trabajo de *Lipset*, que evidenciaba la relación causal entre desarrollo socioeconómico y democracia[4].

---

[4] El corolario que se extraía del trabajo de Lipset era: *El progreso económico conduce irremediablemente al restablecimiento del régimen de libertades públicas, allá donde impera la dictadura.*

A finales de la década de los sesenta, *Schumpeter* expuso de forma clarividente lo que ya había avanzado Antony Downs diez años antes: *los gobiernos son conscientes cuando aplican políticas desestabilizadoras del orden social.*

Desde que en 1948 *Black*[5] publicara su artículo sobre la toma de decisiones racionales en grupos y colectivos, la *Public Choice* es el ámbito científico que más ha aportado al acervo literario de la interrelación entre economía y política en sistemas democráticos. Sería injusto olvidar el trabajo de *Arrow*, al que le siguió la teoría económica de la democracia de *Downs*, el cálculo del consenso de *Buchanan* y *Tullock* y la teoría de las coaliciones de *Riker*.

En el ámbito científico de la Elección Publica hay tres escuelas diferentes: Virginia (Charlottesville, Blacksburg y Fairfax), Rochester y Bloomington. Los virginianos (Buchanan, Tullock...) se han centrado en el estudio de la eficiencia económica del sector público, los procesos de democratización, el papel del mercado, la legislación, la burocracia, los grupos de interés, la corrupción... en las economías democráticas modernas. Los de Rochester se han preocupado del voto económico, el papel de las políticas públicas, la democracia... en los países desarrollados; y los de Bloomington analizan aspectos de la Administración Pública, el orden constitucional, la descentralización administrativa... en las economías avanzadas.

Una vez hecho este preámbulo, con el fin de justificar que este análisis político de la economía española durante la transición y la democracia pertenece al ámbito de uno de los programas de investigación de mayor relevancia dentro del panorama científico de las ciencias sociales, pasamos a describir las distintas partes en las que se estructura este libro. Como podrá comprobar el lector, no hay un capítulo previo dedicado a enumerar los antecedentes teóricos y empíricos a este estudio, ya que los primeros son suficientemente conocidos y se han presentado de forma resumida en los párrafos anteriores; en cuanto a los segundos, hemos de señalar que, para el caso español, no existen estudios exhaustivos que abarquen todo el período de la transición y la democracia.

Cuando se analiza la relación entre economía y política en un período de tanta relevancia de nuestra historia contemporánea, es

---

[5] Vid. D. Black (1958). *The theory of committees and elections.*

necesario comenzar examinando los rasgos básicos de la política económica articulada y sus resultados macroeconómicos. En ese sentido, el capítulo segundo de este libro se dedica al análisis de la política presupuestaria, monetaria y mercado de trabajo; sin olvidar que la valoración de la política económica se hará a partir de la evolución del nivel de actividad, desempleo, inflación, saldo presupuestario, tipos de interés a corto plazo... Este examen de la economía española en la transición y la democracia se contextualiza dentro del marco político y en el régimen de política económica que se articularon las diferentes medidas.

En el primer epígrafe del capítulo 2 se analiza el sector público y la política presupuestaria; sin embargo, este apartado se implementa con un examen de la evolución de los principales agregados monetarios y la política monetaria. El último punto de este tema se centra en el estudio del desempleo, enmarcándolo dentro de la política de empleo aplicada en este período. Incluimos un apéndice en donde se identifican los distintos ciclos de la economía española durante la transición y la democracia, mediante el cálculo de las tasas interanuales de crecimiento acumuladas del PIB en pesetas de 1986.

Si conocer los aspectos básicos de la macroeconomía española y la política económica es fundamental para explicar la interacción entre el dominio económico y el ámbito político, también es necesario revisar los rasgos que caracterizaron la política de este período trascendental de la historia contemporánea española. En el capítulo tercero analizamos el sistema político español durante la transición y la democracia, describimos la dinámica electoral desde una perspectiva estrictamente temporal, para, a continuación, concluir este capítulo relatando la dinámica gubernativa y las remodelaciones del ejecutivo acontecidas en este período. Al igual que en el tema anterior, finalizamos este tema con un apéndice dedicado a identificar los distintos ciclos de popularidad de la transición y la democracia a través de la evolución del nivel de intención de voto.

Una vez examinados los aspectos fundamentales del ámbito económico y el dominio político durante la transición y la democracia, nos planteamos profundizar en el análisis de la interacción entre economía y política a lo largo de este período. Para ello, en el capítulo cuarto calculamos un índice de sufrimiento económico y un indicador de estabilidad política, con el fin de evaluar la gestión de los diferentes gobiernos, tanto en materia económica como política. El índice de sufrimiento económico propuesto es un indicador que nos permite valorar la gestión macroeconómica de un gobierno en términos relativos, a partir de la tasa de inflación subyacente interanual, la tasa de paro mensual, el crecimiento interanual del PIB, el saldo presupuestario en términos de PIB mensual y los tipos de interés oficial bajo el mandato de cada gobierno. Desde que Okun propuso su índice de miseria para evaluar los resultados económicos durante un período de tiempo determinado, basándose tan sólo en la tasa de inflación y desempleo, han ido apareciendo distintos trabajos aplicados a diferentes países y momentos. El principal inconveniente del indicador propuesto por Okun es que no adopta un período de referencia, y ello supone, que un gobierno que herede una situación caracterizada por una elevada inflación y alta tasa de desempleo, será juzgado como un ejecutivo generador de miseria, dado que le será muy difícil reducir drásticamente el valor del índice. Barro intentó corregir este inconveniente planteando un índice de miseria ampliado, que mide las diferencias medias entre legislaturas, si bien es cierto que seguía basando su cálculo en la inflación y el paro. El indicador de sufrimiento que nosotros proponemos supera todas estas vicisitudes, ya que nos permite valorar la gestión macroeconómica de un gobierno en términos relativos, a partir de la tasa de inflación subyacente interanual, la tasa de paro mensual, el crecimiento interanual del PIB, el saldo presupuestario en términos de PIB mensual y los tipos de interés oficial bajo el mandato de cada gobierno.

En estos cuatro capítulos hemos analizado los aspectos fundamentales del ámbito económico y el dominio político que han caracterizado la interacción entre economía y política durante la transición y la democracia; sin embargo, a partir de este punto avanzamos en la investigación de esta cuestión, calculando el ciclo ideológico (capítulo 5), político (capítulo 6) y ecléctico (capítulo 7). En la década de los setenta se publicaron los primeros trabajos en los que se investigaba si la acción de los gobiernos democráticos estaba influenciada por determinados factores de índole ideológica (partidista). En el caso concreto de la transición y la democracia española pretendemos investigar si la intervención de los diferentes ejecutivos ha estado supeditada a criterios estrictamente ideológicos, de manera que los objetivos económicos de los distintos partidos que nos han gobernado aparecían claramente diferenciados, ya que se orientaban en función de su signo político. Dado que la principal crítica que se le hace a los planteamientos iniciales del ciclo ideológico es de índole teórica, pues parten del supuesto de que los electores no tienen un comportamiento racional a la hora de decidir su voto, nos propusimos a continuación investigar si en este período ha habido ciclos partidistas de carácter racional.

En estos veintidós años de transición y democracia, en España ha habido tres regímenes gubernativos: la UCD, que gobernó hasta diciembre de 1982; el PSOE, que alcanzó el poder en este mes, y concluyó su mandato en mayo de 1996; y el PP que gobierna desde ese año. Adoptando como referencia estos tres ciclos ideológicos, calculamos el índice de diferencias entre los gobiernos de la UCD y el PSOE, y entre socialistas y el gobierno del PP en materia de estabilidad de precios, pleno empleo, crecimiento económico, saldo presupuestario y tipos de interés oficial. No obstante, dado que las diferencias partidistas no sólo se manifiestan entre ejecutivos con ideologías diferentes, sino que también se presentan a lo largo del mandato, nos planteamos calcular el índice de estabilidad/cambio. Por último, no podemos obviar que en España, al igual que en algunos países de nuestro entorno, tanto la inflación como la evolución del déficit presupuestario y los tipos de intervención practicados por el Banco de España han sido fenómenos persistentes bajo el mandato de los distintos gobiernos de la transición y la democracia; de ahí que calculemos el índice de diferencias permanentes entre los distintos regímenes como alternativa.

Al igual que en el caso de la teoría partidista, existen dos enfoques del ciclo político de la economía: la visión ingenua y la racionalista. En todos ellos se investiga si la acción de los gobiernos democráticos ha estado influenciada por determinados factores de índole política (oportunista). En el caso concreto de la transición y la democracia española, pretendemos averiguar si la intervención de los diferentes ejecutivos se ha fundamentado en criterios estrictamente oportunistas, de manera que los objetivos económicos de los distintos gobiernos se han supeditado al calendario electoral. En estos veintidós años ha habido siete elecciones a Cortes Generales y al Senado: 15 de junio de 1977, 1 de marzo de 1979, 28 de octubre de 1982, 22 de junio de 1986, 29 de octubre de 1989, 6 de junio de 1993 y 3 de marzo de 1996. Adoptando como referencia política estos ciclos electorales, calculamos un índice oportunista que nos permite conocer en qué medida los distintos gobiernos han utilizado los objetivos de política económica (crecimiento económico y estabilidad de precios) y las macrovariables empleo, déficit presupuestario y tipos de interés a corto plazo, con una finalidad electoralista.

La pregunta que hemos de formularnos ahora es cómo puede existir un ciclo político con las características mencionadas, en el que se supone que los votantes no son racionales, ya que, cuando votan, solamente recuerdan la situación económica más próxima (año electoral) y olvidan el pasado más lejano. A partir de esta crítica, han ido formulándose diferentes propuestas de lo que se conoce como teoría del ciclo corto de carácter oportunista a medio y largo plazo, que evidencian cómo los ciclos políticos tradicionales solamente son posibles si los electores no poseen información perfecta de la situación económica, de los objetivos de la política económica, o de la capacidad del gobierno para desarrollar las medidas adecuadas. Para poder analizar los ciclos políticos de carácter racional utilizamos dos índices oportunistas (retrospectivo y prospectivo), que nos permiten diagnosticar si los distintos ejecutivos se plantearon una estrategia política a medio y largo plazo en las distintas convocatorias electorales, respecto a la inflación, desempleo, crecimiento económico, saldo presupuestario y tipos de interés a corto plazo.

Las teorías del ciclo ideológico y político de la economía presuponen que los políticos (gobierno) están preocupados permanentemente por la situación económica, orientando la política económica de un modo discrecional. Frente a estos planteamientos surgió la propuesta de ciclo ecléctico: los políticos (gobierno) interfieren en la economía solamente cuando la coyuntura es muy desfavorable, si sus expectativas de reelección se ven seriamente amenazadas, o, por el contrario, aprecian que la situación del país preocupa al electorado. En el caso concreto de la transición y la democracia española, nuestro objetivo es investigar si la intervención de los diferentes gobiernos ha estado supeditada a criterios oportunistas e ideológicos, de tal modo que la orientación de la política económica ha podido depender de los niveles de popularidad del(los) partido(s) que respaldan al gobierno.

A partir del criterio anterior diremos que un ejecutivo induce políticamente un ciclo económico, cuando aplica medidas encaminadas a solucionar los problemas económicos que más dañan su índice de aceptación; por el contrario, cuando goza de un superávit de popularidad, es decir, si su nivel de popularidad está por encima del umbral mínimo exigido para seguir en el poder, se puede plantear la consecución de objetivos partidistas, que en otras circunstancias no podría hacer. Basándonos en los criterios anteriores, calculamos los índices oportunistas (ingenuo y racional) en las etapas de la UCD y el PSOE, cuando ambos partidos experimentaron déficits de popularidad; sin embargo, estimamos los indicadores de diferencias ideológicas y estabilidad/cambio (ingenuo y racional) en aquellos períodos que los ejecutivos del PSOE y del PP han gozado de superávit.

Finalizamos este estudio sobre la interacción entre política y economía durante la transición y la democracia, con un capítulo (octavo) dedicado a reseñar las principales conclusiones que se extraen del mismo.

2

La economía de la transición y la democracia: presupuesto, dinero y trabajo

Cuando se analiza la relación entre economía y política en un período tan relevante desde una perspectiva histórica, es fundamental examinar previamente los rasgos básicos de la política económica articulada y los resultados macroeconómicos. Para ello, hemos de comenzar revisando la política presupuestaria, monetaria y el mercado de trabajo; y todo ello sin olvidar que la valoración de la política económica ha de hacerse a partir del análisis de la evolución del nivel de actividad, el desempleo, la inflación, el saldo presupuestario, los tipos de interés a corto plazo...

Si estudiamos la política económica de la transición y la democracia apreciamos que la política fiscal y monetaria han interactuado entre sí, como consecuencia de las necesidades financieras del sector público nacional. Efectivamente, el déficit y su financiación han condicionado la orientación de la política monetaria en estos últimos años, y han afectado de modo indirecto al objetivo de estabilidad de precios[1]. Al margen de estas consideraciones, no debemos olvidar que un análisis exhaustivo de la economía española durante la transición y la democracia exige que se contextualice dentro del marco político[2] y el régimen de política económica en el que se articularon[3].

---

[1] Vid. M. Canzoneri y B. Diba (1997). «Restricciones fiscales a la independencia de los bancos centrales y a la estabilidad de precios», pp. 223-252. Incluido en VV. AA. (1997). *La política monetaria y la inflación en España.*

[2] Véase figura 1. El régimen político es el entorno institucional en el que se desenvuelve la política económica.

[3] Véase figura 1. El régimen de política económica viene determinado por el carácter y la orientación de las medidas presupuestarias y monetarias; en definitiva, es el marco de índole institucional en el que se desenvuelve la política presupuestaria y monetaria.

Período	Régimen político	Régimen política económica Política presupuestaria	Política monetaria
1973-15 junio de 1977	Final de la Dictadura, restauración de la Monarquía y gobierno de Suárez	El final de la planificación indicativa (1973-1977)	El control monetario en una economía cerrada (1973-1983)
4 julio de 1977- 1 marzo de 1979	Primer y segundo gobiernos UCD (Suárez)	La conmoción y las pretensiones reformistas (1977-1985)	
29 marzo de 1979- 28 octubre de 1982	Tercero, cuarto y quinto gobiernos UCD (Suárez). Sexto y séptimo ejecutivos de la UCD (Calvo Sotelo)		
3 diciembre de 1982-22 junio de 1986	Primero y segundo gobiernos del PSOE		La transición a un nuevo modelo (1984-1989)
25 julio de 1986- 29 octubre de 1989	Tercero y cuarto gobiernos del PSOE		Estabilidad tras el ingreso en el SME (julio 1989-julio 1992)
15 diciembre de 1989-6 junio de 1993	Quinto gobierno del PSOE. En 1991 dimite el vicepresidente Guerra, posteriormente hubo dos remodelaciones de gobierno	El arduo camino de la integración (1986-1996)	Sobresaltos y crisis del SME (agosto 1992-mayo 1994)
14 julio de 1993- 3 marzo de 1996	Quinto gobierno del PSOE, con cuatro remodelaciones. Sexto gobierno del PSOE, con una remodelación		— La autonomía del Banco de España y la nueva estrategia monetaria (junio 1994). — Crea la zona euro (2 mayo de 1998).
3 marzo de 1996- 19 enero de 1999	Primer gobierno del PP	— La ortodoxia presupuestaria del PP. — La Euroeconomía: programa de estabilidad y crecimiento (1998-2002).	— Nombramiento consejeros BCE (3 mayo de 1998). — Política Monetaria Única (1 enero de 1999).
20 enero de 1999-	Segundo gobierno del PP		

Fuente: Elaboración propia.

Figura 1. Política económica de la transición y la democracia.

En el epígrafe siguiente analizaremos los rasgos básicos del sector público y el presupuesto en la transición y la democracia, pero adoptando como referencia institucional los distintos regímenes de política económica del período. En el epígrafe tercero implementaremos el estudio del déficit y la política presupuestaria con el examen de la política monetaria, dedicando el último epígrafe de este capítulo, al análisis del mercado de trabajo y la política de empleo aplicada en estos años de convivencia en libertad.

2.1. EL DÉFICIT PÚBLICO Y LA POLÍTICA PRESUPUESTARIA

Si tuviésemos que caracterizar la política presupuestaria de la transición y la democracia diríamos que ésta se ha distinguido por la elevada propensión al déficit crónico[4], si exceptuamos los excelentes resultados alcanzados por el ejecutivo de José María Aznar en los años de mandato, que ha logrado reducir el nivel de déficit hasta el 1,9% del PIB[5]. No obstante, en este período de convivencia en libertad, apreciamos la presencia de varios regímenes de política presupuestaria que están ligados a otros tantos regímenes políticos: *el final de la planificación indicativa (1973-1977), la conmoción y las pretensiones reformistas (1977-1985), el arduo camino de la integración (1986-1996)* y *la ortodoxia presupuestaria del PP y la Euroeconomía (1996-).*

a) El final de la planificación indicativa (1973-1977)

El tardío franquismo y la posterior transición hacia las primeras elecciones democráticas del 15 de junio de 1975 contribuyeron a que el sector público se distinguiera por dos peculiaridades básicas: una estructura funcional antigua, e instituciones que se caraterizaban por un comportamiento tradicional, que distaba mucho de la moderna hacienda pública del mundo desarrollado[6]. El gasto públi-

---

[4] Cf. E. Fuentes Quintana (1997). *El modelo de economía abierta y el modelo castizo en el desarrollo económico de la España de los años 90,* pp. 51-154.

[5] Véase cuadro 2.1.

[6] Vid. J. L. Malo de Molina (1994). «Diez años de economía española». Incluido en AB Asesores (1994). *Historia de una década de sistema financiero y economía española 1984-1994.*

CUADRO 2.1

Rasgos básicos del sector público en la transición
y la democracia

Año	Gasto público (% PIB)	Déficit público (% PIB)
1973	23,28	1,13
1974	23,32	0,18
1975	26,07	−0,36
1976	27,5	−0,74
1977	29,01	−1,06
1978	30,88	−2,2
1979	32,23	−2,22
1980	33,75	−3,22
1981	36,47	−4,65
1982	38,25	−6,41
1983	39,35	−5,58
1984	40,05	−6,09
1985	42,59	−6,94
1986	42,13	−5,97
1987	40,95	−3,13
1988	41,08	−3,25
1989	42,56	−2,8
1990	43,65	−4,1
1991	45,28	−4,89
1992	46,39	−4,13
1993	49,66	−7,45
1994	48,03	−6,92
1995	47,24	−6,64
1996	46	−4,4
1997	44,4	−2,6
1998	43,5	−1,9

FUENTE: Contabilidad Nacional de España (INE) y Cuentas Financieras del Banco de España.

co en España no superaba el 25% del PIB, mientras que en los países comunitarios este ratio ascendía hasta el 45,4%, y la deuda pública nacional alcanzaba un nivel ciertamente inferior al de nuestros vecinos. Por otra parte, el buen estado de las finanzas públicas no era la consecuencia inmediata de un excelente ritmo de ingresos, ya que el sistema fiscal se caracterizaba por la insuficiencia recaudadora. A la luz de las afirmaciones anteriores, hay quienes argumentan que éste fue el *embrión de una tendencia al desequilibrio presupuestario*[7] en la transición y la democracia.

La razones últimas que iluminaban el subconsciente de las autoridades del tardío franquismo fueron, fundamentalmente, la inoportunidad política para abordar obligaciones políticas por parte del(los) ejecutivo(s) de la transición. En cualquier caso, no debemos obviar que el primer gobierno de la monarquía tampoco podía acometer todas las tareas de un modo inmediato.

b) Conmoción y pretensiones reformistas (1977-1985)

Tras las primeras elecciones generales celebradas en esta nueva etapa democrática, la hacienda pública estaba sumida en un estado de *conmoción*[8], como consecuencia del control en el gasto público y el escaso nivel recaudatorio del sistema tributario. La política de ajuste y saneamiento de los Pactos de la Moncloa fue claramente reformista, sobre todo en materia de ingresos impositivos, ya que era la mejor estrategia para equilibrar un presupuesto expansivo[9]; sin embargo, los gobiernos de la UCD, con un apoyo minoritario en la Cámara de los Diputados, no desarrollaron la mayoría de las medidas allí plasmadas. Como resultante de todo este proceso, el gasto público, tras experimentar un auge explosivo en 1975[10], mantuvo una tendencia media de crecimiento interanual por encima del 5%[11], evidenciándose así la incapacidad de los ejecutivos centristas para controlar su expansión del gasto público. Más allá de que la debilidad parlamentaria de la UCD pudiera justificar el crecimiento explosivo que registró el gasto público durante su mandato, los factores últimos que explicaban el auge que experimentó esta macrovariable fueron: la crisis económica de 1975 y su segunda ronda de la crisis de 1979 (que favorecieron el incremento del gasto estructural), el aumento de las prestaciones sociales y servicios públicos (que contribuyó al aumento del gasto público), la finan-

---

[7] Ib.

[8] E. Fuentes Quintana (1997). *El modelo de economía abierta...,* p. 149.

[9] Cf. E. Fuentes Quintana (1983). «Hacienda democrática y reforma fiscal». Incluido en G. Anes y L. A. Rojo (1983). *Estudios en homenaje a Diego Mateo del Peral.*

[10] Véase gráfico 2.1.

[11] Véase gráfico 2.1.

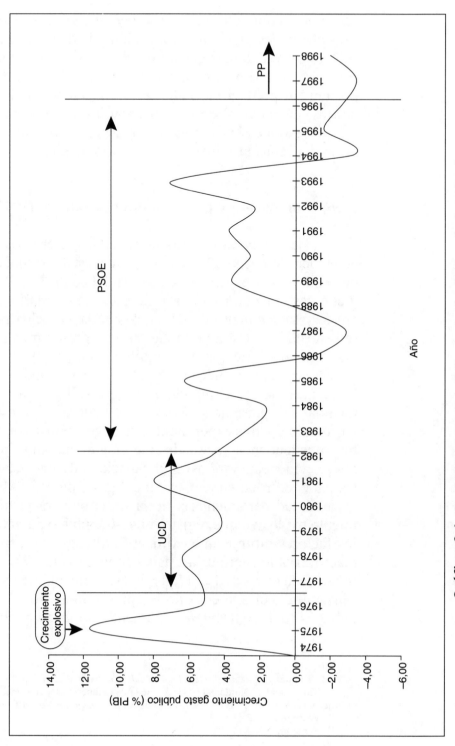

Gráfico 2.1. Evolución del gasto público en la transición y la democracia.

ciación del déficit público recurrente (que obligó a las autoridades económicas a emitir deuda pública, cuyos intereses había que pagar periódicamente), las subvenciones y las transferencias a empresas en crisis (con el fin de sanear sus estados financieros), y, por último, no podemos olvidar que el Estado de las Autonomías y la descentralización del gasto no fueron ajenos a este proceso.

La convulsión que sufrió la hacienda pública en la transición y durante los primeros años de la democracia, se tradujo en un crecimiento *insostenible*[12] del déficit presupuestario. Las principales consecuencias que originó este desequilibrio en la situación financiera del conjunto de las Administraciones Públicas fueron[13]: el escaso margen que le dejaba a la política monetaria para controlar la inflación, su incompatibilidad manifiesta con la balanza de pagos por cuenta corriente (deficitaria), la imposibilidad de reducir los tipos de interés[14], y el retroceso en el proceso liberalizador del sistema financiero a partir de 1982[15].

c) El arduo camino de la integración (1986-1996)

Con la integración de España en la CEE, la hacienda pública comienza un *arduo camino* que vino marcado, en una primera fase, por la *consolidación del gasto*[16], que se invertiría a partir de 1988[17]. La recuperación económica facilitó un relativo control del déficit público entre 1986 y 1988[18], pero tras la huelga general de este año[19], la política presupuestaria se caracterizó por volver a ser expansiva, debido, en gran medida, al fuerte aumento que registró el gasto público estructural. Esta *pérdida de autonomía y flexibilidad* en la articulación de la política presupuestaria, se agudizaría aún más en

---

[12] J. Marín y J. M.ª Peñalosa (1997). *Implicaciones del marco institucional y de la política presupuestaria para la política monetaria en España.*

[13] Cf. L. A. Rojo (1984). «El déficit público». *Papeles de Economía Española,* núm. 21.

[14] Los tipos de interés elevados obstaculizaban la recuperación de la inversión privada y, por extensión, la reactivación económica.

[15] La justificación dada por el primer ejecutivo socialista, para imponer coeficientes a los activos financieros, fue la necesidad de financiación el déficit público.

[16] E. Fuentes Quintana (1997). *El modelo de economía abierta...*, p. 150.

[17] Vid. E. Fuentes Quintana (1983). «Hacienda democrática y...». Incluido en G. Anes y L. A. Rojo (1983). *Estudios en homenaje a Diego Mateo del Peral.*

[18] Véase cuadro 2.1.

[19] E. Fuentes Quintana (1997). *El modelo de economía abierta...*, p. 151.

el bienio 1992-1993[20], donde la crisis económica contribuyó a profundizar en la herida del déficit público[21], que alcanzó la cota histórica del 7,45% del PIB, gracias también a la colaboración del gasto público[22].

La incorporación de España a la CEE suponía un nuevo régimen de política económica, tendente a la convergencia económica. La armonización tanto política como económica exigía un mayor rigor presupuestario; no obstante, aun a pesar de que el déficit osciló en torno al 3% del PIB[23], el gasto público sí experimentó un importante aumento a lo largo del trienio 1987-1989[24].

Tras la celebración de elecciones generales en 1989, el candidato a la presidencia del gobierno se comprometió en su debate de investidura a reducir el déficit y a no incrementar el gasto público; sin embargo, la realidad fue muy distinta: el gasto aumentó su participación hasta alcanzar el 49,66% del PIB, y el déficit logró su máximo histórico del 7,45% en 1993[25]. Los intentos por parte del ejecutivo de neutralizar los efectos expansivos de la política presupuestaria, con medidas monetarias tendentes a elevar los tipos de interés, favoreció la entrada de capital y la apreciación del tipo de cambio, hasta alcanzar los límites máximos de las bandas de fluctuación fijadas dentro del mecanismo del SME.

La reactivación económica facilitó el control del déficit y el gasto público a partir de 1994: el gasto descendió hasta el 48,03% del PIB, y el déficit se situó en torno al 7%[26].

d) La ortodoxia presupuestaria del PP y la Euroeconomía (1996-)

Coincidiendo con la llegada del PP al gobierno de la nación, estas macrovariables se estabilizaron en torno a niveles comunitarios: el gasto público en términos del PIB disminuyó hasta 43,5%,

---

[20] Ib.
[21] Véanse cuadro 2.1 y gráfico 2.2.
[22] Véanse cuadro 2.1 y gráfico 2.1.
[23] Véase cuadro 2.1.
[24] Véase gráfico 2.1.
[25] Véase cuadro 2.1.
[26] Véase cuadro 2.1.

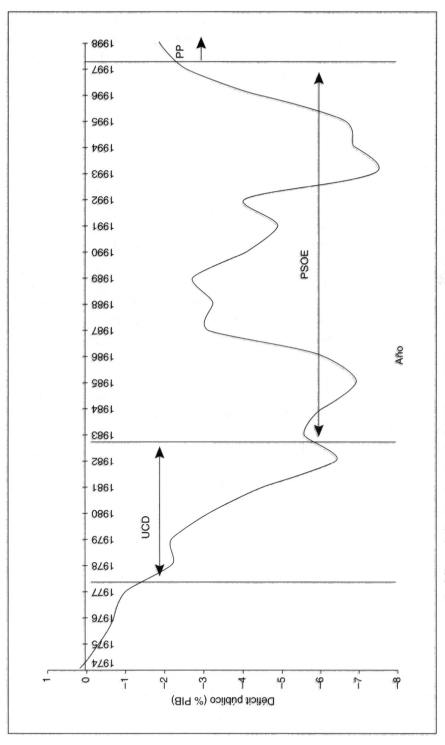

Gráfico 2.2. Evolución del déficit público en la transición y la democracia.

y el déficit presupuestario descendió hasta el límite insospechable del 1,9% en 1997[27]. El último semestre de 1996 fue un período de avance económico, que vino marcado por la celebración de unas elecciones generales en marzo y la posterior formación de un gobierno minoritario estable, que contaba con el apoyo parlamentario de otras fuerzas del espectro ideológico[28]. A partir de ese momento, el nuevo ejecutivo mantuvo una *actitud ortodoxa,* pues, apenas iniciada la legislatura, aprobó un conjunto de medidas de ajuste presupuestario, además de otras tendentes a incentivar y liberalizar la economía española. Posteriormente, logró un *acuerdo* presupuestario para 1997 con las fuerzas políticas que le respaldan parlamentariamente; hecho que se repitió sucesivamente para los ejercicios 1998 y 1999. Por otra parte, no podemos obviar, tanto la participación activa del presidente Aznar para alcanzar el Pacto de Estabilidad y Crecimiento aprobado en la Cumbre de Jefes de Estado de la UE de diciembre de 1996[29], como el compromiso que adquiría el gobierno en el Programa de Estabilidad y Crecimiento (1998-2002), que ratificó la Comisión Europea a mediados de febrero de 1999, y en el que se garantizaba el rigor presupuestario para los años sucesivos[30].

En definitiva, esta nueva orientación en la política presupuestaria española, tras la llegada del PP al gobierno de la nación, ha contribuido a que España pudiese entrar a formar parte del grupo de países Euro-11, que son los once países comunitarios que conforman lo que se conoce coloquialmente como Eurolandia, tal y como dictaminaron los Jefes de Estado y de Gobierno en el Consejo Europeo celebrado el 2 de mayo de 1998. Efectivamente, el ejecutivo de Aznar había conseguido situar el déficit público por debajo del 3% del PIB, como exigía el Tratado de la Unión Europea (TUE); sin embargo, no logró la plena sostenibilidad de las finanzas públicas, ya que la deuda bruta del conjunto de las Administraciones Públicas se situó a finales de 1998 en el 67,4% del PIB, ligeramente por encima del criterio de convergencia del 60%.

---

[27] Véase cuadro 2.1.

[28] Estos partidos políticos son: CiU, PNV y Coalición Canaria (CC).

[29] Entre los objetivos del Pacto de Estabilidad estaba el control presupuestario.

[30] Recordemos que el gobierno del PP se compromete a reducir el déficit presupuestario en términos del PIB sucesivamente a lo largo de los próximos años, hasta lograr en el 2002 un superávit del 0,1%.

Si todos los argumentos esgrimidos hasta ahora pudieran resultar insuficientes para evidenciar la ortodoxia presupuestaria del ejecutivo del PP, concluyamos con dos datos que reflejan la nueva situación de la hacienda pública española: el déficit público descendió hasta el 1,9% del PIB en 1998, ciertamente por debajo de las previsiones formuladas por el gobierno y los organismos económicos; mientras que el gasto público disminuyó hasta el 43,5% del PIB, continuando la senda descendente iniciada en 1993[31].

No podemos finalizar este epígrafe sin reseñar que esta actitud ortodoxa del gobierno del PP se reafirmó en el Programa de Estabilidad y Crecimiento (1998-2002), y que fue aprobado por la Comisión Europea a mediados del mes de febrero de 1999. Comienza así una nueva fase dentro de este régimen de política presupuestaria, que denominamos Euroeconomía, donde el gobierno se compromete a seguir respetando las reglas de disciplina financiera y de coordinación con el resto de los países comunitarios plasmadas tanto en el TUE como en el Pacto de Estabilidad; de ahí que el ejecutivo se proponga alcanzar, en el año 2002, que el gasto público en términos del PIB no supere el 41,2%, y un superávit presupuestario del 0,1%[32].

2.2. EL DINERO Y LA POLÍTICA MONETARIA

Con la aprobación de la Ley de Autonomía del Banco de España en junio de 1994 culminaba una estrategia política iniciada veinticinco años atrás, que pretendía implantar un *política monetaria activa*[33] orientada a procurar un ambiente de estabilidad financiera, con el fin de profundizar en el control de la inflación y mejorar el equilibrio externo, sin olvidar que todo ello debería suceder en un ambiente de crecimiento sostenido para la economía española.

Si tuviésemos que caracterizar la política monetaria de la transición y la democracia destacaríamos que hay un antes y un después de junio de 1994, cuando entra en vigor la Ley de Autono-

---

[31] Véase cuadro 2.1.

[32] Vid. Ministerio de Economía y Hacienda (1999). *Programa de estabilidad España 1998-2002.*

[33] J. L. Malo de Molina (1997). *Introducción,* pp. 21-48. Incluido en VV. AA. (1997). *Op. cit.*

mía del Banco de España, ya que el único objetivo de la autoridad monetaria a partir de ese momento era el control directo de la inflación; hasta entonces, el Banco Central se preocupaba tanto del diseño de la política monetaria como de su instrumentación. Desde junio de 1994, hasta nuestros días, hay que diferenciar dos subperíodos perfectamente delimitados por las exigencias derivadas del TUE, pues a partir del 1 de enero de 1999 entró en vigor el nuevo marco legal que regula la política monetaria única, en donde las autoridades monetarias de los países que se incorporaron a la UEM cedieron su soberanía monetaria al Banco Central Europeo (BCE)[34].

En estos veintidós años de convivencia en libertad se han sucedido varios regímenes de política monetaria, que están ligados a otros tantos regímenes políticos: *el control monetario en una economía cerrada* (1973-1983), *la transición a un nuevo modelo* (1984-1989), *estabilidad tras el ingreso en el SME* (julio de 1989-julio de 1992), *sobresaltos y crisis del SME* (agosto de 1992-mayo de 1994), *la autonomía del Banco de España y la nueva estrategia monetaria* (junio de 1994-mayo de 1998) y el Banco Central Europeo (BCE) y la política monetaria europea (mayo de 1998-).

a) El control monetario en una economía cerrada (1973-1983)

La desaparición del sistema de tipos de cambio fijos que había caracterizado al Sistema Monetario Internacional hasta 1973 condujo al Banco de España a plantearse una estrategia de control monetario en dos niveles: el primero consistía en fijar unos objetivos de inflación y crecimiento económico, utilizando para ello unos instrumentos que determinaban el nivel de liquidez del sistema (objetivos intermedios); por el contrario, en el segundo nivel se pretendía controlar un agregado monetario que interrelacionara la liquidez con los objetivos finales de inflación y crecimiento de la actividad económica. El agregado monetario que se utilizó fue las disponibilidades

---

[34] Vid. Analistas Financieros Internacionales (1999). «La política monetaria del Banco Central Europeo», pp. 41-59. Se analiza con más profundidad la estrategia de política monetaria única, la estructura del BCE, la instrumentación de la política monetaria...

líquidas o M3, mientras que la *variable instrumental* empleada para controlar la liquidez era los *activos de caja del sistema bancario*.

A partir de 1978 el Banco de España modificó su objetivo intermedio, definiendo unos límites máximos y mínimos de crecimiento de la M3, una vez que la última devaluación de la peseta había acontecido un año antes, y la política había experimentado un importante progreso tras la firma de los Pactos de la Moncloa. Es evidente que el Banco de España cumplió con sus objetivos intermedios, ya que entre 1979 y 1983 el crecimiento de la M3 se mantuvo dentro de las bandas de fluctuación previstas[35]. Si a ello le agregamos que la inflación registró tasas de crecimiento relativamente menores a partir de 1978[36], concluiremos que la política monetaria logró unos resultados muy notables si se compara con las previsiones realizadas por el ejecutivo de la UCD.

A medida que avanzaba la década de los ochenta fueron surgiendo algunos problemas para este esquema de política monetaria, ya que aparecieron los primeros síntomas de inestabilidad en la relación entre la M3 y los objetivos últimos, como consecuencia de los procesos de innovación financiera. Por otra parte, la estabilidad de los tipos de interés se hacía cada día más necesaria, pero, al mismo tiempo, el control de los activos de caja infundía al mercado monetario más volatilidad.

Todo ello motivó que la autoridad monetaria cambiase su objetivo intermedio en 1984.

b) La transición a un nuevo modelo (1984-1989)

Esta perdida de estabilidad en la relación entre la M3 y los objetivos intermedios, junto al deseo de mantener un equilibrio en los mercados financieros, y las dudas que infundía el sistema de tipos de cambio flexible, fueron los argumentos esgrimidos por el Banco de España para alterar su estrategia de control monetario en 1984. A partir de esta fecha, los activos líquidos en manos del público (ALP) pasaron a ser el objetivo intermedio[37]. Es evidente que esta

---

[35] Véase cuadro 2.2.
[36] Véase gráfico 2.3.
[37] Recordemos que los ALP son la M3, más otros activos financieros con elevada líquidez.

CUADRO 2.2

Evolución de los objetivos monetarios en la transición y la democracia
(1978-1998)*

Año	Banda inferior (%)	Evolucion efectiva M3 (%)	Banda superior (%)	Banda inferior (%)	Evolucion efectiva ALP (%)	Banda superior (%)
1978	14,5	20,30	19,5			
1979	15,5	19,40	19,5			
1980	16	16,10	20			
1981	14,5	15,70	18,5			
1982	13,5	15,30	17,5			
1983	11	12,80	15			
1984				10,5	13,90	14,5
1985				11,5	13,20	14,5
1986				9,5	11,40	12,5
1987				6,5	14,30	9,5
1988				8	11,00	11
1989				6,5	11,00	9,5
1990				6,5	11,00	9,5
1991				7	10,80	11
1992				8	5,20	11
1993				4,5	8,60	7,5
1994				3	8,20	7
1995				–	6,6	–
1996				–	–3,3	–
1997				–	5,1	–
1998				–	1,5	–

* En 1984 la M3 fue sustituida como variable objetivo intermedio por los ALP. Las bandas inferior y superior son los objetivos que se fija el Banco de España.
FUENTE: Boletín Estadístico del Banco de España.

nueva orientación en la política monetaria facilitaba la relación entre los ALP y los objetivos finales de crecimiento económico e inflación.

A partir de 1980 el Banco de España relajó sus objetivos en términos de activos de caja del sistema bancario, ya que aparecieron las primeras desviaciones significativas con respecto a las bandas de fluctuación previstas inicialmente, y pasó a controlar la liquidez a través de los *tipos de interés a corto plazo;* sin embargo, su objetivo final era estabilizar los tipos a largo y su estructura intertem-

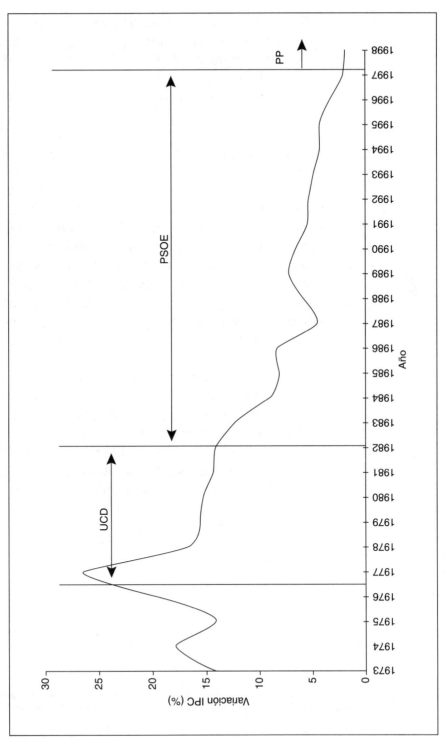

Gráfico 2.3. Evolución del IPC durante la transición y la democracia.

poral. Si a todo ello le agregamos que el Banco de España comenzó a preocuparse por la evolución del tipo de cambio, comprenderemos por qué a partir de 1986 el objetivo de crecimiento de los ALP comienza a interpretarse con cierta *flexibilidad*[38], evidenciándose las primeras desviaciones con respecto a las bandas de fluctuación previstas[39].

Coincidiendo con nuestra adhesión a la CEE en 1986, el *tipo de cambio* fue ganando protagonismo como mecanismo de control dentro de la política monetaria. Para ello, se utilizó el *índice de posición efectiva nominal frente a los países comunitarios*[40]; que a partir de 1988 fue sustituido por el *tipo de cambio nominal con respecto al marco alemán*. La estabilidad cambiaria que exigía nuestra pertenencia a la CEE limitó la autonomía del Banco de España a la hora de instrumentalizar la política monetaria[41]. Todo ello favoreció unas tasas de inflación ciertamente superiores a las experimentadas por los países centrales de la comunidad; de ahí, que la autoridad monetaria se viese obligada a practicar unos tipos de interés más elevados que nuestros vecinos de la CEE.

Al amparo de este diferencial en la remuneración del ahorro, la importación de capitales extranjeros aumentó y la peseta se apreció, de tal modo que era inviable esterilizar todo el volumen de divisas que entraban en nuestro país, con el fin de frenar el proceso revalorizador de nuestra moneda. En los primeros meses de 1987 se pretendió romper este círculo vicioso estableciendo medidas de control a la entrada de capitales procedentes del exterior. Dado que ello coincidió con una persistencia en las tensiones inflacionistas, el Banco de España optó por admitir las desviaciones en su objetivo monetario durante 1987 y 1988[42].

Las dificultades para controlar el tipo de cambio, lejos de remitir, restaron autonomía al Banco de España a la hora de orientar la política monetaria con fines antiinflacionistas; de ahí que el 19 de

---

[38] J. Ayuso y J. L. Escrivá (1997). «La evolución de la estrategia de control monetario en España», p. 96. Incluido en VV. AA. (1997). *Op. cit.*

[39] Véase cuadro 2.2.

[40] Excepto Grecia y Portugal. Se trata de un índice del tipo de cambio, ponderado por los niveles de intercambio con cada país.

[41] Vid. J. L. Malo de Molina y J. Pérez (1990). «La política monetaria española en la transición hacia la unión monetaria europea»; y J. L. Escrivá y J. L. Malo de Molina (1991). *La instrumentación de la política monetaria española en el marco de la integración europea.*

[42] Véase cuadro 2.2.

junio de 1989, dado que las restricciones del sector exterior no remitían, sino que se multiplicaban, el gobierno socialista decidió que España se incorporase a los mecanismos de cambios del SME.

c) Estabilidad tras el ingreso en el SME (julio de 1989-julio de 1992)

La peseta se incorporó al SME en un ambiente caracterizado por la estabilidad del tipo de cambio, siendo la banda de fluctuación del ±6%. La intención del gobierno socialista, al anticipar nuestro ingreso en este mecanismo cambiario, era mejorar su reputación a la hora de luchar contra la inflación, al mismo tiempo que otorgaba credibilidad a la política económica, y dotaba de mayor libertad al Banco de España para practicar una política monetaria más restrictiva: elevó el coeficiente de caja y aumentó el tipo de intervención que practicaba la autoridad monetaria.

Aun a pesar de las medidas adoptadas, la demanda interna se encontraba en una dinámica claramente expansiva y la política presupuestaria no contribuía a frenarla; de ahí que las autoridades decidiesen aplicar medidas transitorias, pero con carácter de urgencia: restringir la expansión del crédito bancario a la inversión y el consumo, al mismo tiempo que controlaba el cambio de moneda, con el fin de evitar que aquel fuese sustituido por el crédito procedente del exterior. La falta de efectividad en el control administrativo del crédito, unido a la asignación ineficiente de los recursos que generaba este mecanismo monetario, obligó a las autoridades a abandonar esta medida y a levantar las restricciones a la entrada de capitales procedentes del exterior a partir de enero de 1991. De este modo, la política monetaria tendía hacia un esquema basado en un sólo nivel, donde el tipo de interés de intervención se fijaba buscando que no pusiese en peligro la estabilidad cambiaría de la peseta dentro de las bandas fijadas en el SME. El Banco de España seguía proponiendo un objetivo de crecimiento de los ALP, con el fin de controlar la liquidez del sistema monetario y mantener la estabilidad del tipo de cambio.

Transcurridos los tres primeros años de ingreso de la peseta en el mecanismo de cambio del SME, nuestra moneda no había sufrido ningún ataque especulativo, ni tensiones importantes, aun a pesar de estar siempre muy próxima al límite superior de la banda de fluctuación. Ello permitió al Banco de España mantener unos tipos de interés elevados, con el fin de controlar la inflación[43]; sin embargo, no podemos olvidar que el diferencial con respecto a los países centrales de la comunidad era muy desfavorable para España.

En definitiva, esta evolución de los objetivos monetarios tras ingresar en el SME era un mero espejismo que respondía a una situación coyuntural, ya que a medio y largo plazo este esquema no se podía mantener, entre otras razones por las diferencias existentes entre los distintos países de la CEE en materia de estabilidad monetaria y macroeconómica en general. Bajo este escenario, se entiende por qué el SME entró en crisis a partir del verano de 1992.

d) Sobresaltos y crisis del SME (agosto de 1992-mayo de 1994)

Efectivamente, en el último cuatrimestre de 1992 el mecanismo de cambios del SME experimentó la mayor crisis de su historia: la libra esterlina y la lira abandonaron el sistema, el escudo se devaluó y nuestra moneda necesitó dos realineamientos en este año. Finalmente, las autoridades monetarias de la CE decidieron ampliar a partir de agosto la banda de fluctuación hasta el límite del ±15%.

A partir del 2 de junio de 1992, una vez que se había celebrado el referéndum danés sobre la ratificación del Tratado de la Unión Económica (TUE), la peseta entró en una fase de depreciación continuada frente al marco, abandonando la zona próxima al límite superior de fluctuación. El margen de maniobra que le quedaba al gobierno socialista era muy reducido, ya que, por otro lado, nuestro tipo de cambio se aproximaba al límite superior, con respecto a la libra esterlina. No obstante, el Banco de España mantuvo el tipo de interés de intervención[44]; pero a medida que pasaba el tiempo, la situación cambiaria se fue deteriorando cada vez más, y el 17 de septiembre de 1992, coincidiendo con la salida de la libra esterlina y la lira del SME, las autoridades españolas decidieron devaluar la

---

[43] Véase gráfico 2.3.

[44] El tipo de interés de intervención venía marcado por los certificados de depósito.

peseta un 5%. Ello no fue suficiente para mantener la confianza de los capitales extranjeros, que insistieron en sus pretensiones cambiarias, de tal modo que la peseta continuó la senda devaluatoria, y el Banco de España se vio obligado a practicar una nueva devaluación del 6% el 21 de noviembre de 1992.

En este ambiente de inestabilidad monetaria y macroeconómica, Felipe González decidió disolver las Cortes en abril de 1993, convocando elecciones generales para el 6 de junio de ese año. Si a ello le agregamos que los sondeos de opinión pública apuntaban que ninguno de los dos partidos mayoritarios podrían gobernar con mayoría absoluta, comprenderemos por qué la peseta fue objeto de tensiones devaluatorias. La situación continuó agravándose, y ello obligó a la autoridad monetaria a devaluar la peseta un 8% el 14 de mayo de 1993.

Esta última devaluación alivió las tensiones cambiarias durante unos días, ya que tras la celebración de los comicios parlamentarios, las presiones reaparecieron; de ahí que el 2 de agosto de 1993 las autoridades comunitarias decidieran ampliar la banda de fluctuación de la peseta y las restantes divisas europeas hasta el ±15%. Esta nueva situación otorgaba al Banco de España un margen de maniobra para reorientar su política monetaria, sin embargo, la autoridad monetaria mantuvo controlada la expansión de los ALP[45], con el fin de estabilizar la inflación[46] a niveles europeos. No podemos concluir sin reseñar que esta estrategia monetaria se vio afectada negativamente por la falta de ortodoxia en la política presupuestaria, amén de otros componentes de la política de rentas, como el anómalo comportamiento salarial[47].

e) La autonomía del Banco de España y la nueva estrategia monetaria (junio de 1994-mayo de 1998)

La reforma del SME de 1993, que ampliaba las bandas de fluctuación del tipo de cambio de las monedas comunitarias, obligaba al Banco de España a replantearse su política monetaria. Al fijar los

---

[45] Véase cuadro 2.2.
[46] Véase figura 2.3.
[47] Vid. J. Ayuso y J. L. Escrivá (1997). *Op. cit.,* p. 115. Incluido en VV. AA. (1997). *Op. cit.*

objetivos para 1994 se vislumbraba ya la nueva estrategia de control, que terminaría implantándose en 1995: *la conducción de la política monetaria pasaba a descansar más en el seguimiento de la inflación y su evaluación a medio plazo, en relación con la pauta seguida por los países centrales del SME, ya que uno de los retos prioritarios era alcanzar la estabilidad de precios*[48].

La Ley de Autonomía del Banco de España, aprobada en junio de 1994, facilitó la implantación de este nuevo esquema de control monetario basado en un sólo nivel, caracterizado por la fijación de un objetivo en términos de tasa de crecimiento de la inflación. Además, esta ley, conjuntamente con el TUE, prohibía que la máxima autoridad monetaria financiara directamente al sector público; y si a ello le agregamos que el acuerdo de Maastricht limitaba el nivel de déficit y deuda pública de los países que quisieran acceder a la tercera fase de la UEM, entenderemos las claves de la nueva política económica que comenzó aplicarse a partir de 1994.

A finales de 1994 la tasa de inflación se situaba en el 4,34%, muy por encima de los países centrales de la UE. Si a la incertidumbre que generaba esta coyuntura inflacionista, le agregamos los temores que infundía la inestabilidad política, entenderemos por qué el gobierno socialista adoptó una nueva estrategia monetaria en 1995. En los primeros días de este año, el tipo de intervención del Banco de España subió hasta el 8%; en marzo, la autoridad monetaria se vio obligada a practicar una nueva devaluación de la peseta, ya que los agentes interpretaron esta subida de los tipos de interés como una maniobra para defender la cotización de nuestra moneda; a continuación, el Banco de España elevó de nuevo el tipo de interés oficial.

Con las medidas anteriores, no se consiguió disipar las tensiones inflacionistas. Ello obligó al Banco de España a aumentar el tipo de la subasta decenal en el segundo trimestre de 1995, fortaleciendo así la cotización de la peseta y favoreciendo la caída de los tipos de interés a largo plazo. El control de los precios facilitó el recorte de los tipos de interés oficial, durante el segundo semestre del año.

Ante este panorama, la política monetaria para 1996 tenía como principal reto profundizar en el control de la inflación, con el fin

---

[48] Banco de España (1993). «La política monetaria en 1994».

de reducir el diferencial con respecto a la UEM. Además, en este año se celebraron elecciones generales el 3 de marzo de 1996, y la actitud presupuestaria del nuevo gobierno relajó la política monetaria: los ALP registraron un descenso[49], el precio oficial del dinero inició una senda descendente, el tipo de cambio se mantuvo por encima de la paridad central del SME...

En 1997, la política monetaria practicada por el Banco de España continuó en la senda iniciada en 1996: se desaceleró el crecimiento de los ALP y M3, la M1 y M2 mantuvieron un ritmo acelerado, hubo una reducción progresiva de los tipos de intervención decenal, hasta situarse en el 4%, el tipo de cambio de la peseta evolucionó a lo largo del año de un modo muy estable...; y todo ello sucedió en un ambiente económico difícil, que estuvo dominado por el aumento de los tipos de interés oficiales del Bundesbank y los episodios de inestabilidad en los mercados financieros del sudeste asiático. Como resultado de esta ortodoxia monetaria, la tasa de inflación alcanzó la cifra histórica del 1,7%, gracias también a la política presupuestaria restrictiva practicada por el gobierno de Aznar en 1997[50].

En este último año de soberanía en materia de política monetaria, el Banco de España mantuvo una actitud relajada debido en gran parte al rigor presupuestario del ejecutivo popular[51]. Los tipos de interés continuaron la senda descendente iniciada en 1997, ya que la inflación estaba bajo control. Efectivamente, el 13 de febrero la autoridad monetaria rebajó el precio del dinero, cuando aún los mercados seguían disfrutando de una gran estabilidad; pero fue aún más intensa la reducción de los tipos de interés a largo plazo, situándose el diferencial de la deuda española y alemana a 10 años en torno a 15 puntos básicos. Todos estos elementos no hubiesen facilitado la expansión económica, si los bancos y cajas de ahorros no hubiesen rebajado el tipo de activo.

Durante el segundo trimestre de 1998, el Banco de España pudo continuar con su política de reducción progresiva de los tipos de la subasta decenal; mientras que los tipos de interés a largo oscilaron en estos tres meses: en abril registraron un repunte, para después

---

[49] Véase cuadro 2.2.

[50] Recordemos que el déficit presupuestario descendió hasta el 2,6% del PIB.

[51] Vid. A. Laborda Peralta (1998). «Balance de la economía española en 1998 y perspectivas para 1999», pp. 89-102.

bajar de nuevo en mayo. A mediados del mes de julio las Bolsas españolas iniciaron un proceso de corrección, tal y como sucedió en la mayoría de los países de la OCDE, que se agudizó en agosto y septiembre; y ello generó un desplazamiento masivo de los ahorradores desde la renta variable a la fija, sobre todo hacia los títulos norteamericanos y europeos, que obligó a elevar los tipos de interés a largo plazo en España. El papel estabilizador de la UEM y la crisis financiera internacional facilitaron que la autoridad monetaria reiniciase de nuevo su política de reducción del precio del dinero, y el 7 de octubre se situó el tipo de la subasta decenal en el 3,75%.

En el cuarto trimestre de 1998 los mercados financieros fueron recobrando la confianza y la inflación seguía bajo control; de ahí que el día 3 de diciembre, todos los bancos centrales de la UEM nos sorprendieran situando el tipo de interés a corto plazo en el 3%.

Si en materia de tipos de interés, el Banco de España evidenció una actitud relajada a lo largo de 1998, en cuanto a las condiciones de liquidez también apostó por el dinamismo, ya que la M1 y M2 aumentaron a una tasa del 10% hasta octubre, debido a que la bajada del precio del dinero provocaba un aumento de la preferencia por la liquidez. Por el contrario, la demanda de ALP apenas crecieron hasta este mes, como consecuencia del intenso desplazamiento desde el ahorro a plazo y renta fija a fondos del mercado monetario. Como contrapartida, el único instrumento de liquidez que registró un aumento importante fue el crédito a empresas y familias, debido al fuerte dinamismo de la demanda agregada.

f) El BCE y la política monetaria europea (1998-)

La participación de España como socio fundador del euro desde el inicio de la tercera fase de la UEM, no sólo constituye un hecho de extremada relevancia histórica, sino que culmina nuestra plena integración en Europa y, en general, en el espectro internacional. Con el nombramiento de los consejeros del BCE el 3 de mayo de 1998, comenzaba una nueva fase donde la política monetaria pasaba a ser responsabilidad únicamente de la autoridad monetaria europea, ya que posee plena independencia estatutaria y se le asigna el único objetivo de controlar la inflación.

A finales de 1998 el tipo de interés se situaba en el 3%, que fue el tipo vigente en el momento que nació el euro el 1 de enero de 1999. A partir de esta fecha, el BCE asumía la responsabilidad en materia de política monetaria, y decidía inmediatamente bajar el precio del dinero hasta el 2,5%. No podemos obviar, que todo ello está siendo posible gracias a la continuidad del proceso de consolidación fiscal y a las reformas de los mercados de bienes y servicios y factores productivos.

2.3. EL MERCADO DE TRABAJO Y LA POLÍTICA DE EMPLEO

Desde hace algunos años, cuando se le pregunta a los españoles cuál es el principal problema económico que tiene planteado nuestro país contestan que es el elevado nivel de desempleo. Al inicio de la transición política, la tasa de desempleo española era similar a la del resto de los países de la UE[52]; sin embargo, veintitrés años después, España posee un índice de paro dos veces superior al de la media comunitaria[53]. Este diferencial entre España y los vecinos europeos tiene sus orígenes en la segunda mitad de la década de los setenta, y en los primeros años ochenta, llegando a alcanzar la cota del 20,75% en 1985[54], mientras que en la UE la tasa de desempleo no superaba el 10%.

A partir de 1985, la tasa de desempleo inicia una fase descendente, que finaliza en 1991. Entre 1992 y 1995[55], el índice de paro volvió a aumentar, superando la mítica cota del 20%[56]. No obstante, hemos de reseñar que durante este período el diferencial entre España y la UE ha evidenciado una ligera tendencia descendente.

Con base en todo lo anterior, podemos distinguir cuatro etapas a la hora de analizar el mercado de trabajo y las distintas políticas de empleo aplicadas durante la transición y la democracia: el *desánimo y aumento masivo del desempleo (1977-1985)*, la *libe-*

---

[52] Véase cuadro 2.3. La tasa de paro española en 1975 era del 3,74%, mientras que en el resto de los países de la UE era del 3,2%.
[53] Véase cuadro 2.3. La tasa de paro española en 1998 era del 20,8%, mientras que en el resto de los países de la UE no superó el 11%.
[54] Véase cuadro 2.3.
[55] Véase gráfico 2.4.
[56] Véase cuadro 2.3.

CUADRO 2.3

Rasgos básicos del mercado laboral en la transición y la democracia

Año	Tasa de desempleo (%)*	Tasa de variación anual remuneración por asalariado (%)**	Tasa de variación anual coste laboral (%)***
1973	2,60	18,3	11,9
1974	3,81	21,30	15,6
1975	3,74	22,50	20
1976	4,53	23,40	18,2
1977	5,25	26,90	22,8
1978	7,03	24,70	20,8
1979	8,67	19,00	17,1
1980	11,44	17,30	12,3
1981	14,15	15,80	12,5
1982	16,13	14,3	11,10
1983	17,7	15,20	11,5
1984	19,54	9,80	6,2
1985	20,75	10,00	6,2
1986	20,47	8,00	6,9
1987	19,82	7,30	4,8
1988	18,79	6,60	4,9
1989	16,73	5,50	4,8
1990	15,72	8,20	7,1
1991	15,82	8,30	6,0
1992	17,8	7,36	7,2
1993	22,99	5,78	5,4
1994	24,29	4,54	3,4
1995	22,9	4,50	3,7
1996	22,2	4,39	3,8
1997	20,8	3,4	2,9
1998	20,8	2,4	2,6

* Calculada a partir de la EPA.
** Calculada a partir de la Encuesta de Salarios del INE. Pago Total por Jornada (ptas./mes).
*** Calculada a partir de los Convenios Colectivos (Ministerio de Trabajo y Seguridad Social).
FUENTE: Encuesta de Población Activa (INE) y Boletín Estadístico del Banco de España.

ralización del mercado laboral y la creación de empleo (1986-1990), la crisis económica de principios de los noventa (1991-1994) y la Reforma Laboral de 1994 y los acuerdos de empleo de Aznar (1994-).

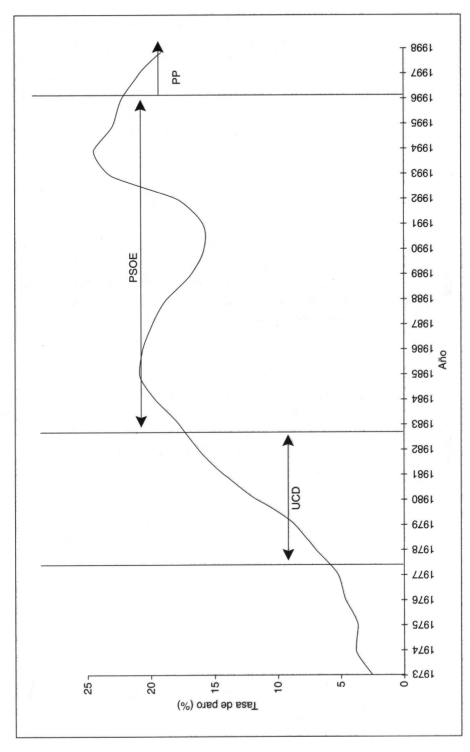

Gráfico 2.4. Evolución de la tasa de paro durante la transición y la democracia.

No podemos finalizar este capítulo sin reseñar que nuestro objetivo fundamental en este epígrafe es analizar el desempleo y las políticas de empleo y laboral aplicadas por los diferentes gobiernos de la transición y la democracia. En ese sentido, renunciamos a estudiar los factores determinantes del paro, ya que nuestro fin último es cuantificar cuál ha podido ser la influencia de los ciclos políticos e ideológicos sobre la evolución del desempleo.

a) El desánimo y aumento masivo del desempleo (1977-1985)

A partir de 1975, la economía española afrontó un fuerte *shock* energético y salarial, que provocó un estancamiento de la producción y una caída de la productividad. Aparece el *efecto desánimo,* donde el crecimiento de la población se desaceleró al mismo tiempo que disminuía el empleo, y todo ello auspiciado en parte por la Ley de Relaciones Laborales de 8 de abril de 1976 y el Real Decreto-Ley de 4 de marzo de 1977[57].

Tras las primeras elecciones generales del 15 de junio de 1977, el crecimiento de los salarios se moderó gracias a los acuerdos suscritos en los Pactos de la Moncloa[58]; pero no sucedió lo mismo con los componentes no salariales de los costes laborales[59]. No obstante, este programa económico se planteó como un instrumento de política de rentas, ya que contemplaba un reducido incremento de los salarios.

A partir de 1978, la componente de los costes laborales que más creció fue la no salarial, ya que el Real Decreto-Ley de 26 de diciembre de 1978[60], que sustituyó a los Pactos de la Moncloa en materia de regulación laboral, se planteaba la congelación de las remuneraciones nominales, como una medida para reducir la inflación y favorecer el empleo. Sin embargo, la realidad fue bien distinta, ya que la economía española se encontraba instalada en una fase de estanflación[61], tal y como se plasmaba en el Programa a

---

[57] Véase cuadro 2.4.
[58] Real Decreto-Ley de 25 de noviembre de 1977.
[59] Véase cuadro 2.3. Nos referimos a los impuestos sobre el trabajo y las cotizaciones a la Seguridad Social.
[60] Véase cuadro 2.4.
[61] Véanse los gráficos 2.3 y 2.4.

CUADRO 2.4

El marco legal del mercado de trabajo durante la transición y la democracia

Fecha de aprobación	Ley	Presidente del gobierno*	Ministro de Trabajo	Gobierno**	Partido
Abril de 1976	Ley de Relaciones Laborales	Arias Navarro***	José Solís Ruiz	–	–
Marzo de 1977	Real Decreto-Ley	Adolfo Suárez***	Álvaro Reginfo Calderón	–	–
Noviembre de 1977	Pactos de la Moncloa	Adolfo Suárez (I)	Manuel Jiménez de Parga	m	UCD
Diciembre de 1978	Real Decreto-Ley	Adolfo Suárez (I)	Rafael Calvo Ortega	m	UCD
Enero de 1980	Acuerdo Marco Interconfederal	Adolfo Suárez (II)	Rafael Calvo Ortega	m	UCD
Marzo de 1980	Estatuto de los Trabajadores	Adolfo Suárez (II)	Rafael Calvo Ortega	m	UCD
Junio de 1981	Acuerdo Nacional sobre el Empleo	Leopoldo Calvo Sotelo	Jesús Sancho Rof	m	UCD
Marzo de 1980	Acuerdo Interconfederal	Felipe González (I)	Joaquín Almunia Amánn	M	PSOE
Agosto de 1984	Ley 32/1984	Felipe González (I)	Joaquín Almunia Amánn	M	PSOE
Octubre de 1984	Acuerdo Económico y Social	Felipe González (I)	Joaquín Almunia Amánn	M	PSOE
Abril de 1992	Decreto-Ley del Medicamentazo	Felipe González (III)	Luis Martínez Noval	M	PSOE
Mayo de 1994	Ley de Reforma Laboral	Felipe González (IV)	J. Antonio Griñán Martínez	m	PSOE
Mayo de 1997	Acuerdo Interconfederal para la Estabilidad del Empleo	José María Aznar (I)	Javier Arenas Bocanegra	m	PP
Septiembre de 1997	Programa Plurianual de Empleo	José María Aznar (I)	Javier Arenas Bocanegra	m	PP
Abril de 1998	Plan Nacional de Acción para el Empleo****	José María Aznar (I)	Javier Arenas Bocanegra	m	PP

* Entre paréntesis aparece el orden del gobierno.
** Mayoría absoluta (M); mayoría simple con pacto de legislatura o puntual (m).
*** Gobiernos no elegidos por sufragio universal.
**** Conocido coloquialmente como Plan de Empleo.
FUENTE: Elaboración propia.

Medio Plazo presentado por el gobierno en diciembre de este año. En este documento se llamaba la atención respecto a la fuerte desviación al alza que se estaba produciendo en las distintas negociaciones colectivas, como consecuencia del régimen de libertades laborales que se iba asentando en nuestro país: el ejecutivo de la UCD consideraba que el incremento salarial estaba en el 14%, mientras que para el INE esta cota se elevaba hasta el 20,8%[62].

No debemos obviar que los Pactos de la Moncloa alumbraban la posibilidad de revisar los salarios al alza en 1979, siempre y cuando la tasa de crecimiento del IPC rebasase el 6,5% antes del 30 de junio de ese año; hecho que sucedió al amparo del Real Decreto-Ley de 3 de agosto de 1979[63], que provocó un incremento salarial a lo largo del segundo semestre.

La Constitución de 1978 contemplaba una serie de derechos de marcado carácter social, estableciendo que las remuneraciones salariales deberían de satisfacer las necesidades del trabajador y su familia[64]. El reconocimiento constitucional del derecho a la negociación colectiva contribuyó a incrementar los salarios en los años siguientes[65], si bien es cierto que la remuneración por asalariado creció a una tasa menor que en los años precedentes[66]. Todo ello favoreció la reducción de los beneficios empresariales y obligó a nuestras empresas a reducir sus plantillas, aumentando así el nivel de desempleo en España[67].

El Acuerdo Marco Interconfederal[68] suscrito por la CEOE, UGT y CC.OO. en enero de 1980, y la posterior aprobación y aplicación del Estatuto de los Trabajadores en marzo[69], que establecía las nuevas bases jurídicas que regularían las revisiones salariales por convenio, consiguieron frenar el incremento de las remuneraciones laborales[70]. Por otra parte, no podemos obviar que los aumentos salariales fueron absorbidos por el incremento de la inflación en 1980. No obstante, ello no fue suficiente para frenar la

---

[62] Véase cuadro 2.3.
[63] Véase cuadro 2.4.
[64] Artículo 35 de la Constitución Española.
[65] I. Duréndez Sáez (1997). *La regulación del salario en España,* p. 130.
[66] Véase cuadro 2.3.
[67] Véase gráfico 2.4.
[68] Véase cuadro 2.4.
[69] Véase cuadro 2.4. Ley 8/80 de 10 de marzo.
[70] Véase cuadro 2.3.

expansión del desempleo, que continuó creciendo hasta 1985[71], mientras que los costes laborales y las remuneraciones salariales aumentaban cada vez menos[72].

El Acuerdo Nacional sobre el Empleo de junio de 1981[73] sentó las bases para articular una política económica más orientada hacia la creación de empleo, al mismo tiempo que se iniciaba el largo camino de las reformas estructurales que necesitaba el país, aunque éstas quedaron reducidas a simples anhelos. Aun a pesar de este acuerdo, el desempleo siguió aumentando, mientras que la remuneración por asalariado crecía menos que en años anteriores[74].

La política de saneamiento económico del trienio 1983-1985 consiguió frenar la expansión de los costes laborales, pero en ningún momento evidenció una capacidad de crear empleo. El Acuerdo Interconfederal de 1983[75] frenó el crecimiento de las remuneraciones del trabajo, pero no pudo impedir que las empresas dedicaran sus excedentes a mejorar la inversión, ya que el objetivo de éstas era equilibrar su estructura financiera, dado que los tipos de interés eran altos como consecuencia de la política antiinflacionista practicada por el ejecutivo.

El año 1984 fue un período de ajuste económico global y positivo[76], ya que los retos prioritarios del ejecutivo eran controlar la inflación y reducir los costes empresariales, uno de cuyos componentes más significativo fue el salario. La Ley 32/1984, de 2 de agosto[77], se planteó con la finalidad de flexibilizar el mercado de trabajo, intentando adaptar el marco institucional español a las nuevas circunstancias, que venían marcadas por la crisis económica. Básicamente, esta medida legal introdujo nuevas modalidades contractuales que posibilitaban los contratos temporales, sin que el despedido significase coste alguno para la empresa. A la luz de todo ello se entiende por qué éste fue un año sin pacto social, donde los costes laborales y la remuneración del

---

[71] Véase gráfico 2.4.
[72] Véase cuadro 2.3.
[73] Véase cuadro 2.4.
[74] Véase cuadro 2.3.
[75] Véase cuadro 2.4. Publicado en el BOE de 1 de marzo de 1983.
[76] E. Fuentes Quintana y J. Requeijo (1984). «La larga marcha hacia una política inevitable», pp. 2-15.
[77] Véase cuadro 2.4.

trabajo crecieron menos que en períodos anteriores[78], mientras que el desempleo seguía aumentando paulatinamente[79], alcanzando su primer máximo histórico en 1985 con una tasa de paro del 20,75%[80].

b) La liberalización del mercado laboral y la creación de empleo (1986-1990)

Nadie discute que el empleo era el primer objetivo del gobierno, tal y como se plasmaba en la declaración de motivos del presidente González, recogida en el Acuerdo Económico y Social 1985/1986[81]. Para ello era necesario dinamizar la actividad económica, mantener la inflación dentro de unos parámetros moderados, reducir el déficit público y *desarrollar una política de rentas capaz de mantener un nivel idóneo de demanda interna*. Sin embargo, este último reto era un eufemismo, ya que, en el fondo, lo que pretendía el ejecutivo socialista era controlar el crecimiento de las remuneraciones salariales y los costes laborales[82], tanto en el sector privado como en el público[83].

El Acuerdo Económico y Social fue el final de una etapa de la economía española, caracterizada por la negociación social, pero los resultados negativos en materia de creación de empleo, unido a los desencuentros políticos suscitados por las medidas flexibilizadoras del mercado laboral contempladas en esta ley, contribuyeron a que se iniciase una nueva fase, dominada por la inexistencia de pactos sociales entre empresarios, sindicatos y gobierno. Nadie discute que los acuerdos alcanzados en los primeros años de la década no facilitaron la creación de empleo neto, ya que los salarios pagados siempre estaban más próximos al extremo superior de la

---

[78] Véase cuadro 2.3.

[79] Véase gráfico 2.4.

[80] Véanse cuadro 2.3 y gráfico 2.4.

[81] Véase cuadro 2.4. Este Acuerdo se firmó el 9 de octubre de 1984 y se publicó al día siguiente en el BOE.

[82] Vid. I. Duréndez Sáez (1997). *Op. cit.,* p. 164.

[83] Un argumento que refuerza nuestra apreciación de que en materia de regulación salarial estábamos ante un eufemismo, era que las retribuciones del funcionariado y el personal laboral de la Administración Pública aumentaron un 6,5%, mientras que el salario del personal del grupo A (titulados superiores) no se vio afectado por esta medida.

banda, los deslizamientos salariales eran imprevisibles y los incrementos se fijaban tomando como base el salario por persona[84].

Esta nueva situación contribuyó a que la remuneración laboral y los costes laborales aumentasen a una tasa relativamente menor en los últimos años de la década de los ochenta[85]; por otra parte, favoreció una reducción significativa de la tasa de paro[86]. Sin embargo, el nuevo marco laboral y social no fue capaz de generar la creación de puestos de trabajo estables y duraderos, ya que a la conclusión de un contrato temporal no le sucedía otro indefinido.

c) La crisis económica de principios de los noventa (1991-1993)

La crisis económica de los primeros años de la década de los noventa, caracterizada por la desaceleración del nivel de actividad, tuvo su reflejo en el mercado laboral con una elevada destrucción de puestos de trabajo[87] y una escasa creación de empleo. Esta situación económica afectó inmediatamente al marco jurídico que regulaba el trabajo: el 3 de abril de 1992 se publicó el Decreto-Ley del Medicamentazo[88], que eliminaba las bonificaciones a la Seguridad Social para los contratos en prácticas y formación, redujo las prestaciones por desempleo y el tiempo de percepción del subsidio, elevó a un mínimo de doce meses el período de cotización para acceder a la prestación contributiva...

El balance final que se puede hacer de este período no sólo debe reducirse a destacar el aumento de la tasa de paro, ya que, simultáneamente, la situación laboral se iba degradando: desapareció la estabilidad en el empleo como consecuencia de la proliferación de contratos de trabajo temporal que se firmaban, aumentó el trabajo a domicilio... Las reformas de la década de los ochenta y de 1992 permitieron que las condiciones de empleo se flexibilizaran y que la oferta se adaptara a las nuevas necesidades cíclicas, pero, como

---

[84] Vid. I. Duréndez Sáez (1997). *Op. cit.,* p. 164.
[85] Véase cuadro 2.3.
[86] Véase gráfico 2.4.
[87] Véase gráfico 2.4.
[88] Véase cuadro 2.4.

contrapartida, no favorecieron el empleo duradero ni mejoraron la situación laboral de los trabajadores. A la luz de todo ello se entiende por qué el gobierno socialista acometió algunas reformas del mercado de trabajo a partir de 1993, siendo la más reseñable la Ley 11/1994, de 19 de mayo[89].

d) La Reforma Laboral de 1994 y los acuerdos de empleo de Aznar (1994-)

La Ley de Reforma Laboral de 1994[90] se planteó con el objetivo de mejorar la competitividad de nuestras empresas, al mismo tiempo que se fijaba otros retos: adaptar nuestro mercado de trabajo a las nuevas estructuras internacionales y los esquemas tecnológicos[91]. Uno de los elementos más relevantes de esta Ley era la potenciación de la negociación colectiva como método para pactar los incrementos salariales y otros aspectos de las relaciones laborales: ajuste de plantillas, la promoción del empleo, la intermediación... Sin embargo, esta última reforma del mercado laboral de la etapa socialista fue muy criticada: incorporaba el contrato de aprendizaje, que en la realidad supuso una modalidad de empleo barato; no aborda definitivamente la cuestión de la formación profesional...

Es muy difícil poder valorar esta Ley de Reforma Laboral de 1994 si nos atenemos a los datos de desempleo y costes de trabajo. Si bien es cierto que la remuneración por asalariado aumentó en este año un punto porcentual[92], y que los costes salariales crecieron un 2% menos que en el ejercicio anterior[93], sin embargo, la tasa de paro alcanzó su máximo histórico: el 24,29%[94].

A diferencia de la última reforma laboral socialista, el Acuerdo Interconfederal para la Estabilidad del Empleo de abril de 1997[95] y el Plan Nacional de Acción para el Empleo de 2 de abril de 1998

---

[89] Véase cuadro 2.4. Conocida como la Ley de Reforma Laboral de 1994.
[90] Véase cuadro 2.4.
[91] Al menos así rezaba en la exposición de motivos de la Ley de Reforma Laboral de 1994.
[92] Véase cuadro 2.3.
[93] Véase cuadro 2.3.
[94] Véase gráfico 2.4.
[95] Véase cuadro 2.4. Se publicó en mayo de 1997 en dos Decretos.

(PNAE-98) están evidenciando una gran eficacia a la hora de combatir el desempleo, ya que en 1998 la tasa de paro descendió hasta el 18,8%[96], y la remuneración por asalariado y el coste laboral registraron el año pasado el aumento más pequeño de la transición y la democracia[97]. El Acuerdo Interconfederal para la Estabilidad del Empleo contemplaba medidas de carácter general y otras de carácter específico; entre las propuestas globales destacaban: los cambios en las figuras contractuales, modificaciones en las causas de despido, reducción de las cuotas sociales y un nuevo marco de negociación colectiva. De otra parte, entre las medidas activas resaltaban: la determinación para ciertos colectivos de costes de despido menores, combinados con contratos indefinidos; con ello se pretendía incentivar la contratación a largo plazo, en detrimento de la temporal, que había sido el régimen laboral mayoritario bajo la aplicación de la Ley de Reforma anteriormente vigente[98].

En la Cumbre Europea del Empleo celebrada en Essen, los Jefes de Estado y de Gobierno de los quince países comunitarios se comprometían a presentar ante la Comisión un Plan de Empleo para los próximos cinco años, en donde se plasmarían medidas activas para combatir el paro juvenil y de larga duración. Ello obligó al ejecutivo de José María Aznar a elaborar un Programa Plurianual de Empleo, que se discutió en el Consejo de Europa celebrado en Luxemburgo el 20 y 21 de noviembre de 1997. En el Consejo de Ministros del 2 de abril de 1998 el gobierno aprobó el PNAE-98, que posteriormente presentó en el Consejo de la Unión Europea del 15 de ese mes. Las líneas básicas de actuación de este plan eran: actuar sobre un millón de parados para mejorar sus posibilidades de trabajo, promover un plan de apoyo a la contratación del primer empleado por parte de autónomos y profesionales, e impulsar la regulación adecuada del trabajo a tiempo parcial voluntario y estable, para posibilitar una mejor ordenación del tiempo de trabajo[99].

No podemos finalizar este epígrafe sin reseñar que el Programa de Estabilidad 1998-2002 de España, aprobado por la Comisión

---

[96] Véase gráfico 2.4.

[97] Véase cuadro 2.3. La remuneración por asalariado aumentó en 1998 un 2,4%; por el contrario, el coste laboral se incrementó un 2,9%.

[98] Cf. F. Sáez (1997). «Políticas de mercado de trabajo en España y en Europa», pp. 309-325.

[99] Vid. A. Laborda Peralta (1998). «Plan Nacional de Acción para el Empleo 1998», pp. 239-243.

Europea a mediados de febrero de 1999, es la última propuesta del gobierno del PP en su lucha contra el desempleo. En este documento el gobierno ratifica su voluntad de crear empleo, siempre y cuando las medidas de estabilidad macroeconómica plasmadas y las políticas de oferta diseñadas se vean acompañadas de una evolución salarial adecuada.

Apéndice A

Los ciclos económicos de la transición y la democracia

Existen múltiples métodos para identificar los ciclos económicos de un país durante un tiempo determinado[1], sin embargo, hemos optado por determinar las tasas interanuales acumuladas de crecimiento del PIB en pesetas de 1986[2], y a partir de ahí, identificamos los ciclos de la economía española durante la transición y la democracia. En estos veintidós años de convivencia en libertad hay cuatro períodos claramente diferenciados: *la crisis de finales de los setenta y primeros años ochenta* (tercer trimestre de 1977-tercer trimestre de 1984), *la recuperación de la segunda mitad de los ochenta* (cuarto trimestre de 1984-cuarto trimestre de 1988), *la recesión, crisis y desajustes de finales de los ochenta y comienzos de los noventa* (primer trimestre de 1989-primer trimestre de 1996), y *la reactivación, madurez y normalidad de la segunda mitad de los noventa* (segundo trimestre de 1996-).

---

[1] Hay una gran gama de métodos, que van desde los más sencillos de cálculo, como el propuesto por el National Bureau of Economic Research, hasta modelos más sofisticados, que plantean calcular el diferencial entre el PIB observado y el potencial.

[2] Se han calculado a partir de la serie homogeneizada por el INE.

a.1) **La crisis de finales de los setenta y primeros años ochenta**

Las primeras elecciones democráticas celebradas el 15 de junio de 1977 coincidieron con una crisis en la economía española. A finales de 1973 comienza un período caracterizado por la recesión y los desajustes, en donde las expansiones y las recuperaciones se fueron sucediendo con distinta intensidad y duración. Cuando se revisan los factores que provocaron esta inestabilidad, encontramos como principal argumento los *shocks* de oferta, motivados básicamente por las rigideces nominales de nuestra economía real. El aumento del precio del petróleo en 1974 tuvo lugar en un contexto laboral caracterizado por las rigideces salariales, unos costes laborales unitarios superiores a la inflación, la necesaria reconversión tecnológica, y como consecuencia de todo ello, la productividad era relativamente baja. El gobierno, en vez de reaccionar de forma inmediata y directa, se dedicó a postergar la solución a estos problemas y a satisfacer las reivindicaciones laborales. Como resultante final de esta extraña combinación (aumento del precio del crudo y crecimiento de los salarios por encima de la productividad) encontramos una recesión en el nivel de actividad que, a su vez, vino marcada por una fuerte elevación de los precios al consumo.

Si analizamos la crisis de mitad de los setenta, desde la perspectiva de la demanda, el panorama era aún más oscuro: la inversión empresarial experimentó un retroceso, la construcción se estancó a mediados de 1974, el consumo privado se desaceleró y el saldo neto con el exterior se deterioró significativamente.

Durante estos ocho de crisis económica se sucedieron dos ciclos de corta duración: el que va desde el tercer trimestre de 1977 hasta el primer trimestre de 1981, mientras que el segundo ciclo transcurrió entre el segundo trimestre de 1981 y el tercer trimestre de 1984. El nuevo gobierno que surgió de las elecciones generales de junio de 1977 devaluó la peseta y ello favoreció las exportaciones, pero el consumo privado se estancó, la inversión se debilitó y los salarios seguían la senda alcista iniciada en la última etapa de la dictadura. Esta primera recesión de la transición se prolongó hasta el segundo trimestre de 1979, y a partir de ahí, la economía española inició una tímida recuperación, que finalizó en el segundo trimestre de 1981. Las razones últimas que explican este cambio coyuntural en el ciclo económico fueron: la mejoría de la inversión[3] y la recuperación del saldo neto con el exterior.

Esta tenue reactivación de la economía española se frustró en el segundo trimestre de 1980, debido al nuevo *shock* de oferta[4] y la debilidad del propio proceso de recuperación iniciado en los períodos anteriores. En definitiva, podemos afirmar que a partir de este momento nuestro país entró en la mayor crisis económica de la transición y la democracia, debido a la caída experimentada por todos los componentes de la demanda agregada.

La recuperación de las exportaciones, a partir del segundo trimestre de 1981, conjuntamente con la reactivación de la inversión privada a mediados de 1982, explican la salida de la crisis y el inicio de una fase expansiva de la economía española, que concluyó a finales de 1983. El fuerte crecimiento de las exportaciones, motivado por la depreciación de la peseta en la segunda mitad de 1983 y principios de 1984, no pudo evitar la recesión económica del tercer trimestre de 1983, que perduró hasta el tercer trimestre del año siguiente, ya que todos los componentes de la demanda interna también experimentaron una recesión.

a.2) La recuperación de la segunda mitad de los ochenta

A partir del último cuatrimestre de 1984, la economía española inicia un período de recuperación económica, como consecuencia del dinamismo evidenciado por la demanda interna, y muy especialmente el consumo y la inversión. No obstante, la gran expansión comenzaría a partir del primer trimestre de 1986, alcanzando su cenit en el tercer trimestre de 1987, cuando el PIB registró un crecimiento ligeramente superior al 6%[5].

Hemos de destacar que nuestro país evidenció un mayor dinamismo económico que la mayoría de los vecinos comunitarios, gracias a que la demanda interna española crecía a un ritmo superior

---

[3] En el fondo de esta recuperación de la inversión subyacía el inicio del proceso de sustitución de la energía y el trabajo, y la reanimación de la construcción, impulsada por la edificación de viviendas de protección oficial.

[4] Motivado principalmente por el nuevo aumento que registró el precio del crudo.

[5] Véase gráfico A.1.

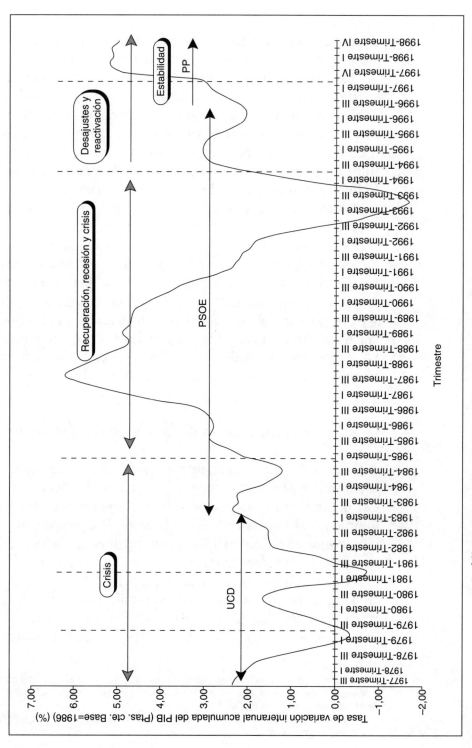

Gráfico A.1. Los ciclos económicos de la transición y la democracia.

del 7%. Ello facilitó la financiación de proyectos de inversión en un contexto que se caracterizaba por el encarecimiento de los tipos de interés.

a.3) **La recesión, crisis y desajustes de finales de los ochenta y comienzos de los noventa**

A partir de 1988 la economía española entró en una fase de recesión que se transformaría en crisis a partir del segundo trimestre de 1989, debido a una serie de *shocks* que sufrió nuestro país. Esta depresión culminaría en el segundo trimestre de 1993, cuando España registró la mayor recesión de la transición y la democracia, ya que el PIB disminuyó a una tasa del 2%, aproximadamente.

Si hubiese que enumerar los factores que determinaron este retroceso en la economía española habría que reseñar la inversión, tanto en bienes de equipo como en la construcción. La subida de los tipos de interés fue uno de los principales argumentos que justificaron el retroceso de la formación bruta de capital fijo (FBKF) y, por extensión, del nivel de actividad económica; sin embargo, hay quienes consideran que fue la restricción al crecimiento del crédito del sector bancario, decretada por el Banco de España a partir de julio de 1989, el principal factor que justificaba el retroceso de la inversión y la crisis económica[6].

Por otra parte, la apreciación de la peseta perjudicó al saldo neto con el exterior, y ello influyó negativamente en la actividad económica del país. Tampoco podemos olvidar que a partir del tercer trimestre de 1990 disminuyó el consumo como consecuencia de la guerra del Golfo, y ello contribuyó, a su vez, a que la FBKF cayese aún más a finales de 1990 y comienzos de 1991.

A todos los factores anteriores, habría que agregarles otros elementos que justifican el *shock* de la economía española a finales de los ochenta y principios de los noventa: retroceso en los niveles de producción industrial, disminución de la licitación pública, caída del empleo, tormentas monetarias... Por otra parte, la política monetaria articulada a partir de 1992 no favoreció la expansión

---

[6] Vid. C. Sebastián (1997). *Las fluctuaciones de la economía española (1971-1996). Un ensayo en la teoría de los ciclos*, p. 96.

económica, ya que se contrajo la M1, M3 y ALP, y todo ello sucedió en un contexto presupuestario que se distinguió por el mayor control de los déficits públicos.

En definitiva, si hubiese que hacer un balance de los factores que determinaron la recesión y la crisis económica de finales de los ochenta y principios de los noventa destacaríamos entre otros: la caída del consumo, el retroceso de la inversión en bienes de equipo y la construcción, y, en general, la recesión que registró la demanda agregada, y muy especialmente, el saldo neto con el exterior[7].

a.4) La reactivación, madurez y normalidad de la segunda mitad de los noventa

La crisis económica culminó en el segundo trimestre de 1993, cuando el PIB experimentó el mayor retroceso de la transición y la democracia: la tasa de variación interanual alcanzó casi el –2%[8]. A partir de este momento comienza una nueva etapa que vino marcada por el desajuste y la posterior recuperación. Efectivamente, a partir del tercer trimestre de 1993, la tasa de actividad se recuperó después de haber sufrido la mayor crisis de nuestra historia más contemporánea, pero ello no fue más que un espejismo, ya que en 1995 la economía española experimentó una serie de desajustes concatenados en el tiempo.

La depreciación de la peseta en los primeros años de la década de los noventa favoreció el aumento de las exportaciones españolas y, por extensión, de la demanda agregada. Ello facilitó el incremento del nivel de PIB a partir del tercer trimestre de 1993, que llegó a superar la cota del 3% en el cuarto trimestre de 1994[9]. No obstante, esta recuperación fue coyuntural, ya que a partir de este momento la economía española entró en una fase recesiva a lo largo de 1995[10].

El año 1996 fue un punto de inflexión en el plano macroeconómico, ya que a partir del tercer trimestre comenzó una reactivación

---

[7] Vid. J. J. Dolado y J. Sicilia (1995). «Explicaciones de la recesión europea: Un enfoque VAR estructural», pp. 201-230; C. Sebastián (1997). *Op cit.*; y A. Zabalza (1996). «La recesión de los noventa en la perspectiva de los últimos años de crecimiento económico», pp. 11-63

[8] Véase gráfico A.1.

[9] Véase gráfico A.1.

[10] Véase gráfico A.1.

económica, que vino marcada por la estabilización de la inflación[11]. La economía española no sólo remontó el estancamiento registrado a lo largo de 1995, sino que creció por encima de la media comunitaria. A partir de 1996 se constataron las primeras consecuencias positivas de las medidas económicas adoptadas por el gobierno del PP: saneamiento de las finanzas públicas, desregulación de la actividad de ciertos sectores... Sin olvidar la influencia de la balanza de pagos, que neutralizó parte de los efectos restrictivos de la política presupuestaria, debido al extraordinario dinamismo que evidenciaron las exportaciones[12].

La reactivación económica se afianzó en 1997 debido fundamentalmente al buen comportamiento del consumo privado. No obstante, este progreso no se manifestó de igual forma en todos los sectores: la agricultura continuó en su fase cíclica expansiva, la construcción comenzó la recuperación, mientras que la industria y los servicios simplemente remontaron la crisis.

Desde una perspectiva monetaria, la evolución de los activos líquidos en manos del público se moderaron, al igual que el crédito a las familias y empresas; a diferencia de estos dos agregados, el crédito a las Administraciones Públicas experimentó una relativa recuperación. En sintonía con lo anterior, el déficit público se situó por debajo del 3% en términos de PIB. Por otra parte, los salarios comenzaron a estabilizarse, una vez que la política antiinflacionista del ejecutivo de Aznar gozaba de credibilidad y la reforma laboral era una realidad.

En 1998 el ciclo económico que vivía la economía española alcanzó la *madurez,* al mismo tiempo que se situó en un estado de *normalidad,* aun a pesar de que la crisis internacional ha perjudicado aún más a nuestro sector exterior, y, por extensión, ha frenado el crecimiento del PIB en los dos últimos trimestres del año[13]. En cualquier caso, si tuviésemos que enjuiciar la economía española en el ejercicio pasado diríamos que ha sido el mejor de la década de los noventa y uno de los más relevantes de la historia contemporánea de nuestro país, ya que el nivel de actividad ha crecido por enci-

---

[11] Vid. FMI (1996). *Informe económico del FMI;* INE (1996). *Contabilidad Nacional trimestral,* tercer trimestre de 1996; y OCDE (1996). *Op. cit.*

[12] Incluso experimentó un crecimiento superior al registrado por el consumo interno.

[13] Vid. A. Laborda Peralta (1998). «Balance de la economía española en 1998 y perspectivas para 1999», pp. 89-102.

ma de la tendencia de los últimos años[14], se ha creado un volumen considerable de empleo, disminuyó el paro[15], la inflación se situó por debajo incluso de las previsiones realizadas por el gobierno[16], aumentó el ahorro y la inversión y disminuyó el déficit y la deuda pública[17]. Al margen de las consideraciones anteriores, el año 1998 será recordado porque nuestro país pasó a formar parte de la UEM desde su inicio, y todo ello vino en gran medida provocado por la expansión económica iniciada a partir de 1996.

Los últimos datos disponibles confirman que el PIB a precios de mercado creció un 3,8% en 1998, es decir, un 0,2% más que en el año anterior. El auge económico de este ejercicio se debió fundamentalmente al buen comportamiento de la demanda interna, y, en particular, al aumento que experimentó el consumo privado, que creció un 3,6%. Por otra parte, no hay que olvidar la pujanza tanto de la inversión, que aumentó un 4,4%, casi el doble que en el año 1997, como de la renta real disponible de las familias, que creció un 3,5%.

Si analizamos lo acontecido en el ciclo económico durante 1998 apreciamos un comportamiento desigual a lo largo del año. Efectivamente, en el primer semestre el PIB a precios de mercado aumentó un 0,1% más que en la segunda mitad del ejercicio, y ello vino en gran medida motivado por la fortaleza que evidenció la demanda interna. En los últimos seis meses la tasa de crecimiento de nuestra economía se situó en el 3,8%, debido a que la contribución negativa del sector exterior se agudizó en este período, como consecuencia de la menor demanda que hacían los países afectados por la crisis internacional. No obstante, el Banco de España comienza a utilizar la expresión *suave tendencia a la desaceleración*, para referirse al momento cíclico que vive la economía española desde el cuarto trimestre de 1998[18].

---

[14] Véase gráfico A.1.
[15] Véase gráfico 2.4.
[16] Véase gráfico 2.3.
[17] Véanse gráficos 2.1 y 2.2.
[18] Vid. Banco de España (1999). *Boletín económico,* enero de 1999.

3

La política de la transición y la democracia: elecciones y gobiernos

3.1. ASPECTOS GENERALES

Desde el 15 de diciembre de 1976, fecha en que los españoles votaron mayoritariamente la Reforma Política, hasta nuestros días, se han celebrado siete elecciones a Cortes Generales y al Senado, cinco comicios municipales y otras tantas elecciones de carácter autonómico[1]. Además, los españoles hemos acudido a votar en ocho referendos: cinco de ámbito autonómico y tres estatal[2]. En este sentido, para poder investigar la interrelación entre el dominio económico y el ámbito político durante la transición y la democracia es necesario revisar los aspectos básicos de la evolución política y económica[3] de nuestro país, tras el restablecimiento del régimen de libertades hasta nuestros días.

El examen del sistema político español durante la transición y la democracia se reduce a la descripción de la evolución electoral desde una perspectiva estrictamente temporal, para, a continuación, concluir este capítulo relatando la dinámica gubernativa y las remodelaciones del ejecutivo acontecidas en este período.

3.2. LAS ELECCIONES GENERALES

En estos veintidós años de convivencia en libertad, los españoles mayores de edad han acudido cada tres años a las urnas para

---

[1] Véase cuadro 3.1. Se han celebrado cuatro comicios autonómicos en Cataluña, Andalucía y las Comunidades Autónomas que se rigen por el artículo 143 de la Constitución, cinco en Galicia y seis en el País Vasco.

[2] Véase cuadro 3.1.

[3] Los aspectos básicos de la evolución económica se revisaron en el capítulo anterior.

CUADRO 3.1

Elecciones y referendos durante la transición y la democracia

Año	Elecciones generales	Elecciones autonómicas	Elecciones municipales	Elecciones europeas	Referendos
1976	–	–	–	–	Ley de Reforma Política (15 diciembre)
1977	15 junio	–	–	–	–
1978	–	–	–	–	Constitución (6 diciembre)
1979	1 marzo	–	3 abril	–	Estatutos Autonomía País Vasco y Cataluña (25 octubre)
1980	–	País Vasco (9 abril) Cataluña (20 marzo)	–	–	Estatutos Autonomía Galicia (21 diciembre) e iniciativa autonómica de Andalucía art. 151 (28 febrero)
1981	–	Galicia (20 octubre)	–	–	Estatuto Autonomía Andalucía
1982	28 octubre	Andalucía (28 octubre)	–	–	–
1983	–	Comunidades Autónomas del art. 143 (8 mayo)	8 mayo	–	–
1984	–	País Vasco (26 febrero) Cataluña (29 abril)	–	–	–
1985	–	Galicia (24 noviembre)	–	–	–
1986	22 junio	Andalucía (22 junio) País Vasco (30 septiembre)	–	–	OTAN (12 marzo)

CUADRO 3.1 *(continuación)*

Año	Elecciones generales	Elecciones autonómicas	Elecciones municipales	Elecciones europeas	Referendos
1987	–	Comunidades Autónomas del art. 143 (10 junio)	10 junio	10 junio	–
1988	–	Cataluña (29 mayo)	–	–	–
1989	29 octubre	Galicia (17 diciembre)	–	15 julio	–
1990	–	Andalucía (23 junio) País Vasco (28 octubre)	–	–	–
1991	–	Comunidades Autónomas del art. 143 (26 mayo)	26 mayo	–	–
1992	–	Cataluña (16 marzo)	–	–	–
1993	6 junio	Galicia (6 junio)	–	–	–
1994	–	Andalucía (12 junio) País Vasco (23 octubre)	–	12 junio	–
1995	–	Cataluña (19 noviembre) Comunidades Autónomas del art. 143 (28 mayo)	28 mayo	–	–
1996	3 marzo	Andalucía (3 marzo)	–	–	–
1997	–	Galicia (19 octubre)	–	–	–
1998	–	País Vasco (25 octubre)	–	–	–
1999	–	Comunidades Autónomas del Art. 143 (13 junio)	13 junio	13 junio	–

FUENTE: Elaboración propia.

elegir a los Diputados a Cortes y Senadores: 15 de junio de 1977, 1 de marzo de 1979, 28 de octubre de 1982, 22 de junio de 1986, 29 de octubre de 1989, 6 de junio de 1993 y 3 de marzo de 1996[4]. Si nos centramos en el caso de las Cortes Generales[5], apreciamos que en este período hemos pasado de una primera fase de transición democrática (1977-1979), a la postransición y el cambio (1982-1993), para instalarnos en lo que se denomina la consolidación democrática (1996-)[6].

La transición a la democracia (1977-1979)

La transición a la democracia en España se reflejó en los resultados electorales de los comicios celebrados en 1977 y 1979. Nuestro sistema político estaba dominado por el *pluralismo moderado,* con un fuerte rasgo centrípeto en materia de competencia electoral y dos grandes fuerzas políticas de ámbito nacional (UCD y PSOE), a cuyos flancos encontramos AP (derecha) y el PCE (izquierda). El Parlamento se completaba con la presencia de algunos partidos nacionalistas, entre los que sobresalían el PNV y PDC/CiU.

Los comicios generales de 1977 se caracterizaron por la incertidumbre propia de un proceso electoral fundacional, al que concurrieron una gran variedad de candidaturas, si bien es cierto que con desiguales expectativas electorales[7]. Al final, tan sólo once formaciones políticas consiguieron representación parlamentaria, siendo la UCD el partido más votado, con el 35% de los votos[8], y ello le permitió formar gobierno en minoría. A la derecha de la UCD encontramos AP, con el 8% de los sufragios[9]. El Partido Socialista Obrero Español (PSOE) fue la segunda fuerza más votada con el 30% de los votos[10], siendo la fuerza mayoritaria de la izquierda, ya

---

[4] Véase cuadro 3.1.

[5] Nuestra decisión de reducir el análisis al caso del Congreso de los Diputados, se fundamenta en el hecho de que el sistema bicameral imperfecto que rige en España otorga mayor relevancia política a esta Cámara.

[6] Vid. J. I. Wert (1999). *Elecciones, partidos y gobiernos en la transición y la democracia.*

[7] Vid. J. R. Montero (1994). «Sobre las preferencias electorales en España: fragmentación y polarización (1977-1993)». Incluido en P. del Castillo (1994). *Comportamiento político y electoral.*

[8] Véase cuadro 3.2.

[9] Véase cuadro 3.2.

[10] Véase cuadro 3.2.

CUADRO 3.2

Votos y escaños en las elecciones a la Cámara de los Diputados durante la transición y la democracia

Partido o coalición*	Elecciones 1977		Elecciones 1979		Elecciones 1982		Elecciones 1986		Elecciones 1989		Elecciones 1993		Elecciones 1996	
	Votos (%)	Escaños	Votos (%)	Escaños	Votos (%)	Escaños	Votos (%)	Escaños	Votos (%)	Escaños	Votos (%)	Escaños	Votos (%)	Escaños
AP/CP/PP	8,3	16	6	9	26,5	107	26,2	105	25,8	107	34,8	141	38,9	156
UCD	34,6	166	35	168	6,8	11	–	–	–	–	–	–	–	–
CiU**	2,8	11	2,7	8	3,7	12	5	18	5,1	18	4,9	17	4,6	16
PNV	1,7	8	1,5	7	1,9	8	1,6	6	1,3	5	1,2	5	1,3	5
PSOE	29,3	118	30,5	121	48,4	202	44,2	184	39,6	175	38,8	159	37,5	141
PCE/IU	9,4	20	10,8	23	4	4	4,6	7	9,1	17	9,6	18	10,6	21
OTROS***	13,9	11	13,5	14	8,7	6	18,4	30	19,1	28	10,7	10	7,1	11

* Se incluyen aquellos partidos/coaliciones que han concurrido en todas las elecciones generales al Congreso de los Diputados y además consiguieron representación parlamentaria.

** En las elecciones generales de 1977 los resultados correpondían a Pacte Democratic per Catalunya (PDC).

*** En las elecciones de 1977 otros partidos/coaliciones que consiguieron representación parlamentaria fueron: Euskadico Ezquerra (EE), Esquerra Republicana de Catalunya (ERC), Unidad Socialista (US), Democracia Cristiana de Cataluña (DCC) y Candidatura Aragón Independientes de Centro (CAIC). En las elecciones de 1979 otros partidos/coaliciones que consiguieron representación parlamentaria fueron: EE, ERC, HB, Partido Aragonés Regionalista (PAR), Unión del Pueblo Navarro (UPN), Partido Socialista de Andalucía (PSA), Unión del Pueblo Canario (UPC) y Unión Nacional UN). En las elecciones de 1982 otros partidos/coaliciones que consiguieron representación parlamentaria fueron: Centro Democrático y Social (CDS), EE, ERC, Herri Batasuna (HB), Coalición Galega (CG) y Agrupaciones Independientes de Canarias (AIC). En las elecciones de 1986 otros partidos/coaliciones que consiguieron representación parlamentaria fueron: CDS, EE, HB, PAR, Partido Andalucista (PA), Bloque Nacionalista Gallego (BNG), Unión Valenciana (UV) y Agrupaciones Independientes de Canarias (AIC). En las elecciones de 1989 otros partidos/coaliciones que consiguieron representación parlamentaria fueron: CDS, EE, Euskadico Ezquerra (EA), HB, PAR, Unió Valenciana (UV), Bloque Nacionalista Gallego (BNG), PA y AIC. En las elecciones de 1993 otros partidos/coaliciones que consiguieron representación parlamentaria fueron: EA, ERC, HB, PAR, BNG, UV y Coalición Canaria (CC). En las elecciones de 1996 otros partidos/coaliciones que consiguieron representación parlamentaria fueron: EA, ERC, HB, BNG, UV y CC.

FUENTE: Elaboración propia.

que el Partido Comunista de España (PCE) obtuvo el 9% de los sufragios[11].

En la legislatura constituyente, el gobierno de Suárez no se planteó establecer un pacto de legislatura con otras fuerzas políticas del espectro parlamentario, ya que los temas de debate político exigían un consenso generalizado entre los diferentes grupos, debido a la relevancia de los mismos (discusión constitucional, Pactos de la Moncloa...); y, por otra parte, el gobierno tenía que mantener una laxitud en sus responsabilidades como ejecutivo, dado que aún no había un marco constitucional que regulase la convivencia en libertad.

Si bien es cierto que las elecciones generales de 1979 estuvieron dominadas por la incertidumbre, no podemos obviar que a estos comicios concurría la UCD, coalición que había gobernado en los últimos tres años, y ello le otorgaba una gran ventaja política, tal y como confirmaban los sondeos de intención de voto realizados durante la campaña electoral. En ese sentido, los resultados ratificaron esas expectativas, ya que la fuerza política liderada por Suárez incrementó su representación parlamentaria hasta los 168 diputados, aunque ello no le permitió formar un gobierno mayoritario. A la derecha de la UCD encontramos AP, con el 6% de los sufragios[12]. A diferencia de los comicios de anteriores elecciones, la coalición liderada por Fraga experimentó un retroceso del 2% en su respaldo electoral[13]. Por el contrario, el PSOE incrementó en un 1,2% su número de votos en los comicios generales de 1979[14], y ello le permitía mantenerse como la principal fuerza política de la oposición. El PCE también incrementó el número de votos obtenidos en un 1,4%[15], alcanzando una representación parlamentaria de 23 diputados[16].

Las restantes fuerzas políticas, aun disminuyendo su respaldo electoral en los comicios generales de 1979, consiguieron tres diputados más[17]. El retroceso que experimentaron CiU y PNV fue compensado con los cinco escaños que obtuvo el Partido Socialis-

---

[11] Véase cuadro 3.2.
[12] Véase cuadro 3.2.
[13] Véase cuadro 3.2.
[14] Véase cuadro 3.2.
[15] Véase cuadro 3.2.
[16] Véase cuadro 3.2.
[17] Véase cuadro 3.2.

ta de Andalucía (PSA) y el diputado que lograron EE, ERC, Partido Regionalista Aragonés (PAR), Unión del Pueblo Navarro (UPN) y Unión del Pueblo Canario (UPC), respectivamente[18].

A priori, esta primera legislatura constituyente tendría que haber sido balsámica, ya que el gobierno de Suárez podía elegir entre diferentes opciones para completar su mayoría absoluta: las minorías nacionalistas vasca y catalana, e incluso el grupo parlamentario del Partido Socialista Andaluz (PSA). Sin embargo, fue la crisis interna que vivió la UCD, la espoleta que dinamitó el equilibrio gubernativo, ya que el 40% de los diputados del grupo parlamentario rompieron la disciplina de voto. Es evidente que la UCD no era un partido moderno, capaz de actuar como tal a partir de los comicios de 1979, aunque en descargo de esta fuerza política hemos de reseñar que el gobierno de Suárez se encontró con toda una serie de vicisitudes a la hora de actuar en el terreno económico, política antiterrorista y orden público, y en materia autonómica. Si todo ello fuese insuficiente, recordemos que la UCD tuvo que afrontar una intentona golpista el 23 de febrero de 1981.

La postransición y el cambio (1982-1993)

Con las elecciones generales de 1982 comienza un nuevo ciclo electoral dominado por la hegemonía socialista. El panorama parlamentario cambió radicalmente, ya que el PSOE consiguió formar por primera vez, desde que se restableció el orden democrático, un gobierno mayoritario, dado que obtuvo el 48,4% de los votos en estos comicios[19], es decir, 202 diputados[20]. En buena medida, el triunfo del PSOE vino marcado por el retroceso que experimentó la UCD, que tan sólo obtuvo 11 diputados[21]. Al mismo tiempo que la coalición centrista casi desaparecía del mapa político, AP lograba 107 escaños[22], y el Centro Democrático y Social (CDS) conseguía un respaldo electoral del 3%[23], bajo el liderazgo del ex presidente Adolfo Suárez.

---

[18] Véase cuadro 3.2.
[19] Véase cuadro 3.2.
[20] Véase cuadro 3.2.
[21] Véase cuadro 3.2.
[22] Véase cuadro 3.2.
[23] Véase cuadro 3.2.

A la izquierda del PSOE, el PCE perdía más de la mitad de sus votantes[24] con respecto a los comicios generales de 1979. A diferencia de los comunistas, CiU incrementaba su grupo parlamentario en el Congreso de los Diputados hasta los 12 escaños[25], mientras que el PNV tan sólo logró un diputado más[26].

Las elecciones de 1986 y 1989 se caracterizaron por la continuidad, si bien es cierto que el PSOE vio disminuir su grupo parlamentario sin perder nunca la mayoría absoluta[27]. A su derecha, AP se estancaba en torno al 25% de los sufragios, beneficiándose de ello los partidos nacionalistas, que en la competencia política conquistaban el voto de algunos antiguos votantes del partido conservador[28]. Por el contrario, el CDS consiguió incrementar en un 7%[29] su respaldo electoral en las elecciones de 1986, aumentando su grupo parlamentario hasta los 19 escaños[30]. En los comicios de 1989 registró un fuerte descenso en el número de votos, disminuyendo hasta los 14 diputados[31]. A la izquierda del PSOE, el PCE/IU[32] continuaba sumido(a) en una crisis electoral que se remonta hasta las elecciones de 1979, y de la que se recuperó relativamente en los comicios de 1989[33].

Hay un hito histórico y un tema conflictivo que en mi opinión contribuyeron en gran medida a mejorar el juicio de los españoles acerca de la capacidad ejecutiva de Felipe González: la incorporación de España a la CEE y el triunfo en el Referéndum de la OTAN, respectivamente. Ello nos induce a pensar que el presidente del gobierno procedió a la disolución de las Cortes aprovechando el rebufo de estos dos éxitos.

Hay quienes afirman que la oposición desgasta más que el gobierno, y al menos ello se confirmó tras los comicios de 1986, donde la convulsión fue el elemento que caracterizó a las filas de Coalición Popular (CP): los democristianos del Partido Demócrata

---

[24] Véase cuadro 3.2.
[25] Véase cuadro 3.2.
[26] Véase cuadro 3.2.
[27] Véase cuadro 3.2.
[28] Véase cuadro 3.2.
[29] Véase cuadro 3.2.
[30] Véase cuadro 3.2.
[31] Véase cuadro 3.2.
[32] A partir de las elecciones de 1986, el PCE pasa a formar parte de la coalición Izquierda Unida (IU).
[33] Véase cuadro 3.2.

Popular (PDP) abandonaron el grupo parlamentario, le siguió el ex secretario general de AP, Jorge Verstrynge, y algunos de sus seguidores. Todo ello venía a cuestionar la estrategia política de Manuel Fraga sobre la *mayoría natural*.

Los buenos resultados del PSOE en las elecciones al Parlamento Europeo de 1989, donde no sólo incrementó su respaldo electoral, sino que al mismo tiempo aumentó el diferencial con respecto al PP, ya que esta fuerza política registró un notable descalabro, fue uno de los argumentos que motivaron a Felipe González a anticipar las elecciones generales. No obstante, el PP desarrolló una actividad opositora más firme y cohesionada, en buena medida porque José María Aznar logró igualar el techo de Fraga, y sobre todo, por su incuestionabilidad como líder del centro-derecha. Simultáneamente, el *estanque rosado* comenzaba a removerse por cuestiones de gran transcendencia: la guerra del Golfo, irrumpe la crisis económica, aparecen los primeros casos de corrupción (Filesa...), etc.

Las elecciones generales de 1993 fueron el final de la postransición y el cambio, ya que era la primera vez que el PSOE necesitaba el apoyo parlamentario de fuerzas políticas de ámbito nacionalista, al no obtener un respaldo mayoritario de los votantes españoles. Efectivamente, el partido liderado por Felipe González ganó los comicios, pero sus 159 diputados[34] no eran suficientes para que siguiese gobernando sin alcanzar acuerdos con otros partidos. Necesitaba consensuar todas sus propuestas legislativas con CiU, ya que sus 17 diputados[35] le otorgaban un respaldo mayoritario.

A la derecha del PSOE emergía el PP[36], que mereció la confianza del 35% de los votantes españoles en 1993, si bien es cierto que ello estuvo justificado en parte por el desastre electoral del CDS, que con algo menos del 2% de los sufragios no consiguió ningún escaño[37]. Por el contrario, a la izquierda de los socialistas, el respaldo electoral de IU permanecía estancado por debajo del umbral del 10%[38].

---

[34] Véase cuadro 3.2.
[35] Véase cuadro 3.2.
[36] A partir del congreso celebrado en 1990, AP pasa a denominarse Partido Popular (PP).
[37] Véase cuadro 3.2.
[38] Véase cuadro 3.2.

La consolidación democrática (1996-)

Las elecciones generales de 1993 fueron muy competitivas, de ahí que el escenario parlamentario registrara una profunda transformación, en donde la distancia entre los dos partidos mayoritarios fue muy pequeña. Se atisbaba ya en el horizonte electoral la *alternancia popular.* En las elecciones de 1996 el PP consiguió una mayoría relativa, que le obligó a establecer acuerdos de legislatura con las tres fuerzas políticas de carácter nacionalista más respaldadas parlamentariamente: CiU, PNV y Coalición Canaria (CC). Efectivamente, los 156 diputados que logró el partido liderado por Aznar[39] no le permitían formar gobierno si no conseguía al menos, el respaldo de los nacionalistas catalanes y vascos. Los 16 escaños de CiU, conjuntamente con los 5 logrados por el PNV, le otorgaban al presidente Aznar un respaldo mayoritario, haciendo inútil cualquier acuerdo puntual entre PSOE e IU[40].

Felipe González llegó a declarar en la noche electoral del 6 de junio de 1996 que había experimentado los efectos de una *derrota dulce.* En el fondo, el mensaje subliminal que se escondía tras esta declaración era el vaticinio de un conjunto de dificultades con las que se iba a encontrar José María Aznar para formar gobierno. Con la perspectiva que da el paso del tiempo, podemos afirmar que aquella *derrota sabe amarga,* ya que el PP ha logrado un nivel de cooperación muy confortable con las fuerzas nacionalistas que respaldan su acción de gobierno, sin olvidar tampoco los efectos positivos que está generando la buena situación económica que vive el país.

3.3. Los gobiernos[41]

Tal y como hemos reseñado en el epígrafe anterior, los resultados de las primeras elecciones democráticas celebradas el 15 de

---

[39] Véase cuadro 3.2.

[40] Véase cuadro 3.2. Recordemos que el PSOE obtuvo 141 diputados, mientras que IU tan sólo logró 21 escaños.

[41] Véase cuadro 4.3.

junio de 1977, le permitieron a Adolfo Suárez formar el primer gobierno de la transición y la democracia. El 4 de julio de ese año juraba su cargo el ejecutivo ante el Rey de España, siendo Enrique Fuentes Quintana el vicepresidente segundo de Economía. En febrero de 1978 se produciría la primera crisis de gobierno con la dimisión del vicepresidente segundo, que fue sustituido por Fernando Abril Martorell.

Tras las elecciones legislativas celebradas el 1 de marzo de 1979, Adolfo Suárez formó su primer gobierno constitucional, que tomó posesión el 6 de abril de 1979. El máximo responsable en asuntos económicos seguía siendo el vicepresidente Abril Martorell.

El 2 de mayo de 1980, tres semanas antes de la moción de censura presentada por el grupo parlamentario socialista, el presidente Adolfo Suárez remodelaba su gobierno. Este ejecutivo iba a ser muy efímero, ya que el 8 de septiembre de ese año el presidente nombraba su último gabinete, tras someterse a una cuestión de confianza; el nuevo vicepresidente económico era Leopoldo Calvo Sotelo.

En enero de 1981 Adolfo Suárez presentó su dimisión como presidente del gobierno, y el 26 de febrero de 1981 tomó posesión el ejecutivo presidido por Leopoldo Calvo Sotelo, quien suprimió las vicepresidencias. El ministro de Economía era Juan Antonio García Díez. Este gobierno fue muy efímero, ya que en agosto el presidente Calvo Sotelo introdujo algunos cambios en el ejecutivo: salió Francisco Fernández Ordóñez de la cartera de Justicia y fue sustituido por Pío Cabanillas. No obstante, la remodelación más significativa se produjo en diciembre de 1981: accedieron por primera vez al ejecutivo Soledad Becerril, Manuel Núñez, Federico Mayor Zaragoza y Santiago Rodríguez Miranda; volvieron dos antiguos ministros, Rafael Arias Salgado y Luis Gámir, y se crearon de nuevo dos vicepresidencias, que recayeron en las personas de Rodolfo Martín Villa y Juan Antonio García Díez.

A lo largo de 1982, y antes de las elecciones generales de octubre, hubo dos reajustes gubernamentales. Tras las elecciones andaluzas, Calvo Sotelo cambió su gobierno con el fin de preparar los comicios legislativos que se atisbaban en el horizonte electoral de los próximos meses: salieron del ejecutivo el vicepresidente Martín Villa y Rafael Arias Salgado, ministro de Administración Territorial. Posteriormente, una vez disueltas las Cortes Generales, Calvo Sotelo cesó al ministro de Agricultura, José Luis Álvarez, quien abandonó la UCD para afiliarse al PDP.

Tras la investidura de Felipe González como presidente del gobierno el 1 de diciembre de 1982, juraron su cargo los ministros del ejecutivo el 3 de este mes ante el Rey Juan Carlos I. La primera crisis tardó en llegar, fue el 5 de julio de 1985, cuando dimitió el ministro de Economía y Hacienda, Miguel Boyer, y cesó en Asuntos Exteriores Fernando Morán. Ambos fueron sustituidos por Carlos Solchaga, hasta ese momento ministro de Industria, y Francisco Fernández Ordóñez, respectivamente.

En las elecciones generales del 22 de junio de 1986 el PSOE revalidó la mayoría absoluta, y ello permitió a Felipe González nombrar su segundo gobierno, en donde la cartera de Economía seguía dependiendo de Carlos Solchaga, pero el nuevo ministro de Industria era Luis Carlos Croissier. El 8 de julio de 1988 se produjo la remodelación más amplia de la etapa socialista: entraron seis ministros nuevos, cesaron cuatro y dos cambiaron de cartera. La finalidad última del ex presidente González era combatir la imagen de cansancio y desgaste de su ejecutivo ante la opinión pública, dando entrada a ministros que, a priori, se les presuponía un mayor carisma, al mismo tiempo que contribuía a sanear la vida pública, que comenzaba a estar salpicada por los primeros casos de corrupción.

Las elecciones generales del 29 de octubre de 1989 depararon un descenso en el respaldo electoral del PSOE, si bien se cierto que Felipe González pudo formar el 6 de diciembre de este año su tercer gobierno, respaldado por los 175 diputados del grupo parlamentario socialista. No obstante, tres meses más tarde, hubo un reajuste ministerial debido a la salida de Manuel Chaves de la cartera de Trabajo y Seguridad Social.

Desde su inicio, esta legislatura se presentó muy agitada políticamente, pues tras las elecciones del 29 de octubre se anularon los comicios en las circunscripciones de Melilla, Murcia y Pontevedra. Esta y otras razones, obligaron a Felipe González a someterse a una cuestión de confianza en 1990; además, surgió el primer gran escándalo político, que provocó la dimisión de Alfonso Guerra como vicepresidente del gobierno, accediendo a la misma Narcís Serra, hasta entonces ministro de Defensa. Diez meses después, otro caso de corrupción obligó a Felipe González a reajustar su ejecutivo, ya que el ministro de Sanidad, Julián García Valverde, estaba implicado en el escándalo de Renfe. La enfermedad de Francisco Fernández Ordóñez obligó al ex presidente del gobierno a realizar otro reajuste ministerial en junio de 1992, pasando Javier Solana a ocupar esta cartera. Los problemas de gobernabilidad seguían acumulándose, y obligaron a Felipe González a disolver el Parlamento y anticipar las elecciones generales al 6 de junio de 1993.

Los resultados de los comicios generales obligaron al PSOE a gobernar mediante pactos puntuales con CiU y PNV, ya que había perdido la mayoría absoluta. La declaración de inconstitucionalidad de algunos apartados de la Ley de Seguridad Ciudadana, a los cinco meses de iniciarse la nueva legislatura, motivaron la salida del ministro Corcuera del cuarto gobierno de Felipe González, que fue sustituido por Antoni Asunción, quien permanecería en su cargo seis meses, ya que se vio obligado a dimitir por la fuga de Roldán. El ex presidente del ejecutivo aprovechó esta circunstancia para remodelar su equipo de gobierno, integrando las responsabilidades de Justicia e Interior en el ministro Belloch; además, aprovechó para cerrar la crisis generada por la dimisión del ministro de Agricultura, Vicente Albero, cuatro días antes que la de Asunción.

Los casos de corrupción y los escándalos políticos seguían aflorando en la vida pública, siendo uno de los más reseñables el del CESID, que obligó a dimitir al vicepresidente Narcís Serra y al ministro de Defensa, Julián García Vargas, en junio de 1995. Aunque parezca paradójico, la última crisis de gobierno de la era socialista no estuvo motivada por ninguna anomalía política, pues la salida de Javier Solana del gobierno se debió a su nombramiento como secretario general de la OTAN en diciembre de 1995.

El 3 de marzo de 1996 el PP ganó las elecciones generales y consiguió formar un gobierno minoritario, firmando un pacto de legislatura con CiU, PNV y CC. El primer ejecutivo de José María Aznar juraba su cargo ante el Rey Juan Carlos I el 5 de mayo de ese año. El máximo responsable de Economía era Rodrigo Rato, a la vez que vicepresidente segundo, mientras que al frente del Ministerio de Industria colocaba al independiente Josep Piqué. Paradójicamente, este primer ejecutivo del PP ha sido el más duradero, cuando el grupo parlamentario del partido del gobierno contaba con tan sólo 156 diputados, es decir, el más reducido de la transición y la democracia.

En agosto de 1998 el presidente Aznar se planteó renovar el partido en el XIII Congreso Nacional que iba a celebrarse entre el 29 y el 31 de enero de 1999, y ello le obligaba a plantear la primera crisis de gobierno, poniendo fin así al ejecutivo más duradero de la transición y la democracia, que había permanecido en su cargo más de dos años y siete meses. El 20 de enero de 1999 tomó posesión el segundo gobierno de Aznar: Javier Arenas abandonaría la cartera de Trabajo y Seguridad Social para pasar a ser el nuevo secretario general del PP, en sustitución de Francisco Álvarez Cascos. José María Aznar aprovechó esta circunstancia para relevar a Esperanza Aguirre del Ministerio de Educación y Ciencia, que fue sustituida por Mariano Rajoy, quien abandonaba la cartera de Administraciones Públicas y Territoriales. Al frente de este ministerio colocó a Ángel Acebes, que conjuntamente con Manuel Pimentel eran las dos nuevas incorporaciones del Consejo de Ministros. Hay quienes afirmaron que ésta había sido una *remodelación sin heridos,* ya que tan sólo salían dos antiguos ministros (Arenas y Esperanza Aguirre) para ocupar cargos de responsabilidad en el partido e institucional, respectivamente.

Posteriormente, el 30 de abril de 1999, José María Aznar acometió su segunda remodelación ministerial, reemplazando de la cartera de Agricultura y Pesca a Loyola de Palacio por Jesús Posada. Este cambio suscitó fuertes críticas tanto de la oposición como desde otros ámbitos de la vida pública, ya que en menos de tres meses el Presidente del Gobierno había afrontado dos crisis por motivos estrictamente políticos y electorales. La proximidad de las elecciones al Parlamento Europeo el 13 de junio de 1999, obligaba a José María Aznar a relevar a la ministra, ya que iba a encabezar la lista del PP en estos comicios.

Apéndice B

Los ciclos de popularidad durante la transición y la democracia

A diferencia de la economía, la ciencia política no posee una teoría del ciclo electoral; si bien es cierto que, últimamente, se observa una mayor preocupación por el estudio de las fluctuaciones electorales en esta rama[1]. En cualquier caso, hay dos rasgos fundamentales que caracterizan la teoría cíclica de las elecciones: el paradigma de la investigación fragmentada y los mecanismos de causalidad endógenos y exógenos. En este sentido, existe un consenso acerca de que no es posible estudiar los ciclos electorales a través de la simple mirada a las series estadísticas, ya que hoy se demanda la utilización de herramientas hermenéuticas que permitan investigar las ondas largas, no como una mera agregación de los distintos cortos plazos que la conforman, sino que hay que afrontar el estudio desde una perspectiva dinámica que pertenece al ámbito del largo plazo.

---

[1] Vid. T. Ito (1990). «The timing of elections and political business cycles in Japan», pp. 135-146; D. Farlie y I. Budge (1977). «Newtonian mechanics and predictive elections theory», pp. 413-422; R. W. Fogel (1992). «Problems in modelling complex dynamic interactions: The political realignment of the 1850s», pp. 215-253; E. Keenes (1993). «History and international relations: Long cycles of world politics», pp. 145-154; y W. L. Miller y M. Mackie (1973). «The electoral cycle and the asymmetry of government and opposition popularity: An alternative model of the relationship between economic conditions and political popularity».

El otro aspecto que caracteriza a los ciclos electorales de los partidos es el doble *mecanismo causal: endógeno y exógeno*. Hay quienes postulan que las fluctuaciones electorales son un *shock* exógeno, que induce la puesta en marcha de la dinámica cíclica, aunque la mayor parte de los análisis del ciclo electoral imputan el origen y el posterior desarrollo de los mismos a la lógica política.

Si hubiese que caracterizar los ciclos de popularidad de la democracia habría que distinguir tres etapas: *el declive de la UCD* (octubre de 1979-septiembre de 1982), *la hegemonía socialista* (octubre de 1982-enero de 1993) y *la alternancia popular* (a partir de febrero de 1993).

b.1) **El declive de la UCD**

Una vez aprobada la Constitución en el referéndum de 1978, las elecciones generales de abril de 1979 confirmaron que la UCD era una coalición capaz de gobernar en minoría. No obstante, tenía algunas asignaturas pendientes: afrontar de una manera decidida la crisis económica, acometer algunas reformas institucionales pendientes... Efectivamente, la inflación y el paro comenzaban a alcanzar cotas preocupantes, y todo ello porque el gobierno de Suárez no acometía las reformas económicas pendientes; de otra parte, había sectores institucionales que reclamaban una reforma (ejército...). Si a todo ello le agregamos que la división interna dentro de la UCD se iba haciendo más notoria[2], comprenderemos por qué los niveles de popularidad de esta fuerza centrista descendían a un ritmo acelerado, mientras que el PSOE aumentaba su ventaja en términos de intención de voto con respecto al partido liderado por Suárez[3]. Paradójicamente, este declive en la popularidad de la UCD abandonó la velocidad de crucero tras la intentona golpista, pero ello no fue más que un mero espejismo, ya que el nivel de aceptación política de la UCD volvió a decaer a un ritmo acelerado en los meses siguientes.

Los socialistas alcanzaron un acuerdo con el PCE para gobernar en la mayoría de los grandes municipios de España, tras la cele-

---

[2] Entre los elementos que favorecieron este hecho encontramos las crisis económica, la política antiterrorista y de orden público, y la cuestión autonómica.
[3] Véase gráfico B.1.

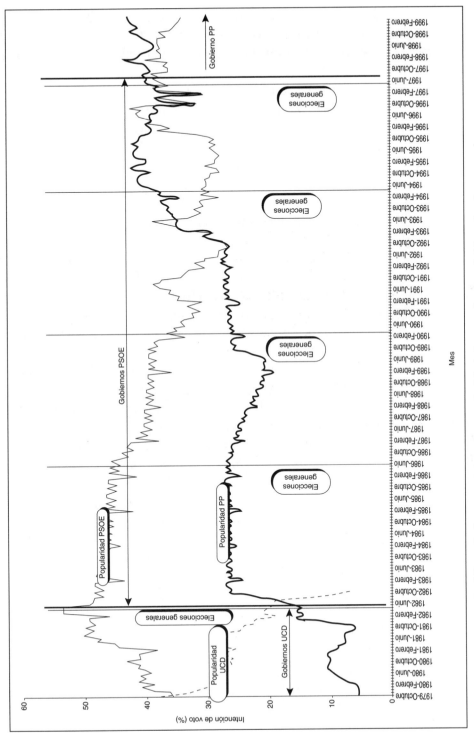

Gráfico B.1. Los ciclos de popularidad durante la transición y la democracia.

bración de las elecciones municipales de abril de 1979. Esta reedición del Frente Popular favorecía las expectativas electorales del PSOE[4], que conjuntamente con el deterioro electoral de la UCD, alumbraban la proximidad de un cambio en el gobierno, tras los comicios de octubre de 1982.

Alianza Popular, que parecía estar condenada a ser una fuerza marginal dentro del espectro parlamentario español, se benefició del retroceso electoral de la UCD, llegando a superar el umbral del 25% del respaldo electoral[5].

b.2) La hegemonía del PSOE

Efectivamente, los comicios de octubre de 1982 confirmaron las expectativas de victoria del PSOE, iniciándose así un nuevo ciclo legislativo caracterizado por la hegemonía electoral del partido liderado por Felipe González, tal y como apuntaban las encuestas de intención de voto[6]. En la primavera de 1982, seis meses antes de los comicios generales, los socialistas superaban el umbral del 50% de intención de voto[7], mientras que la UCD, conjuntamente con AP, sumaban unas expectativas electorales del 20%[8]. A la izquierda del PSOE, el PCE apenas restaba votos a los socialistas; sin embargo, las fuerzas de centro-derecha de las nacionalidades vasca y catalana seguían consolidándose, aunque tampoco ello comprometía la mayoría obtenida por el partido liderado por Felipe González.

Entre diciembre de 1982 y enero de 1993, el PSOE fue perdiendo respaldo electoral, pero, al mismo tiempo, seguía teniendo una intención de voto que superaba en 10 puntos porcentuales al principal partido de la oposición. Ni el plan de choque económico, ni la reconversión industrial, ni la primera gran crisis interna dentro del gobierno, que se solucionó con la salida de Miguel Boyer del Ministerio de Economía..., mermaron el potencial electoral de Felipe González en los comicios de 1986. Una vez más, el lideraz-

---

[4] Véase gráfico B.1.
[5] Véase gráfico B.1.
[6] Véase gráfico B.1.
[7] Véase gráfico B.1.
[8] Véase gráfico B.1.

go del ex secretario general del PSOE fue el factor determinante que dificultó la pérdida de respaldo electoral, sin olvidar tampoco los efectos positivos que le reportó nuestra adhesión a la CEE en 1986 y el triunfo en el Referéndum de la OTAN.

La extinta AP, liderada por Manuel Fraga, mantuvo su nivel de popularidad en torno al 26%[9], pero apenas se benefició del desgaste electoral de los socialistas en las elecciones generales de 1986. La emergencia del CDS, que se presentaba como un partido de centro, con afán de actuar como *bisagra* entre el PSOE y AP, no le permitió romper su techo de cinco millones de votos. Todo ello motivó que Fraga presentara su dimisión y dejara la presidencia del partido en la persona de Antonio Hernández Mancha, cuyo *reinado* fue muy efímero debido a los conflictos internos que vivió la derecha. Desde su llegada a la presidencia de AP, tras ganar en el Congreso Nacional del partido, en donde derrotó a Miguel Herrero y Rodríguez de Miñón, el político andaluz encontró grandes reticencias entre los notables del partido. La situación interna de esta fuerza política fue deteriorándose, sobre todo a partir de marzo de 1987, cuando Antonio Hernández Mancha hizo una mala defensa de la moción de censura presentada por su grupo contra el gobierno de Felipe González; y como consecuencia de esta situación confusa, el nivel de popularidad de AP llegó a situarse por debajo del 20% en diciembre de 1988[10], cuando el comité ejecutivo del partido aprobó las normas que iban a regir el congreso del partido de enero de 1989, y al que concurrían en un principio Hernández Mancha y Manuel Fraga.

A la izquierda del PSOE se situaba el PCE, que no era una preocupación electoral para los socialistas. Gerardo Iglesias apenas superaba el respaldo electoral del antiguo secretario general Santiago Carrillo; de ahí que, tras el fracaso electoral de 1986, dejase su cargo como máximo dirigente del PCE en manos de Julio Anguita.

Por último, las dos grandes fuerzas nacionalistas no podían contrarrestar el fuerte respaldo electoral del PSOE, aun a pesar de que CiU obtuvo casi 300.000 votos más en los comicios generales de 1986, mientras que el PNV sufrió un revés electoral, perdiendo 90.000 votos.

---

[9] Véase gráfico B.1.
[10] Véase gráfico B.1.

La huelga del 14 de diciembre de 1988 y la aparición de los primeros escándalos públicos, en los que estaba implicado el hermano del vicepresidente del gobierno, se reflejaban en la intención de voto del PSOE. El descenso en los niveles de popularidad, conjuntamente con la proximidad temporal de los grandes fastos del 92, llevaron a Felipe González a anticipar los comicios. Una vez más, los socialistas revalidaron la mayoría absoluta en las elecciones legislativas celebradas el 29 de octubre de 1989.

José María Aznar y Julio Anguita mantuvieron el respaldo electoral de sus respectivas fuerzas políticas en los comicios de 1989, si bien es cierto que el político cordobés logró que IU obtuviese un millón de votos más con respecto a las elecciones legislativas de 1986. Por su parte, el PP[11] experimentó un ligero revés electoral en estos comicios de 1989, pero no puede culparse de ello a José María Aznar, que fue el candidato a la presidencia de gobierno, pues desde que fue nominado para este cargo en septiembre de 1989, la intención de voto del PP comenzó a ascender[12].

Las elecciones generales de 1989 fueron un punto y seguido en la decadencia electoral del PSOE, ya que su nivel de popularidad siguió por la senda iniciada en 1986[13], aunque a un ritmo mayor, como consecuencia de la continuada oleada de escándalos públicos que salpicaban la vida pública española: malversación de fondos públicos, asesinatos en nombre del Estado, asociaciones ilícitas...; y a todo ello habría que agregarle los efectos nocivos de la crisis del Golfo y la desaceleración y posterior recesión económica. Por el contrario, el PP seguía profundizando en su proceso de renovación, y el Congreso Nacional celebrado en Sevilla fue aprovechado por Aznar para sustituir a algunas personas, con el fin de centrar el partido y atraer el voto de aquellos españoles que se situaban en este espacio del espectro ideológico. Por su parte, Anguita intentó remodelar el PCE, que era la principal fuerza política de la coalición IU.

A finales de 1992, PP y PSOE empataban en intención de voto, y ésta iba a ser la tónica de los meses que precedieron a los comicios generales de junio de 1993[14].

---

[11] En el Congreso Nacional que celebró AP el 20 de enero de 1989, Manuel Fraga alcanzó de nuevo la presidencia del partido, el cual pasó a denominarse PP.

[12] Véase gráfico B.1.

[13] Véase gráfico B.1.

[14] Véase gráfico B.1.

b.3) **La alternancia popular**

La *alternancia popular* fue una expresión muy utilizada por los dirigentes del PP antes de las elecciones generales de 1993, cuando las encuestas de intención de voto le atribuían un nivel de popularidad similar al del PSOE. En torno al año 1992 al PSOE le aparecían escándalos políticos por doquier, el disenso entre las diferentes familias del partido era notorio y la economía se encontraba en una fase de crisis. No obstante, el tirón populista de Felipe González fue fundamental para la victoria del PSOE en las elecciones generales de junio de 1993, aunque con una mayoría relativa que le obligó a establecer pactos puntuales con las dos fuerzas nacionalistas más importantes: PNV y CiU. Pero todo ello fue un espejismo, ya que el aluvión de escándalos públicos se multiplicó y cada vez eran de mayor intensidad política; las investigaciones judiciales fueron unas de las constantes que determinaron la vida pública, la crisis económica no finalizaba...

A la izquierda del PSOE, Anguita no había conseguido rentabilizar electoralmente su constante crítica al gobierno del PSOE. No obstante, IU continuó con esa estrategia a lo largo de la legislatura que discurrió entre 1993 y 1996.

El PP, aun a pesar de la decepción de su derrota electoral, continuó con su actitud política de oposición al último gobierno de la era socialista. Por el contrario, CiU y PNV pactaron con Felipe González, ya que su apoyo era fundamental para poder gobernar.

Desde sus inicios, se percibía que ésta iba a ser la última legislatura socialista, y que finalizaría pronto, ya que los escándalos políticos en torno al PSOE seguían apareciendo: Garzón abandonaba su escaño por Madrid, estallaban los asuntos de Conde y De la Rosa... Todo ello explica por qué se desplomó la intención de voto del PSOE, y su déficit de popularidad llegó a superar el 10% a finales de 1994[15].

Tras retirarle su apoyo parlamentario CiU, Felipe González pretendió alargar la legislatura prorrogando los Presupuestos Generales de 1995. No obstante, muy pronto apreció que esta situación de crisis política no podía prolongarse en el tiempo y disolvió las Cortes Generales convocando elecciones generales para el 3 de marzo

---

[15] Véase gráfico B.1.

de 1996. Aunque todas la encuestas de intención de voto presagiaban un triunfo del PP, los socialistas albergaban la esperanza de que el carisma de Felipe González iba a ser suficiente para superar de nuevo a los populares. Al final, se produjo aquello que el ex presidente del gobierno calificó de *derrota dulce:* el partido liderado por Aznar ganó las elecciones, pero tan sólo superó al PSOE en 300.000 votos.

Dado que el PP disponía de una mayoría relativa en la Cámara de los Diputados, Aznar se vio obligado a suscribir acuerdos de legislatura con las fuerzas nacionalistas: CiU, PNV y CC. Tras un inicio de legislatura bastante titubeante, el PSOE consiguió superar al PP en intención de voto[16], ya que los electores estaban decepcionados por las primeras medidas políticas adoptadas por el ejecutivo del PP: desclasificación de los papeles del CESID, la actitud del gobierno ante el caso GAL... Esta situación evidenciaba que Aznar no disfrutó de *luna de miel*[17], dado que los españoles no le perdonaron las desilusiones que suscitaron algunas de sus primeras acciones de gobierno. El desengaño fue de tal magnitud, que una proporción importante de ciudadanos llegaron a poner en duda la credibilidad presupuestaria del ejecutivo: un 44% declaraba en diciembre de 1996, que se cerraría el ejercicio 1997 con importantes desviaciones.

Muy pronto se invertiría la tendencia, evidenciándose así que la *dulce derrota* de la que habló Felipe González en la noche del 3 de marzo de 1996 era una falacia, ya que en enero de 1997 el PP volvía a ser de nuevo la fuerza política con mayores expectativas electorales[18]. Con la primavera de 1997, *España comenzó a ir bien*[19], que lejos de ser un lema propagandístico del gobierno, parecía ser una percepción compartida por buena parte de los españoles. Al menos eso era lo que se concluía del barómetro de intención de

---

[16] Véase gráfico B.1.

[17] Vid. W. D. Nordhaus (1989). «Alternative approaches to the political business cycle», pp. 169-190. Un gobierno goza de luna de miel cuando los electores no descuentan las posibles desilusiones que les haya podido causar las primeras medidas adoptadas por el ejecutivo. En ese sentido, el incumplimiento de las expectativas electorales no se consideran en su justa medida, ya que los votantes viven un ambiente de euforia postelectoral.

[18] Véase gráfico B.1.

[19] A lo largo de la primavera de 1997, el presidente del gobierno repitió varias veces ante el Parlamento y los medios de comunicación que la economía española iba razonablemente bien. Muchos medios de comunicación utilizaron como titular la expresión *España va bien.*

voto realizado por el CIS en abril, ya que los encuestados otorgaban un aprobado a la situación económica que vivía el país, y, además, era la primera vez que el gobierno del PP suscitaba entre los españoles una calificación de 5. Esta percepción positiva de la coyuntura económica se vio reforzada por otros indicadores: aumentó un 3% el colectivo de españoles que consideraban que el gobierno de Aznar estaba dando cumplida repuesta a sus promesas electorales, eran mayoría quienes pensaban que la situación política era muy buena, buena o regular[20], y, por último, José María Aznar pasó a ser el político que inspiraba mayor confianza, aunque ello no se reflejó en su valoración como líder, ya que era superado por Felipe González.

A partir de este momento, el superávit de popularidad de los populares evidenció una tendencia alcista, llegando a alcanzar un 4% en octubre de 1997[21]. Simultáneamente, el PSOE experimentó dos fuertes caídas en sus expectativas electorales durante los meses de mayo y octubre de este año. La pérdida de intención de voto del principal partido de la oposición en la primavera de 1997 vino marcada por diferentes factores: de una parte, la *bronca política*[22] suscitada en este período como consecuencia de la actitud que mantuvo el gobierno hacia los medios de comunicación que eran más críticos con su gestión, favoreció al PP; por otro lado, la buena situación de la economía española comenzaba a rendir dividendos políticos, ya que la idea de que *España va bien* era compartida por buena parte de los ciudadanos, y, por último, la valoración que suscitaba la oposición ejercida por González y su partido sufría un retroceso, ya que los españoles criticaban la nueva estrategia de oposición emprendida por el PSOE, caracterizada por el enfrentamiento frontal con el PP. A diferencia de abril, la caída en la intención de voto socialista en octubre de 1997 podría deberse a la confusión generada tras la salida de Felipe González de la secretaría general del partido en el Congreso Nacional celebrado los días 20, 21 y 22 de junio. Aun a pesar de que los españoles comenzaron a valorar mejor el liderazgo de Joaquín Almunia, ello no fue sufi-

---

[20] El 68% de los españoles opinaban que la situación política del país en abril de 1997 era muy buena, buena o regular.

[21] Véase gráfico B.1.

[22] Éste fue el calificativo que otorgó el presidente del gobierno a la atmósfera de crispación política que se vivía en este período.

ciente para frenar la pérdida de expectativas electorales del PSOE y el aumento de la intención de voto del PP. Paradójicamente, José María Aznar registraba en el otoño de 1997 un descenso en su nivel de popularidad[23], al mismo tiempo que retrocedía la valoración que hacían los españoles de la gestión del gobierno[24] y aumentaba el pesimismo sobre la situación económica y política[25].

Entre noviembre de 1997 y marzo de 1998 el PP aumentó su distancia con respecto al PSOE, alcanzando un diferencial en intención de voto en torno al 3%[26]. Las razones últimas que explicaban este despegue de los populares eran la mejoría en la situación económica y política del país, el inicio de algunos de los juicios pendientes de la etapa socialista (caso Marey), la escasa oposición que hacía el principal partido de la oposición a la gestión del gobierno y la reducida presencia de Felipe González como líder del PSOE.

El viernes 24 de abril de 1998 se celebraron elecciones primarias en el PSOE, con el fin de que los afiliados socialistas decidiesen quién iba a ser su candidato a la presidencia del gobierno de la nación en las próximas elecciones generales. La victoria inesperada de Borrell, candidato no oficialista, generó una euforia entre los electores[27], y por primera vez, desde marzo de 1997, los socialistas superaban en intención de voto al PP[28]. Al menos, ésta es la única explicación racional que puede justificar por qué las expectativas electorales del PSOE eran un 1,8% superior a las del partido liderado por José María Aznar, ya que la situación económica y política del país era muy favorable y los indicadores de convergencia adelantaban que España sería uno de los 11 países que a partir del 2 de mayo formarían parte de Eurolandia. Otro argumento que

---

[23] El nivel de popularidad del presidente del gobierno descendía un 9% con respecto a julio de 1997.

[24] En octubre de 1997 el 31,3% de los españoles consideraba que la gestión del gobierno del PP era buena o muy buena, mientras que en el mes de julio este porcentaje se elevaba hasta el 41,3%.

[25] En octubre de 1997 el 19,4% de los españoles consideraba que la situación económica del país era buena o muy buena, mientras que en el mes de julio este porcentaje se elevaba hasta el 33,7%. Algo similar sucedía respecto a la coyuntura política, ya que tan sólo el 19,8% los ciudadanos opinaba que ésta era buena o muy buena; por el contrario, este ratio ascendía hasta el 32,9% en el mes de julio.

[26] Véase gráfico B.1.

[27] A este fenómeno se le denominó *efecto Borrell*.

[28] Véase gráfico B.1.

podía justificar este acontecimiento coyuntural era que el nuevo candidato socialista obtenía una calificación superior a la del presidente del gobierno, y ello pudo influir positivamente en la intención de voto del PSOE. Desde la visión retrospectiva que nos ofrece el paso del tiempo, podemos afirmar que esta euforia ilusionante fue muy pasajera, ya que se esfumó unos días después con la celebración del debate del Estado de la Nación, los días 12, 13 y 14 de mayo de 1998. La decepcionante actuación del candidato socialista transformó el denominado *efecto Borrell* en el *defecto Borrell*. Todos los sondeos de opinión realizados por los distintos medios de comunicación y centros de investigación política coincidían en su dictamen respecto a este debate parlamentario: José María Aznar superó al líder del PSOE en las distintas facetas del encuentro. Quizá, ésta sea una de las razones más importantes que justifica por qué el PP volvió a ser en mayo la opción electoral preferida por los españoles[29], pero sin olvidar tampoco el impacto que ejerció sobre la opinión de los españoles los acontecimientos comunitarios del primer fin de semana de mayo.

Los sondeos electorales del verano de 1998 confirmaban la ventaja del PP sobre el PSOE, debido entre otras razones a la favorable percepción que tenían los españoles de la situación política y económica. A estos argumentos habría que agregarles dos hechos políticos relevantes que pudieron influir sobre los niveles de intención de voto de los dos partidos políticos con mayor representación parlamentaria: seguía desarrollándose el juicio por el caso Marey, aunque no había aún sentencia, y en este período dimitió Miguel Ángel Rodríguez, portavoz del gobierno. Hay otro factor que reforzaba la ventaja electoral del PP sobre el PSOE: las favorables expectativas de los españoles acerca de la coyuntura política y económica de los próximos doce meses. No obstante, el diferencial en intención de voto entre estas dos fuerzas políticas habría sido superior si Borrell no hubiera seguido siendo el líder político más valorado.

Con la llegada del otoño se demostró que la hipótesis de la *lluvia fina* empezaba a ser una realidad. Cuando en los primeros meses del actual mandato los analistas atribuían a la falta de liderazgo del presidente Aznar el déficit de popularidad que registraba

---

[29] Véase gráfico B.1.

el PP, éste contestaba que su política de gobierno era como una lluvia fina que a lo largo de la legislatura terminaría calando en el electorado. En ese sentido, los populares ratificaban su superioridad en intención de voto con respecto al PSOE, debido a la tregua anunciada por ETA el 16 de septiembre y las iniciativas emprendidas por el gobierno para acabar con la violencia, la firme voluntad de José María Aznar de dar un giro al PP hacia el centro del espectro ideológico, la polémica suscitada en el principal partido de la oposición respecto a la sentencia del caso Marey, la paulatina pérdida de liderazgo de Borrell, la división interna del PSOE acerca de cómo se organizaba la bicefalia surgida tras las primarias celebradas en abril, y, por último, la buena percepción que tenían los españoles de la situación política y económica.

Los sondeos realizados en el invierno, antes de celebrarse el XIII Congreso Nacional del PP, entre los días 29 y 31 de enero de 1999, certificaban que el partido del gobierno consolidaba su distancia en intención de voto con respecto al PSOE, ya que, por primera vez, más del 50% de los españoles creía que los populares volverían a ganar las próximas elecciones generales[30]. Hay un elemento que contribuyó de un modo especial a esta consolidación electoral del PP: la difuminación de Borrell como líder socialista y la consiguiente aparición de la tricefalia[31]. Todo ello se ha visto acompañado de otros elementos que facilitaron el despegue del PP: la reafirmación del liderazgo de José María Aznar, la continuidad del proceso de paz en el país vasco y la consolidación del estado de opinión acerca de la favorable situación económica y política.

Si se hubiesen convocado elecciones generales en la primavera de 1999, el PP habría logrado la mayoría absoluta, tal y como evidenciaban los sondeos de opinión. Entre otras razones, esta mejoría en las expectativas electorales del PP[32] se debía a que los españoles percibían que el gobierno estaba realizando una buena gestión, desaprobaban la labor de oposición de los socialistas, consideraban que José María Aznar había revitalizado la política

---

[30] Estos comicios habrán de celebrarse en torno a la primavera del año 2000.

[31] Este fenómeno de la tricefalia se caracterizó por la existencia de tres líderes en el PSOE: Almunia, que es el secretario general del partido; Borrell, que era el candidato del partido a la presidencia del gobierno de la nación en los próximos comicios, y Felipe González, que es el antiguo líder socialista, pero con una gran influencia dentro de esta opción política.

[32] Véase gráfico B.1.

nacional, eran más quienes creían en el giro hacia el centro del PP y, por último, la favorable opinión sobre la coyuntura política y económica alcanzaba unos valores históricos. Pero lo más relevante que nos han deparado estas últimas encuestas es que la lluvia fina está calando abundantemente entre el electorado, pues no olvidemos que la mayoría de los votantes socialistas opinan que el gobierno de Aznar está realizando su gestión mejor de lo que esperaban; por otra parte, durante todo el año 1998, y en los últimos meses de 1997, las expectativas sobre la situación económica mejoraron paulatinamente, y por último, existe una opinión generalizada de que el PP ganará los próximos comicios generales, incluso entre algunos votantes socialistas. Por si todas estas circunstancias fuesen insuficientes, el 14 de mayo de 1999 José Borrell presentó su renuncia a ser candidato del PSOE en las siguientes elecciones generales, a quince días de iniciarse la campaña electoral de las elecciones al Parlamento Europeo, Autonómicas y Municipales del 13 de junio.

4

Economía y estabilidad política en la transición y la democracia

4.1. INTRODUCCIÓN

Desde que Okun[1] propuso su *índice de miseria* para evaluar los resultados económicos, basándose tan sólo en la tasa de inflación y desempleo, han ido apareciendo distintos trabajos aplicados a diferentes países y momentos, en donde se mide el índice de miseria por legislaturas[2]. Sumando el valor de las tasas de inflación y paro, Okun evaluaba los logros de la política económica en distintos períodos, pero incurriendo en el error de no adoptar como referencia un punto de partida; de ahí, que si un gobierno heredaba una situación caracterizada por un elevado nivel de precios y/o una alta tasa de desempleo, el índice de miseria era elevado, pues es difícil reducir drásticamente el valor de este índice.

Barro[3] corrige en parte este inconveniente planteando un *índice de sufrimiento ampliado* que medía la diferencia (media) en una legislatura, pero adoptando como referencia de partida las tasas de inflación y paro del final de la legislatura anterior. De este modo, comparaba la tasa media de crecimiento de los precios y el desempleo del gobierno objeto de estudio, con la tasa de inflación y paro en el último año del ejecutivo.

---

[1] Vid. A. M. Okun (1970). *The political economy of prosperity.*

[2] Vid. R. J. Barro (1996). *Getting id right;* A. Alesina (1989). «Politics and business cycles in industrial democracies»; y N. Roubini y J. Sachs (1988). «Political and economic determinants of budget deficits in the industrial democracies». En el primero de los trabajos se analiza el índice de miseria para los Estados Unidos entre 1949 y 1994; en el segundo y tercero de los estudios citados se investiga el caso de los países de la OCDE.

[3] Vid. R. J. Barro (1996). *Op. cit.*

A la luz de todo lo reseñado anteriormente, nos planteamos en este capítulo evaluar la situación económica y política en los diferentes gobiernos de la transición y la democracia. Ello nos permitirá investigar el nivel de interrelación entre el ámbito económico y el dominio político en este período transcendental de la historia contemporánea española. En el siguiente epígrafe calcularemos el índice de sufrimiento económico de los distintos gobiernos y legislaturas, ya que ello nos va a permitir evaluar la situación económica en cada momento y, por extensión, la eficacia de la política económica articulada. Finalizaremos este capítulo midiendo el índice de estabilidad política a lo largo de estos veintidós años de convivencia en libertad, con el fin de valorar la situación política e institucional en la transición y la democracia.

4.2. EL ÍNDICE DE SUFRIMIENTO ECONÓMICO

El *índice de sufrimiento económico* es un indicador que nos permite calificar la gestión macroeconómica de un gobierno en términos relativos, a partir del análisis de las variables objetivo de política económica seleccionadas. El estudio de esta cuestión ha ocupado durante algún tiempo a diferentes investigadores, que se han centrado en el análisis de los Estados Unidos y el Reino Unido; sin embargo, nuestra propuesta se plantea como una alternativa claramente diferenciada de las formuladas hasta ahora, superando las deficiencias estadísticas y teóricas de estos índices propuestos.

a) El índice de miseria económica de Okun y Barro[4]

Okun, consejero económico del ex presidente norteamericano Johnson, propuso un *índice de miseria económica* simple, que consistía en sumar las tasas de paro e inflación; de tal modo, que cuanto mayor es el valor del citado indicador, peor valoración merece la política económica articulada por el gobierno, y viceversa, cuanto menor es este ratio, mejor calificación suscita las medidas económicas aplicadas por el ejecutivo. Uno de los grandes inconvenien-

---

[4] Véase recuadro 4.1.

RECUADRO 4.1

Los índices de miseria y sufrimiento económico

Índice de miseria de Okun

Se define el índice de miseria económica de Okun (S_i) del gobierno i:

$$S_i = \sum_{t-1}^{n} \text{Tasa inflación}_i + \text{Tasa paro}_i$$

siendo n el número de períodos en que gobierna i.

Índice de miseria ampliado de Barro

Se define el índice de miseria ampliado de Barro (S_i^A) del gobierno i:

$$S_i^A = \sum_X T_{2r}^{X^i} - T_{12}^{X^j}$$

siendo:

X = La inflación, paro, tipos de interés a largo plazo y crecimiento económico.

$T_{2r}^{X^i} = \dfrac{X_t^i - X_{t-2r}^i}{X_{t-2r}^i}$ = La tasa de variación media de las variables X bajo

el mandato del gobierno i, que permaneció en el cargo $2r$ períodos.

$T_{12}^{X^j} = \dfrac{X_t^j - X_{t-12}^j}{X_{t-12}^j}$ = La tasa de variación media de las variables X en el

último año de legislatura del gobierno j.

A partir de S_i y S_i^A, podemos enjuiciar qué gobierno fue mejor o peor. Se dice que un ejecutivo i es mejor que el anterior gobierno j, cuando $S_i < 0$ y $S_i^A < 0$; por el contrario, concluimos que i ha sido peor que j, si $S_i > 0$ y $S_i^A > 0$.

RECUADRO 4.1 *(continuación)*

Índice de sufrimiento de la transición y la democracia española

Se define el índice de sufrimiento (S_j^i) del gobierno i, que fue precedido en el cargo por el ejecutivo j-ésimo:

$$S_j^i = \sum_X (T_{12}^{X^i} - T_{12}^{X^j})$$

siendo:

$T_{12}^{X^i} =$ La tasa de variación (anual) media de las variables X (inflación, paro, crecimiento del PIB, déficit público en términos del PIB y tipo de interés oficial) bajo el mandato del gobierno i.

$T_{12}^{X^j} =$ La tasa de variación (anual) media de las variables X (inflación, paro, crecimiento del PIB, déficit público en términos del PIB y tipo de interés oficial) bajo el mandato del gobierno j-ésimo.

La tasa de variación positiva de la inflación, desempleo y tipo de interés va multiplicada por −1, ya que se considera un aspecto negativo que se traduce en un mayor sufrimiento para el conjunto de la sociedad española; por el contrario, las variaciones del saldo presupuestario en términos del PIB y del nivel de actividad va multiplicado por 1, debido a que contribuye positivamente a mejorar la situación del país. Una vez calculado S_j^i se clasifican los gobiernos de mejor a peor: 1 para el ejecutivo de la transición y la democracia que menos sufrimiento generó.

FUENTE: Elaboración propia.

tes del índice de miseria de Okun es que no fija un punto de referencia a partir del cual iniciamos nuestro análisis, y ello dificulta la valoración de los efectos de la política económica articulada por el gobierno de ese período, al mismo tiempo que hace difícil asignar los resultados económicos al ejecutivo actual o al anterior.

Todas estas vicisitudes fueron superadas, en parte, por la reformulación que hizo Barro del índice de miseria. Este profesor de Harvard partía de un concepto más amplio, que se aproxima al de sufrimiento económico, ya que nos permite comparar la variación que ha experimentado la inflación, el paro, la actividad económica y los tipos de interés a largo plazo bajo el mandato de un gobierno, con respecto al valor medio de las citadas macrovariables en el último año de la legislatura anterior. La propuesta de Barro superaba la principal limitación del índice de Okun, que dificultaba la asignación de los resultados económicos del primer año de mandato de un gobierno, y además incluía más variables a la hora de calcular el ratio de miseria. No obstante, presenta algunos inconvenientes reseñables: desde un punto de vista teórico, es difícil mantener el supuesto de que la tasa de variación del índice de miseria corresponde a la política económica articulada por el gobierno en el poder; y desde una perspectiva estrictamente cuantitativa, no trabaja con los valores subyacentes[5] de las macrovariables que incluye en su índice, de ahí que aumente la probabilidad de equivocarnos a la hora de valorar la política económica aplicada por un gobierno, ya que podemos estar fundamentando nuestro juicio sobre datos que no reflejan la realidad.

Una vez calculado el índice de miseria, Barro[6] ordenó las legislaturas de los presidentes norteamericanos entre 1949 y 1994: Truman (segunda legislatura), Eisenhower (primera y segunda legislatura), Kennedy y Johnson (primera y segunda legislatura), Nixon y Ford, Carter, Reagan (primera y segunda legislatura), Bush y Clinton (primera legislatura). También analizó el caso de los gobiernos británicos entre 1955 y 1995: Churchill, Eden, Macmillan, Douglas y Hame, Wilson (primera y segunda legislatura), Heath, Callaghan, Thatcher y Major.

b) El índice de sufrimiento económico propuesto

Dadas las dificultades que presenta el cálculo del índice de miseria, elaboramos un *índice de sufrimiento* económico de la transición y la democracia; para ello, hemos de medir previamente la tasa de inflación subyacente interanual, la tasa de paro mensual, el crecimiento interanual del PIB, el saldo presupuestario en términos de PIB mensual y los tipos de interés oficial[7] bajo el mandato de cada

---

[5] El valor subyacente de una variable económica es aquel que resulta de eliminar de la serie originaria las oscilaciones estacionales e irregulares.

[6] Vid. R. J. Barro (1996). *Op. cit.*

[7] En nuestro caso hemos seleccionado como tipo de interés oficial medio a corto plazo el de la subasta decenal que realizaba el Banco de España. A diferencia de Barro, que se aproxima al tipo de interés mediante el rendimiento medio de los bonos emitidos por el gobierno a largo plazo al final del mandato, nosotros hemos optado por el tipo de la subasta decenal medio bajo el mandato de cada gobierno, ya que es la referencia básica de los intereses variables que pagan los españoles a corto plazo.

gobierno[8]. No olvidemos que la tasa de variación es un operador útil para extraer la señal de nivel que refleja la componente cíclico-tendencial de la inflación, el paro, crecimiento del PIB, déficit público en términos de PIB y los tipos de interés oficial medio.

Cuando se eligen las tasas de variación, como un proceso de filtrado de las series originales mencionadas anteriormente, es fundamental seleccionar aquella formula que nos permita transformar las variables de partida en series que están en la misma fase[9]. De este modo, podremos comparar la evolución suavizada de la inflación, el paro, crecimiento del PIB, déficit público en términos de PIB y los tipos de interés oficial medio, bajo el mandato de los diferentes gobiernos de la transición y la democracia. Aun a pesar de que existen múltiples formas para calcular la variación subyacente de las variables que definen el índice de sufrimiento económico, la mayoría de ellas se fundamentan en el concepto de crecimiento anual. En las publicaciones del Banco de España[10] se utiliza la denominada T_{12}^1:

$$T_{12}^1 = \frac{X_t - X_{t-12}}{X_{t-12}} = \Delta_{12} Ln X_r \qquad [4.1]$$

siendo:

T_{12}^1 = La tasa de variación subyacente (sin centrar)[11] acumulada en doce meses de la variable X[12].

---

[8] Vid. ib. En este caso utilizamos variables que empleó Barro para calcular el índice de sufrimiento para los Estados Unidos en el período de tiempo que va desde finales de la década de los cuarenta, hasta mitad de los noventa.

[9] Vid. V. Poveda y P. Martínez Méndez (1973). «El empleo de tasas de variación como indicadores cíclicos».

[10] Vid. Banco de España (mensual). *Boletín estadístico.*

[11] Se dice que la tasa de variación de una variable X está centrada cuando se le asigna un valor que se corresponde con el punto medio de las observaciones utilizadas para el cálculo de dicha oscilación. En este caso, la T_{12}^1 centrada se definiría así:

$$T_{12}^1 = \frac{X_{t-6} - X_{t+6}}{X_{t-6}}$$

[12] Las variables X consideradas a la hora de calcular el índice de sufrimiento económico son: la inflación, el paro, crecimiento del PIB, déficit público en términos de PIB y los tipos de interés oficial medio.

X_t = El valor de la variable X en el momento t.

X_{t-12} = El valor de la variable X retardada doce períodos.

Δ_{12} = El operador retardo de doce períodos.

El principal inconveniente de este filtro es que tiende a amplificar las oscilaciones de la variable X, cuando ésta presenta una gran variabilidad a corto plazo[13]; de ahí que instituciones como el INE[14] planteen como alternativa, con el fin de solucionar este inconveniente, la tasa de variación media de los doce meses con respecto al año anterior T_{12}^{12}:

$$T_{12}^{12} = \frac{\displaystyle\sum_{t=0}^{11} X_{t+r}}{\displaystyle\frac{12}{\displaystyle\sum_{t=1}^{12} X_{t-r}}} - 1 \qquad [4.2]$$

siendo r el número de períodos de adelanto y/o retardo.

Si bien es cierto que este filtro T_{12}^{12} amortigua más las oscilaciones a corto plazo; sin embargo, el T_{12}^{1} es una tasa de crecimiento anual que nos permite medir la evolución subyacente de la inflación, el paro, crecimiento del PIB, déficit público en términos de PIB y los tipos de interés oficial medio en el caso de gobiernos de mandato corto[15]. Al margen de esta consideración, en el haber de ambos filtros hay que anotar que están centrados[16].

Por otra parte, no podemos obviar que si los gobiernos tuviesen un mandato fijo y el presidente del ejecutivo no pudiese legalmente remodelar su ejecutivo, o anticipar las elecciones, podríamos proponer un índice de sufrimiento económico basado en la T_{12}^{12}, ya que ello nos permitiría conocer como varió X bajo el mandato del

---

[13] Vid. A. Espasa (1994). «El cálculo del crecimiento de variables económicas a partir de modelos cuantitativos», pp. 327-328. La evolución subyacente de la variable X se define como la senda de avance de la citada serie, una vez que hemos eliminado de la misma las oscilaciones cíclicas (corto plazo) y las perturbaciones locales; en definitiva, esta evolución es una componente no observada de la variable X.

[14] Vid. INE (trimestral). *Boletín trimestral de coyuntura.*

[15] Fue el caso de Leopoldo Calvo Sotelo, cuyo mandato duró algo menos de dos años.

[16] Se dice que la tasa de variación de una variable X está centrada, cuando se le asigna un valor que se corresponde con el punto medio de las observaciones utilizadas para el cálculo de dicha oscilación.

gobierno *i*, con respecto al ejecutivo *j*-ésimo que le precedió. Al no concurrir estas circunstancias en el sistema político español, ya que los mandatos de los distintos gobiernos de la transición y la democracia han tenido una duración dispar, proponemos el siguiente índice de sufrimiento económico S_j^i:

$$S_j^i = \sum_X (T_{12}^{X^i} - T_{12}^{X^j}) \qquad [4.3]$$

siendo:

$S_j^i =$ La suma de las variaciones subyacentes (anual) media de la inflación, el paro, crecimiento del PIB, déficit público en términos de PIB y los tipos de interés oficial medio bajo el mandato del gobierno *i*, con respecto al ejecutivo *j*-ésimo que le precedió.

$T_{12}^{X^i} =$ La tasa de variación (anual) media de las variables *X* utilizadas para calcular el índice de sufrimiento bajo el mandato del gobierno *i*[17].

$T_{12}^{X^j} =$ La tasa de variación (anual) media de las variables *X* utilizadas para calcular el índice de sufrimiento bajo el mandato del gobierno *j*-ésimo[18] que precedió en el cargo al ejecutivo *i*.

---

[17] Se define la tasa de variación anual media $T_{12}^{X^i}$:

$$T_{12}^{X^i} = \frac{\displaystyle\sum_{t=-r}^{t=r} \frac{X_{t+6}^i - X_{t-6}^i}{X_{t-6}^i}}{n^i}$$

siendo n^i los $2 \times r + 1$ períodos de mandato del gobierno *i* (*r* es el período central).

[18] Se define la tasa de variación anual media $T_{12}^{X^j}$:

$$T_{12}^{X^j} = \frac{\displaystyle\sum_{t=-s}^{t=s} \frac{X_{t+6}^j - X_{t-6}^j}{X_{t-6}^j}}{n^j}$$

siendo n^j los $2 \times s + 1$ períodos de mandato del gobierno *j* (*s* es el período central).

Cualquier tasa de variación positiva de la inflación, desempleo y tipo de interés va multiplicada por −1, ya que se considera un aspecto negativo que se traduce en un mayor sufrimiento para el conjunto de la sociedad española; por el contrario, las variaciones del saldo presupuestario en términos del PIB y del nivel de actividad va multiplicado por 1, debido a que contribuye positivamente a mejorar la situación del país.

Una vez calculado S_j^i para los distintos gobiernos, se clasifican de mejor a peor, en función del sufrimiento económico que generaron: el valor 1 se otorga al ejecutivo de la transición y la democracia que menos sufrimiento generó[19].

Este índice de sufrimiento económico cumple las propiedades que debe reunir cualquier medida única de variación:

Propiedad I: Se calcula a partir de las tasas de variación subyacente T_{12}^i y T_{12}^j; de ahí que podamos afirmar que S_j^i apenas está influenciado por el ruido adicional que puedan presentar las variables X.

Propiedad II: Está en fase con la tasa de variación básica[20], es decir, S_j^i se obtiene tras pasar T_{12}^i y T_{12}^j por un filtro de paso bajo $M_{11}(L)$[21].

Propiedad III: El cálculo de S_j^i se fundamenta en procedimientos eficientes desde el punto de vista estrictamente cuantitativo, pues garantiza que toda la información estadística disponible se utiliza plenamente.

Propiedad IV: El índice S_j^i está centrado, ya que las tasas de crecimiento medio T_{12}^{Xi} y T_{12}^{Xj} también están centradas.

Desde la perspectiva de la teoría económica, hemos de subrayar que el índice de sufrimiento económico que proponemos cumple las siguientes propiedades:

---

[19] Véase recuadro 4.1.

[20] A. Espasa (1990). *Metodología para realizar el análisis de la coyuntura de un fenómeno económico,* pp. 16-23. Se puede demostrar que las tasas de variación T_{12}^{Xi} y T_{12}^{Xj} son, respectivamente, una media móvil simétrica de las tasas de crecimiento básico. Efectivamente, T_{12}^{Xi} y T_{12}^{Xj} reflejan la variación (en tanto por uno) de X bajo el mandato del gobierno i, en relación con la que experimentó en el caso del ejecutivo j-ésimo que le precedió en el cargo.

[21] En nuestro caso, este filtro de paso bajo se define así:

$$M_{11}(L) = (1 + L + L^2 + \dots + L^{11})$$

siendo L el operador de retardo.

Propiedad 1. Se calcula a partir de las variaciones subyacentes de cinco variables objetivo de política económica, mientras que en los índices de miseria de Okun y el ampliado de Barro se utilizan menos macrovariables.

Propiedad 2. Diferencia perfectamente las consecuencias económicas de cada gobierno, de tal modo que es difícil confundir los logros de un ejecutivo con los resultados obtenidos por otro gobierno. Como ya reseñamos anteriormente, el índice de Okun dificultaba la asignación política de los resultados económicos, y la propuesta de Barro tampoco solucionaba eficientemente este problema.

Propiedad 3. Sintetiza perfectamente los resultados económicos de la política económica a corto plazo, ya que se trata de un índice centrado que se calcula a partir de la información mensual de las variables objetivo de política económica.

c) El vía crucis económico de los gobiernos de la transición y la democracia

El 15 de junio de 1977 se celebraron las primeras elecciones democráticas en nuestro país. Tal y como reseñamos en el capítulo anterior, estos comicios se caracterizaron por la incertidumbre, ya que era un proceso electoral fundacional al que concurrían una gran variedad de candidaturas. La UCD fue el partido más votado, ya que consiguió el 35% de los votos, y ello le permitió a Adolfo Suárez formar gobierno en minoría.

Las elecciones generales de 1979 también estuvieron dominadas por la incertidumbre, pero a diferencia de los comicios anteriores, la UCD se presentaba como una coalición con experiencia de gobierno. Las expectativas electorales terminaron confirmándose, ya que la coalición liderada por Suárez incluso aumentó su representación parlamentaria hasta los 168 diputados. Ello le permitió formar el primer gobierno constitucional, que tomó posesión el 6 de abril de 1979. En enero de 1981 se suscitó una gran crisis dentro de la coalición centrista, ya que se suspendió el congreso nacional que habría de celebrarse en Palma de Mallorca. Posteriormente, Adolfo Suárez presentó su dimisión como presidente del gobierno, instaurándose un nivel de inestabilidad política que se prolongaría hasta el mes de febrero y que culminó con una intentona de golpe de Estado.

Tras recibir la confianza de 186 parlamentarios, el gobierno de Leopoldo Calvo Sotelo tomó posesión el 26 de febrero de 1981. Era evidente que se trataba de un gobierno continuista, que estaba en sintonía con la acción política de Adolfo Suárez. Hubo tres remodelaciones del ejecutivo a lo largo de su efímera vigencia, ya que tras las elecciones del 27 de octubre de 1982 comenzó un nuevo ciclo político caracterizado por la hegemonía socialista.

Felipe González gobernó con mayoría absoluta hasta 1993, pues tras las elecciones generales celebradas el 6 de junio, los 159 diputados del grupo socialista no le permitían desarrollar su acción de gobierno sin alcanzar acuerdos con otros partidos. Necesitaba consensuar todas sus propuestas legislativas con CiU, ya que los 17 diputados de la coalición nacionalista le otorgaban un respaldo mayoritario.

Desde su inicio, se percibía que ésta iba a ser una legislatura efímera, dado que los sondeos de opinión evidenciaban el gran malestar de los españoles ante el deterioro de la situación política, económica... del país. Las elecciones generales de 1996 confirmaron que estábamos en una nueva fase del ciclo electoral, caracterizada por la competencia política, ya que el PP consiguió una mayoría relativa que le obligó a negociar acuerdos de legislatura con las tres fuerzas políticas de carácter nacionalista de mayor representación parlamentaria: CiU, PNV y CC. El primer ejecutivo de José María Aznar juraba su cargo ante el Rey Juan Carlos I el 5 de mayo de ese año.

Si analizamos el índice de sufrimiento de los distintos gobiernos de la transición y la democracia apreciamos las cuatro etapas del vía crucis de la economía española: *el castigo de Suárez, el calvario de Calvo Sotelo, la redención de González* y *la esperanza de Aznar.*

El castigo de Suárez

Efectivamente, la etapa de Adolfo Suárez fue la peor[22] si nos atenemos a la clasificación realizada a partir del índice de sufrimiento, ya

---

[22] En la columna de clasificación de los gobiernos del cuadro 4.1 apreciamos que la etapa de Adolfo Suárez ocupó el puesto 4.

CUADRO 4.1

*Índice de sufrimiento económico de la transición y la democracia**

Período de gobierno**	Gobierno	Diferencial tasa inflación entre gobierno actual y el anterior (%)***	Diferencial desempleo entre gobierno actual y el anterior (%)	Diferencial crecimiento económico entre gobierno actual y el anterior (%)	Diferencial en saldo presupuestario/PIB entre gobierno actual y el anterior (%)***	Diferencial tipo de interes a corto plazo entre gobierno actual y el anterior (%)*****	El índice de sufrimiento del gobierno actual (%)	Clasificación de los mandatos
1976-julio 1981-febrero	Adolfo Suárez	−18,32	−8,74	0,64	0,00****	−15,17	−41,59	Castigo (4)
1981-marzo 1982-nov.	Leopoldo Calvo Sotelo	3,78	−6,71	−0,95	−12,49	−2,33	−18,70	Calvario (3)
1982-dic. 1996-abril	Felipe González	7,57	−4,65	3,38	−8,49	4,44	2,25	Redención (2)
1996-mayo 1999-enero	José María Aznar	4,58	−0,91	0,38	2,72	7,53	14,3	Esperanza (1)

* Todos los diferenciales se han calculado a partir de las tasas de variación media anual.

** El 7 de julio de 1976 tomó posesión el primer gobierno de Adolfo Suárez. Las primeras elecciones generales se celebraron el 15 de junio de 1977.

*** La contribución del saldo presupuestario en términos del PIB al índice de sufrimiento económico en la etapa de gobierno de Felipe González, se ha calculado teniendo en cuenta que la variación media en el período de Calvo Sotelo fue 0, ya que sólo teníamos información estadística de los últimos nueve meses de su mandato.

**** En la tasa de variación bajo los gobiernos de Suárez y Calvo Sotelo no se incluye el saldo presupuestario en términos de PIB, ya que no se dispone de esa información.

***** El tipo de interés a corto plazo es el tipo medio de la subasta decenal de intervención que realiza el Banco de España.

Fuente: Elaboración propia.

que éste empeoró un 41,59% con respecto al ejecutivo que le precedió. Si analizamos los factores que contribuyeron a castigar la economía española durante el período que transcurrió entre 1977 y 1981, comprobamos que el diferencial en la tasa de inflación fue el elemento más determinante, ya que los precios crecieron a una tasa (interanual) media del 18,7% bajo el mandato del ex presidente Suárez[23]. En segundo término, encontramos el fuerte impacto que ejerció el incremento de los tipos de interés a corto plazo sobre la variación del índice de sufrimiento económico, pues no olvidemos que el 15,17% estuvo causado por el incremento que experimentaron los tipos medios de la subasta decenal de regulación y crédito al Banco de España[24].

El incremento que registró el desempleo bajo el mandato de Adolfo Suárez, en relación al período de gobierno anterior, fue el tercer factor que más castigó a la economía española, ya que la tasa de paro creció a un ritmo (interanual) medio del 8,74%[25]. No obstante, hemos de reseñar que el sufrimiento económico del mandato de Suárez habría sido aún mayor, si el crecimiento del PIB no hubiese neutralizado parte del castigo generado por la inflación, los tipos de interés a corto plazo y el desempleo, dado que la economía española creció a una tasa (interanual) media del 0,64%[26].

El calvario de Calvo Sotelo

En este vía crucis que vivió la economía española a lo largo de estos veintidós años de transición y democracia apreciamos que bajo el mandato de Leopoldo Calvo Sotelo la situación se alivió parcialmente, aunque siguió presentando importantes adversidades[27]. Si comparamos este mandato con el de Adolfo Suárez, observamos que el índice de sufrimiento económico se situó en el −18,70%[28], debido, sobre todo, al mejor comportamiento de los precios en términos relativos, pues no podemos olvidar que la tasa de inflación media anual bajo el mandato de Calvo Sotelo fue un

---

[23] Véase cuadro 4.1.
[24] Véase cuadro 4.1.
[25] Véase cuadro 4.1.
[26] Véase cuadro 4.1.
[27] En la columna de clasificación de los gobiernos del cuadro 4.1 apreciamos que la etapa de Calvo Sotelo ocupó el puesto 3.
[28] Véase cuadro 4.1.

3,78% inferior[29], si se compara con la del período de gobierno de Suárez.

El índice de sufrimiento económico del gobierno de Calvo Sotelo habría sido inferior si el déficit presupuestario en términos de PIB no hubiese aumentado a una tasa (interanual) media del 12,49%[30], si el desempleo y el tipo de interés a corto plazo no hubieran crecido a un ritmo (interanual) medio del 6,71 y el 2,33%, respectivamente[31], y si la tasa de actividad económica del país no hubiese registrado una desaceleración (interanual) media del 0,95%, con respecto al período de gobierno de Adolfo Suárez[32].

La redención de González

Si bien es cierto que el ciclo económico registró cambios a lo largo del período de gobierno socialista, no podemos obviar que Felipe González rescató a la economía española de ese cautiverio que supuso los años de la transición y el período posterior de consolidación democrática. No obstante, toda redención tiene un coste, que en este caso se concretó en la herencia económica que legó al ejecutivo de José María Aznar: mayor tasa de paro y un déficit presupuestario bastante más elevado que el recibido[33].

Al margen de las consideraciones anteriores, si tuviésemos que valorar el período de gobierno socialista, deberíamos resaltar como rasgo más sobresaliente que el índice de sufrimiento se tornó positivo, si adoptamos como referencia el período de mandato de Calvo Sotelo. Efectivamente, el índice alcanzó la cota del 2,25%[34], debido, sobre todo, al mejor comportamiento de los precios, ya que la tasa de inflación (interanual) media del mandato de Felipe González fue un 7,57%[35] inferior, si se compara con la de su predecesor en el cargo. Algo similar sucedió con los tipos de interés a corto plazo, ya que los tipos medios de la subasta decenal se situaron

---

[29] Véase cuadro 4.1.
[30] Véase cuadro 4.1.
[31] Véase cuadro 4.1.
[32] Véase cuadro 4.1.
[33] Véase cuadro 4.1.
[34] Véase cuadro 4.1.
[35] Véase cuadro 4.1.

4,44 puntos porcentuales por debajo[36], si se toma como referencia el período de gobierno de Calvo Sotelo. A diferencia de él, Felipe González logró que la tasa de crecimiento (interanual) media de la actividad económica del país fuese un 3,38% superior[37].

La redención económica de la etapa de González habría sido más intensa si el diferencial en déficit presupuestario y desempleo no hubiese alcanzado las cotas del 8,49 y el 4,65%[38], respectivamente, si se compara con el mandato de Calvo Sotelo.

La esperanza de Aznar

Transcurridos los tres primeros años de la actual legislatura, podemos afirmar que *algo está cambiando* en nuestro país. Tras los primeros doce meses de mandato del PP, *por fin teníamos un modelo diferente*[39], ya que el gobierno de Aznar estaba evidenciando una mayor disciplina presupuestaria, se profundizaba en el proceso de liberalización de algunos sectores muy representativos de la economía española, se extremaba el control de la inflación, se fomentaban las exportaciones...

El índice de sufrimiento económico evidencia que la actitud política del nuevo ejecutivo está gozando de credibilidad entre los agentes económicos y sociales, y ello está contribuyendo a un avance económico importante y a un progreso político sin precedentes en nuestra más reciente historia democrática. Los tipos de interés a corto plazo han descendido a una tasa media de 7,53 puntos porcentuales[40], la tasa de inflación está desacelerándose a un ritmo interanual medio del 4,58%[41], y el saldo presupuestario en términos de PIB ha mejorado un 2,72%, con respecto a la etapa de gobierno socialista[42]. No obstante, el índice de sufrimiento económico del gobierno de Aznar habría sido superior al 14,3%[43] si su

---

[36] Véase cuadro 4.1.
[37] Véase cuadro 4.1.
[38] Véase cuadro 4.1.
[39] Cf. J. Velarde Fuertes (1997). «Por fin un crecimiento diferente», p. 66 del diario *ABC* del 13 de mayo de 1997.
[40] Véase cuadro 4.1.
[41] Véase cuadro 4.1.
[42] Véase cuadro 4.1.
[43] Véase cuadro 4.1.

acción de gobierno hubiese conseguido una mayor reducción del desempleo y un mayor crecimiento económico[44].

4.3. EL ÍNDICE DE ESTABILIDAD POLÍTICA

En el epígrafe anterior hemos analizado el sufrimiento económico generado por los distintos gobiernos de la transición y la democracia, pero basándonos únicamente en las macrovariables objetivos. Entre los factores que determinaron la evolución del ciclo económico en estos últimos veintidós años destaca la influencia ejercida por el dominio político: restablecimiento del orden constitucional, legalización de los partidos, asociaciones y sindicatos, la descentralización autonómica, las elecciones generales, regionales y locales... La importancia de todos los componentes que configuran la esfera institucional se pueden cuantificar a través de un indicador de estabilidad política.

Tal y como hicimos en el caso del índice de sufrimiento económico, antes de analizar la estabilidad política en España durante la transición y la democracia, revisamos aquellas propuestas formuladas para aproximarse a esta cuestión, y que han alcanzado mayor relevancia e impacto dentro de este programa de investigación. Posteriormente, formularemos un índice adaptado al caso que es objeto de estudio, ya que ello nos va a permitir analizar cómo ha evolucionado el entorno institucional en estos veintidós años, y nos va a revelar cuál ha sido el nivel de interrelación entre el ámbito económico y el dominio político tras el restablecimiento del régimen de libertades públicas.

a) Los antecedentes del índice de estabilidad política y gobernabilidad

Desde que Hibbs[45] formulara su planteamiento de la teoría partidista del ciclo económico, han ido apareciendo estudios en donde se introducía el nivel de estabilidad política como un factor expli-

---

[44] En el cuadro 4.1 se aprecia que la tasa de desempleo en los primeros meses de gobierno Aznar fue un 0,91% superior, en relación al período de mandato de Felipe González, mientras que la tasa de crecimiento económico fue un 0,38% inferior.

[45] Vid. D. Hibbs (1977). «Political parties and macroeconomic policy».

cativo del ciclo económico. En este sentido, Roubini y Sachs[46] enfatizaron la influencia negativa que ejercen los gobiernos de coalición inestables en los objetivos de la política económica.

El índice de estabilidad de Alesina[47] es un indicador simple diseñado *ad hoc,* con el objetivo de cuantificar la interacción entre el dominio político y el ámbito económico en los países de la OCDE:

$$E^i = \sum_p e_p^i \qquad [4.4]$$

siendo:

E^i = El índice de estabilidad política bajo el mandato del gobierno *i*.

e_p^i = El componente político *p*-ésimo bajo el mandato del gobierno *i*.

Los siete componentes e_p que incluía Alesina en su índice de estabilidad eran[48]: el índice de estabilidad de Roubini y Sachs[49], el ratio de cambio político, la presencia de elecciones exógenas o endógenas, la existencia de un partido comunista y otro de extrema derecha representativos, los conflictos étnicos y/o regionales, y los cambios en la orientación política de los gobiernos. La inclusión del índice de cambio político como un factor más del índice de estabilidad política diseñado por Alesina, se hacía con el fin de reflejar la importancia que tienen los acontecimientos políticos que se suceden cuando se pasa de un régimen dictatorial a otro de libertades públicas, y viceversa. En ese sentido, cuando en un país sucedía alguno de estos sucesos históricos, e_p^i toma el valor 3; por el contrario, en una situación institucional normal adopta el valor 0.

Respecto al sistema electoral, hemos de reseñar que en aquellos países donde el calendario se fija de manera exógena, es decir, que

---

[46] Vid. N. Roubini y J. Sachs (1988). «Political and economic determinants of budget deficits in the industrial democracies». Véase cuadro 4.2.
[47] Vid. A. Alesina (1989). «Politics and business cycles...». Véase cuadro 4.2.
[48] Véase cuadro 4.2.
[49] Vid. N. Roubini y J. Sachs (1988). «Political and economic determinants...».

CUADRO 4.2

Índices de estabilidad política y gubernativa

Autor	Índice		Característica	Países	Definición
	Estabilidad política	Estabilidad gubernativa			
Ake	Sí	No	Define la inestabilidad política.	Diferentes países en transición.	La inestabilidad política viene marcada por la regularidad de aquellos cambios que evidencian un desafío o reto respecto al orden normalmente establecido.
Alesina	Sí	No	Refleja la cohesión política.	OCDE.	Suma de siete características: tipo de coalición gubernativa, cambio político, elecciones exógenas, existencia de un partido comunista con representación parlamentaria, presencia de partidos de extrema derecha representativos, conflictos étnicos/regionales y cambios en la orientación política de los gobiernos.
Cutright	Sí	Sí	Refleja más bien la representatividad política.	77 de países no africanos.	Es un índice simple, que toma el valor 2, cuando hay un Parlamento en funciones, con representantes de dos o más partidos, y una minoría que tiene al menos el 30% de los escaños; por el contrario, este índice adopta el valor 1, cuando el ejecutivo procede de unas elecciones libres.

CUADRO 4.2 (*continuación*)

Autor	Índice		Característica	Países	Definición
	Estabilidad política	Estabilidad gubernativa			
Grilli, Masciandaro y Tabellini	Sí	Sí	Refleja el apoyo del gobierno y la duración del mismo.	OCDE.	Para aproximarse al concepto de estabilidad gubernativa, distingue tres tipos de gobierno: con mayoría parlamentaria, de coalición y minoritarios. La duración de los gobiernos se obtiene sumando los años que han transcurrido entre el nombramiento y el cambio o sustitución del ejecutivo.
Mauro	Sí	No	Refleja la conducta política, las tendencias de los procesos políticos y la violencia como un argumento de desintegración social.	Los 114 países que incluye la colección *Economist Intelligence Unit*, de la Business International.	Es una media aritmética, que se calcula a partir de las siguientes variables: indicador de cambio político-institucional, estabilidad político-social, la probabilidad de acceso al poder de la oposición, la relación con países vecinos, el terrorismo y el índice de estabilidad en el trabajo.
Olsen	Sí	Sí	Refleja el desarrollo democrático.	115 países del mundo.	Se calcula a partir del índice de representatividad política de Cutright, al que agrega cinco dimensiones que reflejan el nivel de modernización democrática: funcionamiento del ejecutivo, operatividad del legislativo, el número, la estabilidad y la combinación de intereses de los partidos políticos, la diversificación del poder y la influencia de los ciudadanos.

CUADRO 4.2 (*continuación*)

Autor	Índice		Característica	Países	Definición
	Estabilidad política	Estabilidad gubernativa			
Roubini y Sachs	No	Sí	Refleja la cohesión del gobierno.	OCDE.	Distingue cuatro tipos de estabilidad gubernativa: gobiernos de un partido con mayoría parlamentaria, gobiernos de coalición bipartidista, gobiernos de coalición tripartidista, gobiernos de minoría parlamentaria.
Sanders y Herman	Sí	No	Asimilaba la idea de estabilidad política con la de normalidad a nivel institucional.	—	Un sistema político no es estable cuando los distintos elementos que configuran el orden establecido por un régimen, gobierno o comunidad se altera de tal forma que éstos no pueden alcanzar sus objetivos e incumplen así sus compromisos.

FUENTE: Elaboración propia.

no pueden anticiparse los comicios, e_p^i vale -1; por el contrario, cuando las elecciones pueden adelantarse, toma el valor 0.

Los países donde el partido comunista tiene una representación política importante, e_p^i es igual a 1, mientras que en aquellos donde esta fuerza política apenas tiene influencia parlamentaria, adopta el valor 0. Algo similar sucede en el caso de la extrema derecha, ya que en aquellos lugares donde este partido posee una representación parlamentaria significativa, e_p^i toma el valor 1; por el contrario, cuando apenas tiene influencia política, adopta el valor 0.

La presencia de conflictos étnicos y/o de carácter regional hacen que e_p^i sea igual a 1; por el contrario, cuando estos inconvenientes sociopolíticos no se presentan, esta componente del índice de estabilidad política vale 0.

El índice de estabilidad política de Alesina puede considerarse como el más exhaustivo de cuantos indicadores se han propuesto para reflejar la situación institucional de un país, ya que incluye un número importante de factores que sintetizan muy bien la situación del entorno político. No obstante, es un indicador diseñado *ad hoc* para aproximarse a la interacción entre el ámbito político y el dominio económico en países desarrollados, mientras que los restantes índices de estabilidad política y gubernativa recogidos en el cuadro 4.2 no se diseñaron con esa finalidad. El índice de estabilidad gubernativa de Roubini y Sachs[50] refleja el nivel de cohesión política del ejecutivo. E^i toma el valor 3 en el caso de gobiernos apoyados por una minoría parlamentaria, 2 cuando los gobiernos son coaliciones con tres o más partidos, 1 en el supuesto de coaliciones parlamentarias con dos partidos, y 0 para los gobiernos apoyados por un partido que posee mayoría parlamentaria y en el caso de regímenes presidencialistas, pero en este último caso ha de darse también la circunstancia de que el partido del presidente tiene que ser asimismo la fuerza política con mayor representación parlamentaria. Roubini y Sachs infieren de su estudio empírico, que los gobiernos de coalición con dos o tres partidos son los que más dificultades tienen para aplicar una política económica de ajuste, cuando ésta se hace necesaria.

---

[50] Véase cuadro 4.2.

Grilli, Masciandaro y Tabellini[51] identifican la estabilidad política con la duración de un gobierno, es decir, el número de períodos de tiempo que transcurren entre un ejecutivo y otro. En este sentido, decimos que la estabilidad política es menor cuanto más débil es un gobierno; y viceversa, afirmamos que hay una mayor estabilidad cuanto más fuerte es un ejecutivo. A la luz de todo lo reseñado anteriormente, estos autores realizaron una tipología de los gobiernos; y además, precisaron cómo se materializa un cambio significativo de ejecutivo. Para ellos hay tres tipos de ejecutivos: mayoritario, es aquel que está respaldado por un único partido que posee mayoría absoluta; de coalición, que está apoyado en su acción de gobierno por dos o más fuerzas políticas; y minoritario, cuando gobierna con un respaldo electoral minoritario, mediante acuerdos puntuales con otras fuerzas políticas. Respecto a la idea de cambio significativo de gobierno, decimos que esto sucede cuando se altera el respaldo parlamentario del ejecutivo, de tal modo que una remodelación de gobierno, o un cambio de liderazgo político, no es una modificación relevante del ejecutivo si éste sigue estando respaldado por el mismo partido y/o coalición[52].

Mauro[53], en un análisis empírico que realizó sobre la influencia del funcionamiento de las instituciones en el crecimiento económico de 114 países, durante el trienio 1980-1983[54], utilizó seis indicadores para cuantificar la eficiencia burocrática. Para ello construyó un *índice de estabilidad política:*

$$IEP_{\text{Mauro}} = \frac{\sum_i X_i}{6} \qquad \forall i = 1, 2, ..., 6 \qquad [4.5]$$

siendo X_i el indicador de cambio político-institucional[55], el ratio de estabilidad político-social, la probabilidad de acceso al poder de la

---

[51] Vid. V. Grilli, D. Masciandaro y G. Tabellini (1991). «Political and monetary institutions and public financial policies in the industrial countries». Véase cuadro 4.2.

[52] Cf. Ib. Los cambios significativos sólo se analizan bajo sistemas políticos democráticos (mayoritario y/o representativo); en ningún caso consideran que hay un cambio significativo de gobierno cuando se pasa de un Estado democrático a una dictadura, y viceversa.

[53] Vid. P. Mauro (1995). «Corruption and growth», pp. 681-712. Véase cuadro 4.2.

[54] Los datos proceden de la colección *Economist Intelligence Unit,* realizada por la Business International Corporation.

[55] El indicador de cambio político-institucional mide la probabilidad de cambio en el marco institucional, cuando hay un proceso electoral u otros acontecimientos políticos.

oposición, la relación con países vecinos, el terrorismo y el índice de estabilidad en el trabajo.

A diferencia de estos indicadores de estabilidad política, los *índices de desarrollo político* de Cutright[56] y Olsen[57] se plantearon con el fin de medir la estabilidad democrática. A partir de estos ratios, se ha analizado la relación entre democracia y desarrollo socioeconómico en diversos países del mundo[58]. La propuesta de Cutright es más bien un indicador de representatividad política, ya que mide el nivel de pluralidad política: toma el valor 2 en el caso de aquellos países que tienen un Parlamento en funciones con diputados pertenecientes a dos o más partidos, mientras que la minoría parlamentaria posee al menos el 30% de los escaños; por el contrario, es igual a 1 cuando el presidente del ejecutivo ha sido elegido democráticamente.

Olsen elaboró un *índice de desarrollo político* a partir del índice de representatividad política de Cutright y otras variables que reflejan la modernización democrática de un país. Los cinco factores que considera Olsen para cuantificar el índice de desarrollo político en regímenes democráticos son: el funcionamiento del ejecutivo, la operatividad del legislativo, el número de partidos con representación parlamentaria, la estabilidad parlamentaria del gobierno y la combinación de intereses de los partidos políticos, la diversificación del poder[59], y la influencia de los ciudadanos[60].

b) El índice de estabilidad política propuesto

Tras analizar los diferentes índices de estabilidad política propuestos, nos planteamos elaborar un indicador que nos permita valorar el entorno institucional en España, tras el restablecimiento

---

[56] Vid. P. Cutright (1963). «National political development: Measurement and analysis», pp. 253-264; y M. E. Olsen (1968). «Multivariate analysis of national political development», pp. 699-712. Véase cuadro 4.2.

[57] Vid. M. E. Olsen (1968). «Multivariate analysis of national political development», pp. 699-712.

[58] Véase cuadro 4.2.

[59] A la hora de medir la diversificación del poder, tiene en cuenta la constitucionalidad del gobierno, el número de unidades administrativas territoriales (comunidades autónomas, estados...) y la amplitud del reclutamiento político.

[60] Para medir la influencia de los ciudadanos, consideró la libertad de prensa y el nivel de organización de la oposición.

del régimen de libertades públicas. En este sentido, hay cuatro componentes políticos que deben incluirse en dicho indicador: la estabilidad gubernativa, las remodelaciones y ceses de gobierno, la duración del ejecutivo y las crisis políticas.

La *estabilidad gubernativa* en un sistema político como el español depende directamente del respaldo electoral que tiene el gobierno en cada momento. En cualquier caso, no podemos obviar que durante la transición y la democracia ha habido ejecutivos tanto mayoritarios como de coalición (pactos de legislatura y puntuales). Los gobiernos mayoritarios son aquellos que están respaldados por un solo partido, ya que su grupo parlamentario dispone de mayoría absoluta en el Parlamento; por el contrario, un ejecutivo de coalición, con un pacto de legislatura, es aquel que está respaldado por una fuerza política que dispone de mayoría simple, pero que establece una alianza con otro(s) partido(s) para gobernar a lo largo de la legislatura, sin que ello le(s) obligue a participar en el gobierno; por último, el ejecutivo de coalición con un pacto puntual se corresponde con situaciones en donde los acuerdos no son para toda la legislatura, sino que son efímeros. A la luz de todos estos conceptos, definimos el *índice de estabilidad gubernativa*:

$$IEG_t^i = \begin{cases} 1 & \text{Para gobiernos con mayoría absoluta} \\ 0 & \text{Para gobiernos de coalición (pacto legislatura y puntual)} \end{cases} \quad [4.6]$$

siendo i el gobierno i-ésimo, y t el período.

Por otra parte, desde que se aprobó la Constitución de 1978, hasta el mes de abril de 1999, se han formado siete gobiernos en España[61], como consecuencia de otras tantas investiduras de presidentes, y se han producido diecisiete *remodelaciones de gobierno*[62]. Antes de ratificarse la Constitución de 1978, el ex presidente Adolfo Suárez presidió dos ejecutivos[63]: el primero, como consecuencia de su nombramiento por parte del Jefe del Estado (3 de julio de 1976), y el segundo, como resultado de la

---

[61] Véase cuadro 4.3.
[62] Véase cuadro 4.3.
[63] Véase cuadro 4.3.

CUADRO 4.3
Los gobiernos de la transición y la democracia

Fecha de toma de posesión	Presidente del gobierno*	Vicepresidente económico	Ministro de Economía	Gobierno/remodelación**	Gobierno***	Partido
4 julio 1977	Adolfo Suárez (I)	E. Fuentes Quintana	—	G	m	UCD
25 febrero 1978	Adolfo Suárez (I)	F. Abril Martorell	—	R	m	UCD
6 abril 1979	Adolfo Suárez (II)	F. Abril Martorell	—	G	m	UCD
2 mayo 1980	Adolfo Suárez (II)	F. Abril Martorell	—	R	m	UCD
8 septiembre 1980	Adolfo Suárez (II)	L. Calvo Sotelo	—	R	m	UCD
26 febrero 1981 ****	L. Calvo Sotelo	—	J. A. García Díez	G	m	UCD
31 agosto 1981	L. Calvo Sotelo	—	J. A. García Díez	R	m	UCD
1 diciembre 1981	L. Calvo Sotelo	J. Antonio García Díez	—	R	m	UCD
28 julio 1982	L. Calvo Sotelo	J. Antonio García Díez	—	R	m	UCD
3 diciembre 1982	Felipe González (I)	—	Miguel Boyer	G	M	PSOE
5 julio 1985	Felipe González (I)	—	Carlos Solchaga	R	M	PSOE
25 julio 1986	Felipe González (II)	—	Carlos Solchaga	G	M	PSOE
8 julio 1988	Felipe González (II)	—	Carlos Solchaga	R	M	PSOE
6 diciembre 1989	Felipe González (III)	—	Carlos Solchaga	G	M	PSOE
27 abril 1990	Felipe González (III)	—	Carlos Solchaga	R	M	PSOE
13 marzo 1991	Felipe González (III)	—	Carlos Solchaga	R	M	PSOE

CUADRO 4.3 (*continuación*)

Fecha de toma de posesión	Presidente del gobierno*	Vicepresidente económico	Ministro de Economía	Gobierno/ remodelación**	Gobierno***	Partido
15 enero 1992	Felipe González (III)	–	Carlos Solchaga	R	M	PSOE
24 junio 1992	Felipe González (III)	–	Carlos Solchaga	R	M	PSOE
13 julio 1993	Felipe González (IV)	–	Pedro Solbes	G	m	PSOE
18 noviembre 1993	Felipe González (IV)	–	Pedro Solbes	R	m	PSOE
5 mayo 1994	Felipe González (IV)	–	Pedro Solbes	R	m	PSOE
30 junio 1995	Felipe González (IV)	–	Pedro Solbes	R	m	PSOE
5 mayo 1996	José M.ª Aznar (I)	Rodrigo Rato	–	G	m	PP
20 enero 1999	José M.ª Aznar (II)	Rodrigo Rato	–	R	m	PP
30 abril 1999	José M.ª Aznar (III)	Rodrigo Rato	–	R	m	PP

* Entre paréntesis aparece el número (orden) del gobierno.
** Si es un nuevo gobierno (G); la remodelación (R).
*** Mayoría absoluta (M), mayoría simple con pacto de legislatura o puntual (m).
**** El gobierno de Calvo Sotelo se constituyó tras la dimisión presentada por el presidente Adolfo Suárez en enero de 1981.
FUENTE: Elaboración propia.

victoria de la UCD en las elecciones del 15 de junio de 1977. Tras la crisis gubernamental provocada por la salida de Fuentes Quintana (vicepresidente segundo), se produjo la única remodelación del gobierno preconstitucional[64] que surgió tras la celebración de las elecciones generales de 1977. A partir de todo lo anteriormente reseñado, definimos el *índice de remodelación (cese) de gobierno:*

$$IRG_t^i = \begin{cases} -2 & \text{Cese gobierno sin motivo electoral} \\ -1 & \text{Remodelación gobierno} \\ 0 & \text{Demás períodos} \end{cases} \qquad [4.7]$$

El único cese de gobierno que no estuvo motivado por una disolución de las Cámaras, fue el de Adolfo Suárez en enero de 1981; ello facilitó el acceso de Leopoldo Calvo Sotelo a la presidencia del ejecutivo. Dado que este cambio derivó en una situación de inestabilidad gubernamental, de mayor rango que las generadas por la remodelación del gobierno, hemos considerado que IRG_t^i debería ser igual a -2. Por el contrario, en los casos de modificaciones parciales de gobierno, dicho índice alcanza el valor -1, y en los demás períodos es igual a 0[65].

Tal y como hemos reseñado al inicio de este apartado, la estabilidad política viene también definida por la *duración del gobierno.* En este sentido, reseñamos en el epígrafe anterior que Grilli, Masciandaro y Tabellini[66] definen la duración de un gobierno como el promedio de períodos que transcurren entre un ejecutivo y otro. El principal inconveniente que presenta esta definición es que considera que los agentes del sistema político (parlamentarios, gobierno, electores...) actúan mediante un esquema de expectativas racionales, prediciendo cuál sería la duración esperada de cada ejecutivo. Dado que en el caso español es muy difícil que esta hipótesis se verifique, ello nos obliga a definir un *índice de duración gubernativa relativo:*

---

[64] Véase cuadro 4.3.
[65] Incluso en los meses que estuvieron disueltas las Cámaras por motivos electorales.
[66] Vid. V. Grilli, D. Masciandaro y G. Tabellini (1991). «Political and monetary...».

$$IDGR_t^i = \frac{l_t^i}{48} \qquad [4.8]$$

siendo l_t^i el número de meses t que han transcurrido bajo el mandato del gobierno i. Se supone que la legislatura completa tiene una duración de 48 meses.

Este $IDGR_t^i$, además de superar la restricción que introduce el supuesto de que los agentes que actúan en el sistema político lo hacen mediante un mecanismo de expectativas racionales, relativiza la duración del gobierno i-ésimo, tomando como referencia la duración máxima de una legislatura completa; de ahí que el índice oscile entre los valores 1 y 1/48. $IDGR_t^i$ alcanzará su máximo valor cuando el gobierno i permanezca en su cargo toda la legislatura; por el contrario, logrará su mínimo valor si el ejecutivo i permanece en su cargo tan sólo un mes. En definitiva, el índice de duración del gobierno relativo refleja que cuando avanza el mandato y el gobierno permanece en su cargo, mayor es la estabilidad política del país. Ello explica por qué $IDGR_t^i$ presenta una tendencia creciente a medida que avanza la legislatura; por el contrario, cuando un gobierno permanece menos tiempo en su cargo, éste es más débil, y por lo tanto menor es la estabilidad política del país.

El último componente del índice de estabilidad política es la *crisis política*, que viene definida por eventos, hechos y acontecimientos que ponen en riesgo el orden político: votos de censura, crisis de los partidos del gobierno, huelgas generales, intentos de golpe de Estado...:

$$ICP_t^i = \begin{cases} 0 & \text{No sucede nada extraordinario} \\ -r & \text{Cuando surge crisis} \end{cases} \qquad [4.9]$$

El valor de r es algo subjetivo, que dependerá directamente del impacto negativo de la crisis sobre la estabilidad política[67].

Dado que nuestro *índice de estabilidad política* se compone de cuatro elementos (estabilidad gubernativa, remodelación y ceses

---

[67] En el cuadro 4.4 se reseñan las distintas crisis políticas de la transición y la democracia, así como el valor del ICP_t^i.

CUADRO 4.4

Las crisis políticas de la transición y la democracia

Fecha	Presidente del gobierno	Hecho, evento y acontecimiento	ICP_t^i
21 mayo 1980	Adolfo Suárez (II)	El grupo parlamentario del PSOE presentó en el Congreso de los Diputados una moción de censura al gobierno de la UCD. Se debatió el día 30 de este mes y fue rechazada por 166 votos; la apoyaron 152 diputados.	−1
29 enero 1981	Adolfo Suárez (II)	Adolfo Suárez sorprendió a los españoles presentando su dimisión irrevocable como presidente del gobierno y de la UCD. Mientras que el diario *El País* apuntaba la posibilidad de que ello podía estar motivado por presiones militares, la mayoría de la prensa lo atribuía a la oposición del sector crítico de la UCD y a la presión de los grupos más conservadores de la coalición.	−1
23 febrero 1981	Adolfo Suárez (II)	Doscientos guardias civiles irrumpieron en el Congreso de los Diputados al mando de teniente coronel Tejero, cuando se debatía la investidura de Leopoldo Calvo Sotelo como candidato a la presidencia del gobierno. En la madrugada del día 24 el Rey Juan Carlos I envió un mensaje a la nación, y a partir de ese momento se diluyó la intentona golpista.	−2
20 junio 1985	Felipe González (I)	El sindicato CC.OO. convocó una huelga general en señal de protesta por la propuesta de reforma de pensiones. El éxito de la huelga fue escaso.	−0,5
23 marzo 1987	Felipe González (II)	El grupo parlamentario de AP presentó una moción de censura al segundo gobierno de Felipe González. El 26 de marzo, Antonio Hernández Mancha, como presidente del partido conservador, defendió la moción en un ambiente de crisis dentro del ejecutivo socialista; sin embargo, tan sólo fue apoyada por los parlamentarios de AP y el representante de Unió Valenciana.	−1
14 diciembre 1988	Felipe González (II)	En torno a esta fecha, el PSOE estaba perdiendo respaldo electoral: la opinión pública sobre la gestión del gobierno empeoraba, aparecían las primeras noticias sobre la guerra sucia del GAL, comenzaban a aflorar los primeros atisbos de malas relaciones con otras fuerzas sociales, aumentaba el descrédito político por los casos de corrupción..., y por último, se convocó una huelga general, que fue muy secundada.	−1

FUENTE: Elaboración propia.

del gobierno, duración del ejecutivo y crisis políticas), definimos IEP_t^i, como la suma de estos componentes:

$$IEP_t^i = IEG_t^i + IRG_t^i + IDG_t^i + ICP_t^i \qquad [4.10]$$

siendo i el gobierno y t el mes.

No podemos finalizar este apartado, sin reseñar que no se han incluido los escándalos de corrupción política como un componente más de IEP_t^i, ya que los casos más reseñables, desde la perspectiva de la estabilidad política, depararon finalmente una remodelación de gobierno, e incluso alguno de ellos contribuyó a que el ex presidente González disolviese las Cámaras y anticipase los comicios generales al 6 de junio de 1993. En este sentido, ya están presentes en el índice de estabilidad política, dado que ello queda reflejado con la inclusión del índice de remodelación y duración del gobierno, como un componente más de IEP_t^i.

c) La estabilidad política de los gobiernos de la transición y la democracia

Si analizamos la evolución del índice de estabilidad política durante la transición política y la democracia[68] constatamos que ha sido muy dispar, ya que a períodos de una gran estabilidad[69], le han sucedido fases de inestabilidad[70]. A partir del análisis de los períodos de máxima y mínima estabilidad, identificamos veintiséis ciclos políticos tras el restablecimiento del régimen de libertades públicas[71]: transición a la democracia, primer gobierno constitucional, primera moción de censura de la democracia, último gabinete de Suárez, intentona golpista, primera remodelación del gobierno de Calvo Sotelo, segunda crisis de gobierno de Calvo Sotelo, última crisis de gobierno de Calvo Sotelo, primera crisis de gobierno de Felipe González, inicio de la segunda legislatura de

---

[68] Véase gráfico 4.1.
[69] Se consideran períodos estables, aquéllos donde IEP_t^i toma valores superiores a cero.
[70] Se consideran períodos inestables, aquéllos donde IEP_t^i toma valores inferiores a cero.
[71] Véase cuadro 4.5.

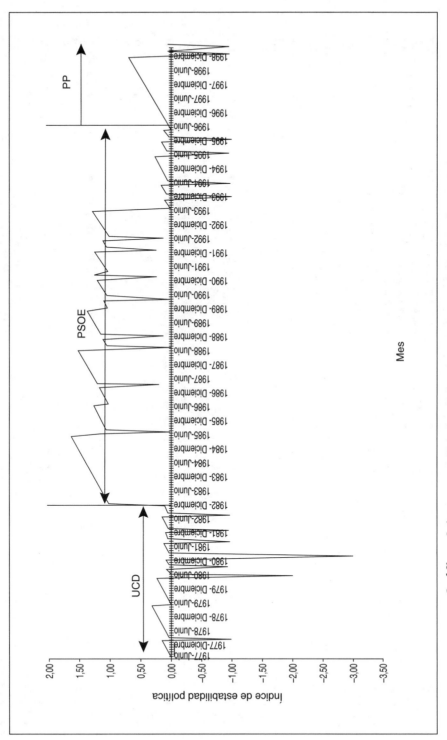

Gráfico 4.1. La estabilidad política durante la transición y la democracia.

CUADRO 4.5

Los ciclos de la estabilidad política de la transición y la democracia

Ciclo	Meses de máxima estabilidad política	Meses de mínima estabilidad política	Gobierno*
Ciclo I: Dimite el vicepresidente Fuentes Quintana, que fue sustituido por Abril Martorell.	1978-enero	1978-febrero	Adolfo Suárez (I)
Ciclo II: Primer gobierno constitucional.	1979-abril	1979-mayo	Adolfo Suárez (I) y Adolfo Suárez (II)
Ciclo III: Primera moción de censura de la democracia.	1980-abril	1980-mayo	Adolfo Suárez (II)
Ciclo IV: Último gabinete de Suárez. Calvo Sotelo sustituyó en la vicepresidencia a Abril Martorell.	1980-agosto	1980-septiembre	Adolfo Suárez (II)
Ciclo V: Intentona golpista.	1980-diciembre	1981-enero	Adolfo Suárez (II)
Ciclo VI: Primera remodelación del gobierno de Calvo Sotelo.	1981-julio	1981-agosto	Leopoldo Calvo Sotelo
Ciclo VII: Segunda crisis de gobierno de Calvo Sotelo.	1981-noviembre	1981-diciembre	Leopoldo Calvo Sotelo
Ciclo VIII: Última crisis de gobierno de Calvo Sotelo.	1982-junio	1982-julio	Leopoldo Calvo Sotelo
Ciclo IX: Primera crisis de gobierno de Felipe González.	1985-mayo	1985-julio	Felipe González (I)
Ciclo X: Inicio de la segunda legislatura de gobierno de Felipe González.	1986-junio	1986-julio	Felipe González (I) y Felipe González (II)

138

CUADRO 4.5 (*continuación*)

Ciclo	Meses de máxima estabilidad política	Meses de mínima estabilidad política	Gobierno*
Ciclo XI: Segunda moción de censura de la democracia.	1987-febrero	1987-marzo	Felipe González (II)
Ciclo XII: Reajuste ministerial.	1988-junio	1988-julio	Felipe González (II)
Ciclo XIII: Huelga general.	1988-noviembre	1988-diciembre	Felipe González (II)
Ciclo XIV: Elecciones generales del 29 de octubre de 1989 y tercera legislatura de gobierno de Felipe González.	1989-noviembre	1989-diciembre	Felipe González (II) y Felipe González (III)
Ciclo XV: Salida de Manuel Chaves del gobierno.	1990-marzo	1990-abril	Felipe González (III)
Ciclo XVI: Dimite Alfonso Guerra como vicepresidente del gobierno.	1991-febrero	1991-marzo	Felipe González (III)
Ciclo XVII: Dimite Julián García Valverde por el escándalo Renfe.	1991-diciembre	1992-enero	Felipe González (III)
Ciclo XVIII: Sustituyen a Fernández Ordóñez por Javier Solana al frente del Ministerio de Asuntos Exteriores.	1992-mayo	1992-junio	Felipe González (III)
Ciclo XIX: Comienza la cuarta legislatura de Felipe González, pero en minoría parlamentaria.	1993-junio	1993-julio	Felipe González (III) y Felipe González (IV)
Ciclo XX: Salida de Corcuera del gobierno y auge de la corrupción.	1993-octubre	1993-noviembre	Felipe González (IV)

CUADRO 4.5 (*continuación*)

Ciclo	Meses de máxima estabilidad política	Meses de mínima estabilidad política	Gobierno*
Ciclo XXI: Dimiten, sucesivamente, Antoni Asunción y Vicente Albero.	1994-abril	1994-mayo	Felipe González (IV)
Ciclo XXII: Dimite el vicepresidente Serra y aparece el escándalo del CESID.	1995-mayo	1995-junio	Felipe González (IV)
Ciclo XXIII: Javier Solana dimite, para ser nombrado secretario general de la OTAN.	1995-noviembre	1995-diciembre	Felipe González (IV)
Ciclo XXIV: Un nuevo ciclo político con el PP en el gobierno. El gobierno más duradero de la democracia.	1996-abril	1996-mayo	Felipe González (IV) y José María Aznar (I)
Ciclo XXV: Segundo gobierno de Aznar: Manuel Pimentel sustituye en el Ministerio de Trabajo y Seguridad Social a Javier Arenas, Mariano Rajoy pasa a ocupar la cartera de Educación y Cultura, y Ángel Acebes es nombrado ministro de Administraciones Públicas.			José María Aznar (II)
Ciclo XXVI: Loyola de Palacio deja el Ministerio de Agricultura para encabezar la lista del PP en las elecciones europeas del 13 de junio.			José María Aznar (III)

* Entre paréntesis aparece el número (orden) del gobierno.
FUENTE: Elaboración propia.

gobierno de Felipe González, segunda moción de censura de la democracia, reajuste ministerial de 1988, huelga general de 1988, inicio de la tercera legislatura de gobierno de Felipe González, sale Manuel Chaves del gobierno, dimite Alfonso Guerra, salida de García Valverde del gobierno por el escándalo Renfe, sustitución de Fernández Ordóñez por Javier Solana al frente del Ministerio de Asuntos Exteriores, comienza la cuarta legislatura de Felipe González con minoría parlamentaria, sale Corcuera del gobierno y la corrupción está en su máximo apogeo, dimite Asunción tras la fuga de Roldán, dimite el vicepresidente Serra por el escándalo del CESID, dimite Javier Solana para ser nombrado secretario general de la OTAN, comienza un nuevo ciclo con el PP en el gobierno, Aznar realiza su primera remodelación; y por último, a finales de abril de 1999, Loyola de Palacio deja el gobierno.

La *legislatura de la transición democrática*[72] coincidió temporalmente con el primer gobierno de Adolfo Suárez[73]. Se trata, pues, de un período que se distinguió por la estabilidad política, si se exceptúa el mes de febrero de 1978[74], cuando se materializó la primera crisis ministerial de la transición: abandonó la vicepresidencia segunda de economía Enrique Fuentes Quintana, que fue sustituido por Fernando Abril Martorell[75]. El principal reto de este gobierno era ganar tiempo político[76], hasta que se aprobara la Constitución el 6 de diciembre de 1978, ya que era fundamental para consolidar el régimen de libertades públicas en España. En esas coordenadas hay que interpretar la mayoría de las medidas aprobadas en este período de transición (Pactos de la Moncloa...), ya que la legitimidad de todo régimen democrático viene determinada tanto por la eficacia del gobierno para diagnosticar y corregir los verdaderos problemas que tiene planteados un país, como por la efectividad de las medidas aplicadas para alcanzar los objetivos planteados.

Hay un segundo ciclo de estabilidad política, que coincidió en el tiempo con el *primer gobierno constitucional*, y se inicia tras las

---

[72] Comenzó el 4 de julio de 1977, con la toma de posesión del primer gobierno de Adolfo Suárez, y finalizó el 6 de abril de 1979, cuando juró ante el Rey el segundo gobierno de Suárez.

[73] Véase cuadro 4.3.

[74] Véase gráfico 4.1.

[75] Véase cuadro 4.3.

[76] Vid. E. Fuentes Quintana (1990). «De los Pactos de la Moncloa a la Constitución (julio 1977-diciembre 1978)», pp. 23-34. Incluido en J. L. García Delgado (1990). *Economía española de la transición y la democracia.*

elecciones legislativas celebradas el 1 de marzo de 1979[77]. Adolfo Suárez formó su primer gobierno constitucional el 6 de abril de 1979[78], cuyos objetivos eran, fundamentalmente: alcanzar un mayor equilibrio social, con el fin de fortalecer y revitalizar el Estado de Derecho; en segundo término, desarrollar la Constitución; tercero, impulsar el Estado de las Autonomías, con el fin de alcanzar un mayor reequilibrio; cuarto, afianzar e intensificar la acción encaminada a mejorar la seguridad ciudadana, al mismo tiempo que se profundizaba en la lucha antiterrorista; en quinto lugar, mejorar la política exterior de España, ya que ello era el único camino para integrarnos internacionalmente (CEE, OTAN...); y por último, definición de las fuerzas armadas, como factor de disuasión y respaldo de la acción internacional y de defensa del orden constitucional. Este segundo ciclo de estabilidad política[79] culminó con el ajuste ministerial de 2 de mayo de 1980, tres semanas antes de que el grupo parlamentario socialista presentase la primera moción de censura de la democracia.

Una vez rechazada la moción de censura en mayo de 1980 comenzó el tercer ciclo de estabilidad política[80], que sería muy efímero, ya que el 8 de septiembre de este año, Adolfo Suárez nombró su último gabinete[81] tras someterse a una cuestión de confianza. El objetivo último de esta estrategia política instrumentada por Adolfo Suárez era infundir mayor credibilidad y confianza a la tramitación parlamentaria de sus propuestas, consiguiendo un mayor consenso dentro de su propio grupo parlamentario.

El *último ejecutivo de la etapa de Adolfo Suárez*, de tendencia algo más socialdemócrata y liberal, no evitó que la estabilidad política entrase en una fase crítica, que culminaría en enero de 1981 con la mayor crisis de la transición y la democracia[82]. En este mes, tras suspenderse la celebración del congreso nacional de UCD que iba a celebrarse en Palma de Mallorca, Adolfo Suárez presentó su dimisión como presidente del gobierno[83]. Este quinto ciclo de esta-

---

[77] Véase cuadro 4.5.
[78] Véase cuadro 4.3.
[79] Véase gráfico 4.1.
[80] Véanse cuadro 4.5 y gráfico 4.1.
[81] Véase cuadro 4.3.
[82] Véanse cuadro 4.5 y gráfico 4.1.
[83] Véase cuadro 4.3.

bilidad política se prolongó durante el mes de febrero, como consecuencia de la intentona golpista del 23 de febrero de 1981, alcanzándose en este período el mayor nivel de inestabilidad de la transición y la democracia[84].

Tras recibir la confianza de 186 parlamentarios, el gobierno de Leopoldo Calvo Sotelo tomó posesión el 26 de febrero de 1981. Éste era un ejecutivo con menos ministros, que se distinguía por practicar una política continuista, en sintonía con el último gobierno de Adolfo Suárez; sin embargo, este *sexto ciclo* de estabilidad política[85] también fue muy efímero, ya que en agosto Calvo Sotelo introdujo algunos cambios en el ejecutivo. Si el sexto ciclo de la transición y la democracia fue efímero, el *séptimo*[86] se distinguió por ser aún más breve, ya que en diciembre de 1981, el último presidente de gobierno de la UCD remodeló su equipo: volvió a crear dos vicepresidencias de gobierno, que recayeron en Martín Villa y Juan Antonio García Díez[87].

Después de las elecciones autonómicas andaluzas, Calvo Sotelo modificó su ejecutivo con el fin de preparar los comicios que se atisbaban en el horizonte electoral de los próximos meses. Este *octavo ciclo*[88] fue algo más largo que los dos anteriores, pero ello no evitaba que el país siguiese inmerso en una fase de inestabilidad política. Tan sólo unas elecciones generales anticipadas podían cerrar esta etapa de inestabilidad.

Los comicios del 28 de octubre de 1982 facilitaron la alternancia partidista en el gobierno de la nación. El PSOE obtuvo 207 diputados y pudo formar un grupo parlamentario mayoritario, que le otorgaba a Felipe González una gran estabilidad gubernativa. Todo ello explica por qué el índice de estabilidad política[89] continuó la senda de crecimiento iniciada en los últimos meses de gobierno de Calvo Sotelo. Este *noveno ciclo* habría durado más si no se hubiera convocado la huelga general del 20 de junio de 1985[90] y Felipe González no hubiese afrontado su primera crisis de gobierno, que se planteó

---

[84] Véase gráfico 4.1.
[85] Véanse cuadro 4.5 y gráfico 4.1.
[86] Véanse cuadro 4.5 y gráfico 4.1.
[87] Véase cuadro 4.3.
[88] Véanse cuadro 4.5 y gráfico 4.1.
[89] Véase gráfico 4.1.
[90] Véase cuadro 4.3.

tras la dimisión de Miguel Boyer[91], como ministro de Economía y Hacienda, y el cese de Fernando Morán, como máximo responsable de Asuntos Exteriores. Las pretensiones del primero y la actitud díscola del segundo, ante el cambio de actitud sobre la permanencia de España en la OTAN, fueron los argumentos que explicaron esta remodelación ministerial realizada en julio de 1985[92].

El noveno ciclo se vio truncado por la celebración de elecciones generales en junio de 1986. Tras estos comicios, Felipe González nombró su segundo ejecutivo[93], pero esta fase de estabilidad política se vio truncada por la segunda moción de censura[94] que se presentó tras el restablecimiento del régimen de libertades públicas. Antonio Hernández Mancha, como presidente de AP, aprovechó la crisis que se vivía en el interior del gobierno y presentó una moción de censura contra el ejecutivo socialista, que comenzó a debatirse el 26 de marzo de 1987. La votación, que tuvo lugar el 30 de marzo, tan sólo fue apoyada por los diputados de AP, a los que se agregó el de Unió Valenciana.

A diferencia de lo sucedido en 1980, cuando Felipe González presentó la primera moción de censura de la democracia, el líder popular encontró una gran hostilidad en los portavoces de los restantes grupos de la oposición, que criticaron el carácter oportunista de esta acción política. Todo ello facilitó que el grupo socialista pudiese mantener una actitud pasiva y se iniciase así el *decimosegundo ciclo de estabilidad política*[95], que se vio truncado por el reajuste ministerial de julio de 1988, el más amplio de la era González[96]. El objetivo del ex presidente del gobierno era combatir la imagen de cansancio y desgaste de los ejecutivos socialistas[97], dando entrada a ministros que a priori se les suponía un mayor carisma, y, al mismo tiempo, contribuían a sanear la vida pública, salpicada por los primeros casos de corrupción socialista[98], ya que se

---

[91] Véase cuadro 4.3.
[92] Véase cuadro 4.3.
[93] Véase cuadro 4.3.
[94] Véanse cuadros 4.4 y 4.5.
[95] Véase cuadro 4.5.
[96] Véase cuadro 4.3.
[97] Vid. J. Montabes (1997). «El gobierno», p. 182. Incluido en M. Alcántara y A. Martínez (1997). *Política y gobierno en España.*
[98] Los nombramientos de José Luis Corcuera y Enrique Múgica, como ministros de Interior y Justicia, respectivamente, fueron los cambios más relevantes del segundo gobierno de Felipe González.

vislumbraban en el horizonte electoral los comicios generales del 29 de octubre de 1989.

El decimosegundo ciclo de la transición y la democracia duró tan sólo cinco meses, ya que la huelga del 14 de diciembre de 1988 truncó el ascenso del índice de estabilidad política[99]. La crisis interna del gobierno, a la que no era ajeno el PSOE, estuvo impulsada por otros elementos, que conjuntamente con la huelga general, sumieron al país en una situación de inestabilidad política. La opinión pública culpaba a Felipe González de la inoperatividad de algunos servicios públicos, del fuerte incremento de la presión fiscal, se publicaban las primeras noticias sobre el GAL y la guerra sucia auspiciada por el Estado, había malas relaciones con los principales agentes sociales... El 21 de diciembre de 1988, Felipe González tuvo que comparecer en el Congreso de los Diputados tras el éxito de la convocatoria de huelga general realizada por los principales sindicatos del país. Allí evidenció una actitud más receptiva: se comprometió a consensuar con la oposición la Ley de Huelga, prometió que aceleraría la puesta en funcionamiento del Consejo Económico y Social... Todo ello facilitó el inicio del *decimotercer ciclo de estabilidad política,* que alcanzó su punto más álgido en noviembre de 1989[100].

Las elecciones generales del 29 de octubre de 1989 depararon una pérdida de escaños para el PSOE[101]; a pesar de ello, a partir de enero de 1990 comenzó el *decimocuarto ciclo de estabilidad política*[102], coincidiendo con la tercera legislatura socialista[103]. En cualquier caso, no podemos obviar que fue el período de progreso político más breve de la transición y la democracia, ya que en abril se produjo un reajuste ministerial, debido a la salida de Manuel Chaves[104], que sería el candidato socialista a la presidencia de la Junta de Andalucía en las elecciones autonómicas del 23 de junio de 1990.

Desde sus inicios, se vislumbraba que esta legislatura iba a ser muy convulsiva, pues comenzó con la anulación de las elecciones

---

[99] Véase gráfico 4.1.
[100] Véanse cuadro 4.5 y gráfico 4.1.
[101] El PSOE obtuvo 175 diputados, es decir, el 50% de los escaños.
[102] Véase gráfico 4.1.
[103] Véase cuadro 4.1.
[104] Véase cuadro 4.5.

generales en las circunscripciones de Melilla, Murcia y Pontevedra. El ambiente político estaba dominado por la inestabilidad: Felipe González se sometió en 1990 a una cuestión de confianza[105], una vez resueltos los recursos electorales, UGT ratificaba su independencia frente al PSOE, comenzaron a escucharse algunas voces críticas desde el interior del partido del gobierno, apareció el primer gran escándalo político que provocó la dimisión de Alfonso Guerra como vicepresidente del gobierno[106]...; todo ello puso fin al *decimosexto ciclo de estabilidad política*[107] de la transición y la democracia.

Otro gran escándalo de corrupción iba a cerrar el *decimoséptimo ciclo de estabilidad política*[108]. El ministro de Sanidad, Julián García Valverde, que ocupaba esta cartera desde la última remodelación efectuada el 11 de marzo de 1991, hubo de abandonar su cargo, ya que cuando era presidente de Renfe influyó en la recalificación de unos terrenos situados en el municipio de Alcobendas.

Cinco meses después, la enfermedad de Francisco Fernández Ordóñez obligó al presidente a realizar un reajuste ministerial en junio de 1992[109], pasando Javier Solana a ocupar la cartera de Exteriores, y Alfredo Pérez Rubalcaba fue nombrado ministro de Educación. Finalizó así una fase breve de progreso político, aunque en este caso, a diferencia de lo sucedido en el ciclo anterior, no estuvo motivada por un escándalo de corrupción.

Aunque el índice de estabilidad inició una nueva fase ascendente a partir de julio de 1992[110], sin embargo, los problemas de gobernabilidad siguieron acumulándose: incumplimientos en las proyecciones del Plan de Convergencia Económica, la polémica Ley Corcuera y sus problemas de inconstitucionalidad, la crisis económica dominaba al país... Todo ello condujo a Felipe González a anticipar las elecciones generales al 6 de junio de 1993, cerrándose así el *decimonoveno ciclo de estabilidad política*[111] de la transición y la democracia.

---

[105] Como se puede apreciar en el cuadro 4.4, a la cuestión de confianza que se sometió Felipe González no le damos el carácter de crisis política, ya que en nuestra opinión no alteró la estabilidad.

[106] Véase cuadro 4.5.

[107] Véase gráfico 4.1.

[108] Véase gráfico 4.1.

[109] Véase cuadro 4.5.

[110] Véase gráfico 4.1.

[111] Véase gráfico 4.1.

Los resultados de los comicios generales obligaron al PSOE a gobernar mediante pactos puntuales con CiU, ya que era la primera vez que no disponía de mayoría absoluta. En principio, ello le restaba estabilidad política a nuestro país, ya que los nacionalistas podían retirarle su apoyo al gobierno de Felipe González, obligándole a anticipar de nuevo los comicios. No obstante, el primer elemento distorsionador del equilibrio político vino marcado por la declaración de inconstitucionalidad de algunos apartados de la Ley de Seguridad Ciudadana[112]. Todo ello dio lugar a un reajuste ministerial, en donde el ministro Corcuera fue sustituido por Antoni Asunción[113].

Si este ciclo fue breve, el siguiente[114] fue de una duración muy similar, ya que el nuevo ministro del Interior presentó su dimisión tras la fuga de Roldán a un paradero desconocido, y cuatro días después Vicente Albero abandonaba el Ministerio de Agricultura, como consecuencia del escándalo público que suscitó sus irregularidades con el fisco[115]. El presidente González cerró esta crisis integrando las responsabilidades de Justicia e Interior en el ministro Belloch. A partir de este momento, la estabilidad política inició una fase de felicidad relativa y breve, ya que seguían aflorando multitud de casos de corrupción, que contaminaban la atmósfera de la vida pública, siendo uno de los más reseñables el del CESID, que obligó a dimitir al vicepresidente Narcís Serra y al ministro de Defensa Julián García Vargas. De este modo concluyó el *vigésimo segundo ciclo de estabilidad política*[116] de la transición y la democracia.

Los sondeos de opinión revelaban la mala percepción que tenían los españoles de la situación política, económica y general del país. El ambiente político estaba muy contaminado por la aparición continuada de escándalos públicos y casos de corrupción, y por la crisis interna que se vivía dentro del PSOE; por el contrario, la coyuntura económica remontaba la fase de crisis, pero la opinión pública no lo percibía así, debido a que ello no se refleja-

---

[112] Conocida como la ley Corcuera por el apellido del ministro del Interior que la diseñó.
[113] Véase cuadro 4.5.
[114] En el cuadro 4.5 y gráfico 4.1 se aprecia que el vigésimo primer ciclo de estabilidad política de la transición y la democracia duró 11 meses.
[115] Véase cuadro 4.5.
[116] Véase cuadro 4.5 y gráfico 4.1.

ba de forma directa e inmediata en algunas de las variables macroeconómicas que afectan al ciudadano (control de la inflación, reba-
ja de los tipos de interés, disminución del desempleo...). Este malestar de los españoles también se proyectaba sobre la percepción que
éstos tenían de la situación global del país[117]. Aunque parezca paradójico, el final de este ciclo de estabilidad política de la transición
y la democracia no vino marcado por ningún escándalo político en
el que estuviese implicado algún miembro del gobierno, la remodelación del ejecutivo se debió a la salida de Javier Solana del gobierno para ser nombrado secretario general de la OTAN en diciembre
de 1995[118].

Este último gabinete de Felipe González permaneció en su
cargo cinco meses, ya que el PSOE perdió las elecciones generales
del 3 de marzo de 1996, y el PP consiguió formar un gobierno
minoritario firmando un pacto de legislatura con CiU, PNV y Coalición Canaria. Comenzaba así el *vigésimo quinto ciclo de la transición y la democracia*[119], que se está distinguiendo por ser el de
más larga duración tras el restablecimiento del régimen de libertades públicas[120]. Los tres ejecutivos presididos por Aznar han mantenido una actitud política que goza de gran credibilidad entre los
agentes económicos y sociales; de tal suerte, que ello está facilitando el avance económico y favoreciendo el progreso político[121].
No obstante, las dos remodelaciones del gobierno que ha realizado
José María Aznar en los primeros meses de 1999 han perjudicado
su índice de estabilidad, y, además, han estado motivadas por factores de índole partidista y electoral, respectivamente.

---

[117] Vid. J. L. Sáez Lozano (1998). «España 1998: Credibilidad, progreso y crecimiento»,
pp. 103-214.

[118] Véase cuadro 4.4.

[119] Véase gráfico 4.1.

[120] No olvidemos que la duración media de los gobiernos de la UCD fue ligeramente superior a los seis meses, los ejecutivos del PSOE permanecieron en su cargo un año y cuatro meses;
sin embargo, el primer gobierno de Aznar está resultando ser el más duradero de la transición y
la democracia.

[121] Vid. J. L. Sáez Lozano (1998). *Op. cit.*

5

El ciclo partidista de la economía española en la transición y la democracia

5.1. PREÁMBULO

En la década de los setenta se publicaron los primeros trabajos en los que se analizaba si la acción de los gobiernos democráticos estaba influenciada por determinados factores de índole ideológico (partidista) y/o político (oportunista). En estos estudios se suponía que todo ejecutivo siempre busca optimizar su respaldo electoral. Para el caso concreto de la transición y la democracia española, pretendemos investigar si la intervención de los diferentes gobiernos ha estado supeditada a criterios estrictamente ideológicos, de manera que los objetivos económicos de los distintos partidos que han gobernado aparecen claramente diferenciados, ya que se orientaron en función de su signo político[1]. Partimos del supuesto de que las diferencias sistemáticas entre las distintas fuerzas políticas, a la hora de abordar la política económica[2], permanecen relativamente estables durante todo el período del mandato.

La principal crítica que se hace a los planteamientos iniciales del ciclo ideológico es de índole teórica, pues parten del supuesto de que los electores no tienen un comportamiento racional[3] a la

---

[1] Vid. D. A. Hibbs (1977). «Politicals parties and macroeconomic policy», pp. 1467-1487.

[2] En el capítulo 4 justificamos por qué elegimos las variables inflación, desempleo, nivel de actividad, saldo presupuestario en términos de PIB y tipos de interés a corto plazo, para analizar la interrelación entre política y economía durante la transición y la democracia. A la hora de contrastar las hipótesis de la teoría ideológica, es importante resaltar que los objetivos de política económica, estabilidad de precios y pleno empleo se analizan a partir de las macrovariables inflación y desempleo, mientras que los instrumentos de carácter presupuestario y monetario se estudiarán a partir del saldo presupuestario y el tipo de interés a corto plazo, respectivamente.

[3] Si obviamos este supuesto, no se puede inferir que los electores sean ingenuos.

hora de decidir su voto. Las modernas reformulaciones de la teoría partidista suponen que los votantes son racionales.

No podemos finalizar esta introducción al ciclo ideológico de la economía española durante la transición y la democracia, sin reseñar que en Estados Unidos, Reino Unido y países de la OCDE, se ha constatado la presencia de ciclos ideológicos[4]. Entre 1968 y 1986 los electores de los doce países más industrializados del mundo[5] evidenciaron que existió un *ciclo partidista racional crítico,* que se diferencia del convencional porque los efectos de un cambio de gobierno sobre la producción y el desempleo son transitorios, como consecuencia de los ajustes derivados de la introducción de expectativas racionales y de la mayor ortodoxia de los ejecutivos a la hora de diseñar la política económica[6].

A la luz de todo lo anterior, se entiende por qué en la Europa de los ochenta algunos gobiernos de izquierdas desarrollaron medidas estabilizadoras propias de los gobiernos de signo conservador, cuando la tasa de inflación alcanzaba cotas muy elevadas o los desequilibrios externos se acrecentaban, como consecuencia de la fuerte expansión que registraba la economía en la primera fase de la legislatura. Esta actitud de los ejecutivos venía explicada por la aversión que evidenciaron los electores a un crecimiento de los precios.

También existen diferencias ideológicas en el objetivo de redistribución de la renta. Para el caso de los Estados Unidos, Hibbs[7] evidenció que los diferenciales disminuían bajo el mandato de los demócratas y aumentaban con los gobiernos republicanos. Alt[8] ha demostrado que bajo los gobiernos de Reagan y

---

[4] Vid. A. Alesina (1989). «Politics and business cycles in industrial democracies», pp. 54-98; A. Alesina y J. Sachs (1988). «Political parties and the business», pp. 63-82; J. E. Alt (1985). «Political parties, world demand and unemployment: Domestic and international sources of economic activity», pp. 1016-1040; C. J. Ellis y M. A. Thoma (1988). *Credibility and political business cycle;* S. Haynes y J. Stone (1990). «Should political models of the business cycles be revived?»; D. A. Hibbs (1977). «Political parties and macroeconomic policy»; Ib. (1986). «Political parties and macroeconomic policies and outcomes in the United States»; Ib. (1987). *The political economy of industrial democracies;* P. Minford y D. Peel (1982). «The political theory of business cycle»; y E. R. Tufte (1978). *Political control of the economy.*

[5] Los doce países objeto de análisis son: Australia, Austria, Bélgica, Dinamarca, Finlandia, Francia, Alemania, Países Bajos, Noruega, Suecia, Reino Unido y Estados Unidos.

[6] Vid. J. E. Alt (1985). *Op. cit.*

[7] Vid. D. A. Hibbs (1987). *The political economy...*

[8] Vid. Ib.

Thatcher, los grupos sociales con menor renta se vieron perjudicados con respecto a los más ricos, ya que perdieron poder de compra.

5.2. PROPUESTA TEÓRICA

A la hora de investigar los ciclos ideológicos de la economía española durante la transición y la democracia, hemos de basarnos en un esquema analítico adaptado a las peculiaridades de nuestro sistema político:

— Nuestro régimen de libertades públicas es relativamente joven, ya que fue el 15 de junio de 1977 cuando se celebraron las primeras elecciones legislativas.
— A raíz de lo anterior, se entiende que las series políticas y económicas disponibles para este tipo de análisis sean cortas.
— Cualquier propuesta teórica para medir los ciclos partidistas en España debe considerar que el sistema de partidos ha ido consolidándose a lo largo de este período, de ahí que se hayan producido cambios importantes en la estructura partidista. Ello explica por qué los presidentes de gobierno poseen un elevado nivel de liderazgo añadido.
— El margen de maniobra de algunos gobiernos de la democracia ha estado muy supeditado al proceso de integración europea: en la segunda mitad de la década de los ochenta, al Acuerdo de Adhesión a la CEE; y a partir de los noventa, al proceso de integración de la UE (Sistema Monetario Europeo, criterios de convergencia...).
— No debemos olvidar que la mayoría de las propuestas analíticas se han diseñado para analizar los ciclos ideológicos de países con regímenes presidencialistas.

Considerando los supuestos anteriormente mencionados, hemos de plantear un esquema que nos permita analizar, empíricamente, cuándo ha habido ciclos ideológicos durante la transición y la democracia, y la magnitud y el signo de los mismos, al mismo tiempo que nos ayuda a evaluar el nivel de racionalidad de los electores españoles.

a) Propuesta teórica del ciclo ideológico

Los *enfoques pioneros de Hibbs y Tufte* partían de los siguientes supuestos:

Hipótesis 5.1. El *sistema político* es *bipartidista*. Este supuesto se puede flexibilizar para el caso español, admitiendo que en los años transcurridos de transición y democracia, siempre ha habido dos partidos con expectativas de gobierno, si bien es cierto que en las distintas convocatorias han concurrido una multitud de fuerzas, aunque conforme ha ido consolidándose nuestro régimen de libertades públicas, el número de partidos se ha reducido considerablemente[9]. Al margen de estas consideraciones, podemos afirmar que en España ha habido dos gobiernos de signo ideológico diferente: *Liberal-conservador,* bajo el mandato de la UCD y el PP, y *socialdemócrata,* en la etapa del PSOE.

Hipótesis 5.2. Los electores españoles pertenecen a alguna de las tres categorías siguientes: quienes poseen una fuerte aversión a la inflación, y por tanto, están en contra de cualquier medida económica que favorezca el alza de los precios; aquellos que prefieren el objetivo del pleno empleo, y por tanto, desean una situación con menor tasa de paro; y los indecisos, que no tienen una opinión creada, y de ahí que constituyan el centro de atención de los partidos en las campañas electorales.

Hipótesis 5.3. Los votantes no son ingenuos, ya que aprecian perfectamente las diferencias en las propuestas

---

[9] Véase capítulo 3.

políticas de los diferentes partidos o coaliciones que concurren a las elecciones. En este sentido, la incertidumbre electoral viene definida por los cambios en las preferencias de los votantes, que no se pueden predecir y solamente pueden alterarse mediante una campaña electoral.

Basándonos en los supuestos anteriores, la teoría ideológica plantea que los partidos liberal-conservadores, cuando llegan al gobierno, se inclinan por una economía con mayor estabilidad de precios[10], independientemente de cuál sea el nivel de paro; por el contrario, los socialdemócratas optan por el objetivo de pleno empleo[11], con independencia del nivel de inflación. En cualquier caso, el objetivo de todo grupo político es minimizar el coste electoral, pero sujetos a la restricción del *trade-off* que se plantean cuando consiguen gobernar: estabilidad de precios y pleno empleo, que como sabemos viene definida por sus principios ideológicos. A la luz de todo lo anterior, la teoría partidista concluye que si gana las elecciones el partido liberal-conservador, el nivel de desempleo superará a la tasa natural de paro; si, por el contrario, resultan vencedores los socialdemócratas, el nivel de desempleo será inferior a la tasa natural de paro.

La estabilidad de precios y el pleno empleo son objetivos intermedios que tienen su impacto sobre la distribución de la renta; y a la hora de redistribuir la riqueza, también existen diferencias entre la izquierda y la derecha: Hibbs[12] evidenció que bajo el mandato de los republicanos las desigualdades aumentan, mientras que con los gobiernos demócratas disminuyen las diferencias en los Estados Unidos. Por otra parte, Alt[13] demostró que en los mandatos de Reagan y Thatcher, los grupos sociales con menor renta se vieron perjudicados.

Respecto a los efectos distributivos de la inflación hay opiniones encontradas: para Hibbs[14], el aumento de los precios en los Estados Unidos se tradujo en una redistribución que favoreció a los

---

[10] Es decir, prefieren una menor tasa de inflación.
[11] Es decir, prefieren reducir la tasa de desempleo.
[12] Vid. D. A. Hibbs (1987). *The political economy...*
[13] Vid. Ib.
[14] Vid. D. A. Hibbs (1987). *The political economy...*

ricos; en esa misma línea, Minford[15] evidenció que la derecha del Reino Unido, al preocuparse por estabilizar los precios, hizo que el valor real de los activos (que en su mayor proporción están en manos de las clases altas) fuesen relativamente más elevados. En cuanto a los efectos distributivos del desempleo, no existen opiniones encontradas, ya que esta situación sociolaboral reduce la proporción de renta de los estratos más pobres, mejora la proporción de ingresos de los segmentos más ricos, y permanece inalterada la riqueza de las clases medias; de ahí que toda acción política encaminada a reducir la tasa de paro persiga, en última instancia, una redistribución de la riqueza.

Para analizar los ciclos ideológicos de la economía española durante la transición y la democracia, hemos de considerar que ha habido tres regímenes gubernativos: la UCD, PSOE y PP. El partido centrista gobernó entre julio de 1977 y diciembre de 1982, los socialistas llegaron al poder en este mes y concluyeron su mandato en mayo de 1996, y los populares comenzaron a gobernar a partir de este período[16].

Las variables objetivo que vamos a estudiar son la estabilidad de precios[17] y el pleno empleo[18], además del crecimiento interanual del PIB, el saldo presupuestario en términos de PIB mensual y los tipos de interés oficial[19]. De acuerdo con los postulados del ciclo ideológico, cuando un gobierno se plantea el objetivo de estabilizar los precios, habrá de controlar el saldo presupuestario en términos de PIB y elevar los tipos de interés a corto plazo; por el contrario, cuando su fin es el pleno empleo, aumentará el déficit público y disminuirá el precio oficial del dinero. Por otra parte, no debemos olvidar que ambos objetivos de política económica pueden alcanzarse incrementando el nivel de PIB; sin embargo, cuando el reto prioritario es la estabilización de los precios, el ejecutivo favorecerá el nivel de actividad si la inflación está controlada.

---

[15] Vid. P. Minford (1985). «Interest rates and bond financed deficits in a Ricardian two-party democracy».

[16] Véase cuadro 4.3.

[17] A través de la tasa de inflación subyacente interanual.

[18] A través de la tasa de paro mensual.

[19] En nuestro caso, hemos seleccionado como tipo de interés oficial a corto plazo el de la subasta decenal que realizaba el Banco de España.

RECUADRO 5.1
Índices y contrastes hipótesis del ciclo partidista de la economía

a) *Índices del ciclo ideológico*

a.1) Índice de diferencias

$$I_{j \to i}^{X} = T_{\frac{L_i}{2}}^{X} - T_{+\frac{L_j}{2}}^{X}$$

siendo:

$I_{j \to i}^{X}$ = El componente ideológico (índice de diferencias) de la variable X^1 bajo el gobierno i, con respecto al gobierno j-ésimo que le precedió en el poder.

$T_{-\frac{L_i}{2}}^{X}$ = La tasa de variación (anual) media de X en la primera mitad del período de mandato del gobierno i.

$T_{+\frac{L_j}{2}}^{X}$ = La tasa de variación (anual) media de X en la segunda mitad del período de mandato del gobierno j.

a.2) Índice de diferencias permanentes

$$I_{j \to i}^{X} = T_{L_i}^{X} - T_{L_j}^{X}$$

siendo:

$T_{L_i}^{X}$ = La tasa de variación (anual) media de X^2, a lo largo de todo el período de mandato del gobierno i.

$T_{L_j}^{X}$ = La tasa de variación (anual) media de X, a lo largo de todo el período de mandato del gobierno j, que precedió al ejecutivo i en el cargo.

a.3) Índice de estabilidad/cambio

$$I_{i}^{X} = T_{\frac{L_i}{2}}^{X} - T_{L_i}^{X}$$

siendo:

I_{i}^{X} = El componente ideológico (índice de estabilidad/cambio) de X^3 bajo el gobierno i.

$T_{-\frac{L_i}{2}}^{X}$ = La tasa de variación (anual) media de X en la primera mitad del período de mandato del gobierno i, que sucede en el poder al gobierno j-ésimo.

$T_{L_i}^{X}$ = La tasa de variación (anual) media de X, a lo largo de todo el período de mandato del gobierno i.

RECUADRO 5.1 *(continuación)*

---

b) *Contrastes hipótesis del ciclo ideológico*

— $I_{j\to i}^{\text{PIB}} > 0$ e $I_i^{\text{PIB}} > 0 \to$ Bajo el mandato de los socialdemócratas i, que fueron precedidos en el gobierno por los liberal-conservadores j.

$\left.\begin{array}{l} I_{i\to j}^{\text{PIB}} < 0 \text{ e } I_j^{\text{PIB}} < 0 \text{ cuando } j \text{ hereda IPC no controlado} \\[2mm] I_{i\to j}^{\text{PIB}} > 0 \text{ e } I_j^{\text{PIB}} > 0 \text{ cuando } j \text{ hereda IPC controlado} \end{array}\right\} \to$

$\to$ Bajo el mandato de los liberal-conservadores j, que fueron precedidos en el gobierno por los socialdemócratas i.

— $I_{j\to i}^{\text{Desempleo}} < 0$ e $I_i^{\text{Desempleo}} < 0 \to$ Bajo el mandato de los socialdemócratas i.

— $I_{i\to j}^{\text{Desempleo}} > 0$ e $I_j^{\text{Desempleo}} > 0 \to$ Bajo el mandato de los liberal-conservadores j.

— $I_{j\to i}^{\text{IPC}} > 0$ e $I_i^{\text{IPC}} > 0 \to$ Bajo el mandato de los socialdemócratas i.

— $I_{i\to j}^{\text{IPC}} < 0$ e $I_j^{\text{IPC}} < 0 \to$ Bajo el mandato de los liberal-conservadores j.

— $I_{j\to i}^{\text{Presupuesto}} < 0$ e $I_i^{\text{Presupuesto}} < 0 \to$ Bajo el mandato de los socialdemócratas i.

— $I_{i\to j}^{\text{Presupuesto}} > 0$ e $I_j^{\text{Presupuesto}} > 0 \to$ Bajo el mandato de los liberal-conservadores j.

— $I_{j\to i}^{\text{Interés}} < 0$ e $I_i^{\text{Interés}} < 0 \to$ Bajo el mandato de los socialdemócratas i.

— $I_{i\to j}^{\text{Interés}} > 0$ e $I_j^{\text{Interés}} > 0 \to$ Bajo el mandato de los liberal-conservadores j.

---

[1] Las variables X consideradas son la tasa de desempleo y la variación acumulada del PIB.

[2] Las variables X consideradas son la variación interanual del IPC, el saldo presupuestario mensual en términos de PIB y el tipo medio de la subasta decenal del Banco de España.

[3] Las variables X consideradas son la variación interanual del IPC, la tasa de desempleo, la variación acumulada del PIB, el saldo presupuestario mensual en términos de PIB y el tipo medio de la subasta decenal del Banco de España.

FUENTE: Elaboración propia.

Para poder identificar los ciclos partidistas de la economía española durante la transición y la democracia vamos a construir dos índices en términos de desviación con respecto al promedio[20]. El primero de ellos es el *índice de diferencias* entre los gobiernos de distintos partidos[21]:

$$I_{j\to i}^{X} = T_{-\frac{L_i}{2}}^{X} - T_{+\frac{L_j}{2}}^{X} \qquad [5.1]$$

siendo:

$I_{j\to i}^{X}$ = El componente ideológico (índice de diferencias) de la variable X[22] bajo el gobierno i, con respecto al gobierno j-ésimo que le precedió en el poder.

$T_{-\frac{L_i}{2}}^{X}$ = La tasa de variación (anual) media de X[23] en la primera mitad del período de mandato del gobierno i.

$T_{+\frac{L_j}{2}}^{X}$ = La tasa de variación (anual) media de X[24] en la segunda mitad del período de mandato del gobierno j.

El segundo indicador que proponemos para aproximarnos al ciclo partidista de la transición y la democracia es el *índice de estabilidad/cambio* de las diferencias económicas entre los distintos partidos a lo largo de su mandato[25]:

$$I_{i}^{X} = T_{-\frac{L_i}{2}}^{X} - T_{L_i}^{X} \qquad [5.2]$$

---

[20] Cf. A. Alesina (1989). «Politics and business cycles in industrial...», pp. 54-98
[21] Véase recuadro 5.1.
[22] Las variables X consideradas en este apartado son: la variación interanual del IPC, la tasa de desempleo, la variación acumulada del PIB, el saldo presupuestario mensual en términos de PIB y el tipo medio de la subasta decenal del Banco de España.
[23] Se trata de una variación subyacente centrada.
[24] Se trata de una variación subyacente centrada.
[25] Véase recuadro 5.1.

siendo:

I_i^X = El componente ideológico (índice de estabilidad/cambio) de X[26] bajo el gobierno i.

$T_{\frac{L_i}{2}}^{X}$ = La tasa de variación (anual) media de X[27] en la primera mitad del período de mandato del gobierno i, que sucede en el poder al gobierno j-ésimo.

$T_{L_i}^{X}$ = La tasa de variación (anual) media de X[28], a lo largo de todo el período de mandato del gobierno i.

La teoría del ciclo ideológico predice:

— Que $I_{j \to i}^{PIB}$, es decir, el índice de diferencias para el caso de la tasa de variación acumulada del producto interior bruto será positivo bajo el mandato de los socialdemócratas i, que fueron precedidos en el cargo por los liberal-conservadores j. Por el contrario, si el ejecutivo liberal-conservador sucede en el gobierno a los socialdemócratas, este índice será positivo cuando la inflación está controlada; si el nuevo gobierno j llega al poder en una situación económica caracterizada por una elevada inflación, este indicador será negativo.

— Que I_i^{PIB}, es decir, el índice de estabilidad/cambio para el caso de la tasa de variación acumulada del producto interior bruto será positivo bajo un gobierno socialdemócrata i, ya que las diferencias con los liberal-conservadores, en la orientación expansionista de la política económica, no sólo se mantienen a lo largo de todo el período del mandato, sino que aumentan. Por el contrario, en el caso de los ejecutivos liberal-conservadores j, que suceden en el cargo a los socialdemócratas, este índice será positivo cuando aquéllos hereden una situación económica con baja tasa de inflación; si el nuevo gobierno j llega al poder cuando la inflación es elevada, este indicador será negativo.

---

[26] Se trata de una variación subyacente centrada.
[27] Se trata de una variación subyacente centrada.
[28] Se trata de una variación subyacente centrada.

En el caso de nuestro país, a la hora de analizar los ciclos ideológicos del nivel de actividad, hemos de tener en cuenta que evidencian un comportamiento muy similar al de la Comunidad Europea. Además, las respuestas de nuestra producción, ante las variaciones que se dan en el resto de los países comunitarios, han sido muy amplias: las recesiones de la economía española fueron quizá algo más agudas que las europeas, mientras que los auges han sido más reseñables[29]. Algo similar infirió Alesina[30] en su estudio sobre los ciclos ideológicos y políticos de las economías europeas: las fluctuaciones que han sufrido las economías europeas estuvieron muy ligadas a lo que sucedía en la economía mundial.

En el caso del desempleo[31], la teoría del ciclo ideológico pronostica que bajo el mandato de los socialdemócratas:

$$I_{j \to i}^{\text{Desempleo}} < 0 \quad e \quad I_i^{\text{Desempleo}} < 0 \qquad [5.3]$$

Sin embargo, cuando gobiernan los liberal-conservadores porque han sucedido en el poder a la izquierda:

$$I_{i \to j}^{\text{Desempleo}} > 0 \quad e \quad I_j^{\text{Desempleo}} > 0 \qquad [5.4]$$

A la hora de analizar los ciclos ideológicos del desempleo en la transición y la democracia española, hemos de tener en cuenta que en nuestro país existe un fuerte componente estructural[32]. No obstante, al utilizar el índice de diferencias [5.1] estamos midiendo las oscilaciones cíclicas del paro[33], es decir, analizamos la evolución del desempleo originado por las variaciones en la demanda efectiva, y es ahí donde se refleja la orientación ideológica de la política económica.

Dado que en España, al igual que en algunos países de nuestro entorno, tanto la inflación como la evolución del saldo presupuestario en términos de PIB y tipos de interés a corto son fenómenos

---

[29] Cf. J. L. Raymond (1995). «Análisis del ciclo económico», pp. 2-36.
[30] Cf. A. Alesina (1989). «Politics and business cycles in industrial...», pp. 54-98.
[31] Medido a través de la tasa de paro.
[32] Vid. C. Martín (1997); y O. Blancard y L. Summers (1986). «Hysteresis and the European unemployment problem», incluido en S. Fisher (1986). *Macroeconomic Annual*.
[33] Recordemos que estamos utilizando la tasa de crecimiento (anual) media del paro.

persistentes bajo el mandato de los distintos gobiernos de la transición y la democracia[34], planteamos un *índice de diferencias permanentes* entre los distintos regímenes[35]:

$$I_{j \to i}^{X} = T_{L_i}^{X} - T_{L_j}^{X} \qquad [5.5]$$

siendo:

$T_{L_i}^{X}$ = La tasa de variación (anual) media de X^{36}, a lo largo de todo el período de mandato del gobierno *i*.

$T_{L_j}^{X}$ = La tasa de variación (anual) media de X^{37}, a lo largo de todo el período de mandato del gobierno *j*, que precedió al ejecutivo *i* en el cargo.

De acuerdo con el índice de diferencias ideológicas permanentes [5.5], la teoría partidista predice:

— Que $I_{j \to i}^{IPC}$, es decir, el índice de diferencias permanentes para el caso de la variación interanual del IPC, será positivo bajo el mandato de los socialdemócratas *i*, que además fueron precedidos en el cargo por los liberal-conservadores *j*. Por el contrario, será negativo cuando gobiernan los liberal-conservadores.

— Que I_{i}^{IPC}, es decir, el índice de estabilidad/cambio para el caso de la variación interanual del IPC será positivo bajo un gobierno socialdemócrata *i*; por el contrario, con un ejecutivo *j* liberal-conservador será negativo, ya que éstos tienden a practicar una política económica restrictiva cuando suceden en el poder a la izquierda, e incluso mantienen esta orientación económica diferenciada a lo largo de todo el período del mandato.

---

[34] Cf. A. Alesina (1989). «Politics and business cycles in industrial...», pp. 54-98.

[35] Véase recuadro 5.1.

[36] Se trata de una variación subyacente centrada. Las variables *X* consideradas en este apartado son la variación interanual del IPC, el saldo presupuestario mensual en términos de PIB y el tipo medio de la subasta decenal del Banco de España.

[37] Se trata de una variación subyacente centrada. Las variables *X* consideradas en este apartado son la variación interanual del IPC, el saldo presupuestario mensual en términos de PIB y el tipo medio de la subasta decenal del Banco de España.

En el caso del saldo presupuestario mensual en términos de PIB, la teoría del ciclo ideológico pronostica:

$$I_{j \to i}^{\text{Presupuesto}} < 0 \quad \text{e} \quad I_i^{\text{Presupuesto}} < 0 \qquad [5.6]$$

bajo los gobiernos socialdemócratas, ya que su objetivo prioritario es el pleno empleo y, para ello, practican una política presupuestaria expansiva basada en el aumento del gasto público y en el empeoramiento del saldo presupuestario. A diferencia de la izquierda, los liberal-conservadores j se plantean como objetivo prioritario la estabilización de los precios, de ahí que controlen el gasto público y los saldos presupuestarios, tal y como pronostica la teoría del ciclo ideológico:

$$I_{i \to j}^{\text{Presupuesto}} > 0 \quad \text{e} \quad I_j^{\text{Presupuesto}} > 0 \qquad [5.7]$$

Por último, respecto al tipo de interés a corto plazo, el ciclo ideológico también predice bajo el mandato de los gobiernos socialdemócratas:

$$I_{j \to i}^{\text{Interés}} < 0 \quad \text{e} \quad I_i^{\text{Interés}} < 0 \qquad [5.8]$$

ya que al ser su objetivo prioritario el pleno empleo, practicarán una política monetaria expansiva basada en la reducción de los tipos a corto. Ello contribuye a aumentar el consumo privado, al mismo tiempo que reactiva la inversión a largo plazo, favoreciendo así la expansión de la demanda agregada y la creación de empleo. A diferencia de la izquierda, los liberal-conservadores se plantean como objetivo prioritario la estabilización de los precios, para lo cual elevarían el tipo de interés oficial, con el fin de frenar la expansión de la demanda interna[38]:

$$I_{i \to j}^{\text{Interés}} > 0 \quad \text{e} \quad I_j^{\text{Interés}} > 0 \qquad [5.9]$$

---

[38] En particular, su objetivo es frenar el consumo y la inversión privada.

b) Propuesta teórica del ciclo ideológico racional

Una de las críticas que se le puede realizar al ciclo partidista es que no considera la influencia que ejerce la incertidumbre electoral en las expectativas de los votantes, de ahí que la teoría ideológica racionalista[39] haya reformulado el planteamiento anterior, suponiendo que los votantes, al moverse en un ambiente de incertidumbre electoral, se forman unas expectativas racionales sobre el futuro más próximo[40]. Los electores aprecian perfectamente las diferencias entre las ideologías de las distintas fuerzas políticas, y optan por aquella que se adecua mejor a sus preferencias; de este modo, la incertidumbre electoral viene determinada por el carácter imprevisible de las preferencias de los votantes[41].

Bajo estas premisas, si los liberal-conservadores suceden en el gobierno a los socialdemócratas, articularán una política económica de ajuste con el fin de contrarrestar la inflación derivada de la política expansiva aplicada durante la fase preelectoral. De este modo, el votante que esperaba una victoria de la izquierda habrá descontado (racionalmente) una tasa de inflación muy superior a la que se genera tras los comicios[42].

En cualquier caso, el nuevo ejecutivo se encontrará con algunas vicisitudes de carácter nominal heredadas del régimen anterior: convenios salariales indiciados, un elevado nivel de gasto público comprometido..., que no pueden reajustarse inmediatamente y obstaculizan la aplicación de una política estabilizadora por parte del nuevo ejecutivo liberal-conservador. En estas circunstancias, es muy probable que la inversión se retraiga, el nivel de actividad se estabilice, la contratación laboral no aumente..., y ello, aun a pesar

---

[39] Vid. A. Alesina (1987). «Macroeconomic policy in a two-party system as a repeated game», pp. 651-678; H. W. Chappell y W. R. Keech (1988). «The unemployemnt consequences of partisan monetary policies»; y A. Alesina y J. Sachs (1988). «Political parties and the business...».

[40] En definitiva, este nuevo planteamiento del ciclo ideológico supone que los electores son racionales. No obstante, el planteamiento inicial de la teoría partidista no presupone que los votantes sean ingenuos.

[41] Vid. A. Alesina (1989). «Politics and business cycles...». Señala que las preferencias de los votantes pueden cambiar debido a los resultados económicos. A comienzos de la década de los ochenta, como consecuencia de la elevada inflación, los electores de las democracias europeas optaron por votar a aquellos partidos que proponían políticas antiinflacionistas.

[42] Esta cuestión se presenta porque los agentes económicos no pueden reajustar inmediatamente sus decisiones preelectorales.

de que los liberal-conservadores apliquen una política de ajuste. A lo largo de la legislatura, la actitud de los agentes económicos, que esperaban un triunfo de la izquierda, se adaptará a la nueva situación política, de tal modo que la economía alcanzará su estatus natural: estabilización de los precios, aunque el nivel de desempleo no se reduzca.

Si la situación que hemos planteado fuese la inversa, es decir, que los socialdemócratas sucedieran en el gobierno a los liberal-conservadores, aquellos votantes que esperaban una victoria del centro-derecha habrán descontado (racionalmente) una tasa de inflación inferior a la suscitada tras la llegada de los socialdemócratas al gobierno[43], ya que iniciarán su mandato aplicando una política económica expansiva, orientada a reducir el desempleo. Ello generará una euforia económica, que elevará las tasas de crecimiento por encima de la senda natural; pero una vez que los agentes económicos ajusten sus decisiones a la nueva situación política, la inflación aumentará progresivamente, la tasa de actividad se estabilizará y el desempleo crecerá. Estamos, pues, ante un problema de *inconsistencia temporal*[44], y al final de una legislatura socialista el balance será el siguiente: la tasa de desempleo permanecerá estabilizada, o incluso podría haber disminuido ligeramente; pero la inflación será muy superior a la heredada.

El corolario que se extrae del planteamiento racionalista del ciclo ideológico es que cualquier anuncio de una política distinta a la esperada por los agentes económicos, generaría entre la opinión pública una falta de credibilidad gubernativa en materia de política económica, de tal modo que sería *peor el remedio que la enfermedad:* en el caso de que gobiernen los socialdemócratas, cualquier intento de aplicar una política de ajuste se traduciría en un aumento de los precios y del desempleo al final de la legislatura; por el contrario, si los liberal-conservadores anunciasen que van a articular una política expansiva, agudizarían las tensiones inflacionistas y el nivel de actividad permanecería estancado.

---

[43] Esta cuestión se presenta porque los agentes económicos no pueden reajustar inmediatamente sus decisiones preelectorales.

[44] Vid. F. Kydland y E. Prescott (1977). «Rules rather than discretion: The inconsistency of optimal plans», pp. 473-490; y R. Barro y D. Gordon (1983). «Rules, discretion, and reputation in a model of monetary policy», pp. 101-122.

5.3. EL CICLO IDEOLÓGICO EN ESPAÑA

Tal y como reseñamos en el epígrafe segundo de este capítulo, en estos veintidós años de transición y democracia ha habido tres regímenes gubernativos: la UCD, que gobernó hasta diciembre de 1982; el PSOE, que alcanzó el poder en este mes y concluyó su mandato en mayo de 1996; y el PP, que gobierna desde entonces. Dado que nuestro principal objetivo es investigar si la intervención política de un determinado gobierno ha estado supeditada a criterios ideológicos, y para ello adoptamos como referencia la acción de gobierno del ejecutivo anterior, es imposible analizar el ciclo partidista de la UCD, ya que es inoportuno hacer comparaciones entre un régimen dictatorial y otro democrático.

Al margen de las consideraciones anteriores, si tuviésemos que realizar una valoración conjunta del ciclo partidista en estos veintidós años de convivencia en libertad, resaltaríamos que el gobierno del PP se está distinguiendo por mantener una actitud ideológica menos firme que el PSOE. Al analizar los diferentes indicadores y contrastes que definen los ciclos partidistas de ambos mandatos apreciamos que en los primeros años de gobierno Aznar, tan sólo ha satisfecho el 50% de las propuestas programáticas[45], mientras que los gobiernos de Felipe González se distinguieron por aplicar una política económica ciertamente antipartidista, ya que tan solo el 60% de las medidas articuladas coincidían con los postulados socialdemócratas[46]. En cualquier caso, y al margen de los juicios de valor que puedan suscitar las maniobras políticas de ambos gobiernos, hemos de reseñar, en descargo del PSOE, que estuvo en sintonía con lo que hicieron sus homólogos en Europa durante la década de los ochenta; por el contrario, el ejecutivo popular está manteniendo una actitud ideológica más racional, pues uno de sus retos electorales era reducir la inflación, ya que formaba parte de las condiciones necesarias para acceder a la tercera fase de la UEM.

A la hora de identificar los ciclos ideológicos hemos utilizado dos tipos de indicadores: el de diferencias y estabilidad/cambio a lo largo del mandato. Cuando examinamos las *diferencias* en las

---

[45] Véase cuadro 5.1.
[46] Véase cuadro 5.1.

etapas de gobierno del PSOE y PP, concluimos que el ejecutivo popular está evidenciando una actitud ideológica más acorde con sus principios programáticos, pues las medidas adoptadas por el gobierno de Aznar coinciden en un 60% con los postulados liberal-conservadores[47]. Por el contrario, la política económica aplicada por Felipe González se alejaba en un 60% de los principios socialdemócratas[48].

Si se analizan los ciclos ideológicos de las etapas de gobierno del PSOE y PP, desde la perspectiva de la estabilidad/cambios que se han producido en la orientación política económica articulada a lo largo de su mandato, concluimos que los ejecutivos de Felipe González evidenciaron una fidelidad del 80% a los principios básicos de la socialdemocracia[49]. A diferencia de los socialistas, en sus primeros años de gobierno, el ejecutivo de Aznar no alcanza aún esos niveles de lealtad ideológica a los postulados básicos del centro-derecha[50], aunque no debemos obviar que esta aseveración hay que realizarla con cierta cautela, ya que aún no ha finalizado el período de mandato del PP, y tan sólo han transcurrido tres años de legislatura.

Basándonos en todo lo reseñado anteriormente, hemos optado por separar el análisis de las diferencias en los ciclos ideológicos durante la democracia, del estudio de la estabilidad/cambio en orientación partidista de la política económica de los distintos gobiernos (régimen) de este período.

a) Las diferencias ideológicas del PSOE y el PP

Los contrastes realizados para la democracia española evidencian que el PP se está distinguiendo por mantener una actitud ideológica menos firme que el PSOE, ya que José María Aznar está adoptando una política económica que difiere en un 50% de los postulados liberal-conservadores, mientras que en el caso de Felipe González este ratio descendía hasta el 40%[51].

---

[47] Véase cuadro 5.1.
[48] Véase cuadro 5.1.
[49] Véase cuadro 5.1.
[50] Véase cuadro 5.1.
[51] Véase cuadro 5.1.

CUADRO 5.1

Los ciclos ideológicos de la transición y la democracia española

Hipótesis ciclo ideológico	Índice/contraste hipótesis ciclo ideológico	Gobierno	
		PSOE	PP
Diferencias	Índice de diferencias ideológicas *permanentes* en inflación (%)	−10,13	−4,66
	¿Se confirma la hipótesis ciclo ideológico en inflación?	No	Sí
	Índice de diferencias ideológicas en desempleo (%)	5,56	1,40
	¿Se confirma la hipótesis ciclo ideológico en desempleo?	No	Sí
	Índice de diferencias ideológicas en variación del PIB (%)	4,42	0,35
	¿Se confirma la hipótesis ciclo ideológico en variación del PIB?	Sí	No
	Índice de diferencias ideológicas *permanentes* en saldo presupuestario (%)	4,00	2,90
	¿Se confirma la hipótesis ciclo ideológico en saldo presupuestario?	No	Sí
	Índice de diferencias ideológicas *permanentes* en tipos de interés (%)	−2,86	−12,90
	¿Se confirma la hipótesis ciclo ideológico en tipos de interés?	Sí	No
	Confirmación hipótesis diferencias «sí»**	2 (40%)	3 (60%)
	Rechazo hipótesis diferencias «no»**	3 (60%)	2 (40%)
Estabilidad/ cambio	Índice de diferencias ideológicas en inflación (%)	1,49	0,44
	¿Se confirma la hipótesis ciclo ideológico en inflación?	Sí	No
	Índice de diferencias ideológicas en desempleo (%)	−0,13	−0,12
	¿Se confirma la hipótesis ciclo ideológico en desempleo?	Sí	No

CUADRO 5.1 *(continuación)*

Hipótesis ciclo ideológico	Índice/contraste hipótesis ciclo ideológico	Gobierno	
		PSOE	PP
Estabilidad/ cambio	Índice de diferencias ideológicas en variacion del PIB (%)	0,85	–0,79
	¿Se confirma la hipótesis ciclo ideológico en variación del PIB?	Sí	Sí*
	Índice de diferencias ideológicas en saldo presupuestario (%)	–0,93	–2,04
	¿Se confirma la hipótesis ciclo ideológico en saldo presupuestario?	Sí	No
	Índice de diferencias ideológicas en tipos de interés (%)	1,54	0,97
	¿Se confirma la hipótesis ciclo ideológico en tipos de interés?	No	Sí
	Confirmación hipótesis estabilidad/cambio «sí»**	4 (80%)	2 (60%)
	Rechazo hipótesis estabilidad/cambio «no»**	1 (20%)	3 (40%)
Total***	**Confirmación hipótesis ciclo ideológico «sí»****	6 (60%)	5 (50%)
	Rechazo hipótesis ciclo ideológico «no»**	4 (40%)	5 (50%)

* La inflación que heredó el gobierno del PP estaba *ciertamente controlada*. Uno de los retos prioritarios del nuevo ejecutivo era reducir el diferencial con respecto a la UEM.

** Entre paréntesis aparece en tantos por ciento el número de veces que se confirma y/o rechaza la hipótesis.

*** El total del ciclo ideológico es la suma de los contrastes de hipótesis del índice de diferencias y estabilidad/cambio en la orientación de la política económica.

FUENTE: Elaboración propia.

La teoría del ciclo ideológico apunta que los gobiernos social-demócratas, a diferencia de los liberal-conservadores, se plantean como reto prioritario la creación de empleo, descuidando el objetivo de estabilidad de precios. Por el contrario, los ejecutivos respaldados por partidos de centro-derecha prefieren controlar la inflación y se preocupan menos por el pleno empleo. En el caso de la democracia española hemos encontrado que la actitud antiinflacionista de los gobiernos de Felipe González contrasta con la orientación de la política económica de los ejecutivos de la UCD: la tasa de inflación interanual media de los trece años de gobierno socialista fue un 10% inferior, si se compara con la etapa de los gobiernos de Suárez y Calvo Sotelo[52]. En cuanto al ciclo ideológico del desempleo, los ejecutivos de Felipe González tampoco han satisfecho uno de los objetivos más ansiados de la socialdemocracia, ya que la tasa de desempleo interanual (media) de la primera mitad del mandato socialista fue un 5,56% superior, si se compara con la tasa de paro de la segunda parte del mandato de la UCD[53]. La destrucción de empleo generada por los *shocks* energéticos de 1973 y 1979, conjuntamente con los aumentos salariales, fueron los argumentos básicos que justifican el aumento del desempleo en la segunda mitad del mandato de la UCD y en la primera parte de la etapa de Felipe González. Ni los Pactos de la Moncloa de junio de 1977, ni el Real Decreto-Ley de 26 de diciembre de 1978, ni el Programa a Medio Plazo presentado por el gobierno en diciembre de este año, ni el Acuerdo Marco Interconfederal de 1980, ni el Acuerdo Nacional sobre el Empleo, ni el Acuerdo Interconfederal de 1983, ni la Ley 32/1984, consiguieron flexibilizar el mercado de trabajo y controlar los aumentos en las remuneraciones salariales, que eran dos factores fundamentales para poder crear empleo. Si a todo ello le agregamos que la Constitución de 1978 auspiciaba los incrementos salariales y que el Estatuto de los Trabajadores de 1980 no planteaba una reforma del mercado laboral, comprenderemos por qué el desempleo creció continuamente entre 1977 y 1985.

Con la aprobación del Acuerdo Económico y Social 1985/86, el panorama laboral comenzó a cambiar. Esta ley cerraba una etapa de la economía española caracterizada por la negociación social, con unos resultados negativos a la hora de crear empleo; y lo que es aún más reseñable, era el primer paso hacia la flexibilización del mercado laboral español. A partir de este momento comenzó una fase de desencuentros políticos, que se tradujeron en la inexistencia de pactos sociales. Esta nueva situación contri-

---

[52] Véase cuadro 5.1.
[53] Véase cuadro 5.1.

buyó a que la remuneración y los costes laborales aumentasen a un ritmo relativamente menor en los últimos años de la década de los ochenta, y a que la tasa de paro experimentase un retroceso significativo.

La crisis económica de los primeros años de la década de los noventa afectó al mercado laboral con una elevada destrucción de puestos de trabajo y una escasa creación de empleo. Esta situación económica tuvo su reflejo inmediato en el marco jurídico que regulaba el trabajo, ya que el 3 de abril de 1992 entró en vigor el Decreto-Ley del Medicamentazo[54]. El balance final de este período fue que la tasa de paro aumentó y, simultáneamente, la situación laboral se degradó[55].

De todo lo anterior se infiere que el gobierno socialista acometió algunas reformas del mercado trabajo a partir de 1993, siendo la más reseñable la Ley 11/1994 de 19 de mayo. Es muy difícil poder valorar los efectos de esta reforma laboral, pero nadie discute que consiguió frenar el aumento de los costes laborales, al mismo tiempo que la tasa de paro alcanzó el máximo histórico del 24,29%.

A diferencia de los socialistas, el primer ejecutivo de Aznar está siendo fiel a los principios ideológicos de los liberal-conservadores y está profundizando en el objetivo de control de la inflación, ya que uno de sus retos prioritarios era disminuir a lo largo de la legislatura el diferencial con respecto a la UEM; de ahí que la tasa de crecimiento interanual media de los precios esté siendo un 4,66% inferior, si se compara con la etapa socialista[56]. Por otra parte, la tasa de desempleo (interanual) media durante los primeros meses de su mandato fue un 1,40% superior, en relación a la tasa de paro de la segunda mitad de la etapa socialista[57]. En cualquier caso, hemos de reseñar en descargo del gobierno del PP que el aumento del paro en los primeros meses de la legislatura no ha estado motivado por la política económica articulada. Es eviden-

---

[54] Este Decreto-Ley eliminaba las bonificaciones a la Seguridad Social para los contratos en prácticas y formación, reducía las prestaciones por desempleo y el tiempo de percepción del subsidio, elevaba a un mínimo de doce meses el período de cotización para acceder a la prestación contributiva...

[55] Desapareció la estabilidad en el empleo, como consecuencia de la proliferación de contratos de trabajo temporal, aumentó el trabajo a domicilio...

[56] Véase cuadro 5.1.

[57] Véase cuadro 5.1.

te que su primera acción política en materia laboral (Acuerdo Interconfederal para la Estabilidad del Empleo) está evidenciando una gran eficacia, ya que la tasa de desempleo ha descendido hasta el 18,8%, y la remuneración por asalariado y el coste laboral han registrado el crecimiento más bajo de la transición y la democracia.

La teoría del ciclo partidista también defiende la hipótesis de que existen diferencias entre los liberal-conservadores y los social-demócratas a la hora de plantearse como objetivo el crecimiento económico. Los gobiernos de Felipe González ratificaron que el aumento de la actividad era uno de sus objetivos prioritarios, ya que la tasa de variación interanual (media) del PIB fue un 4,42% superior con respecto a la etapa de la UCD[58]. Tal y como reseñamos en el apéndice A, a partir del último cuatrimestre de 1984 entramos en un período de recuperación económica, como consecuencia del dinamismo evidenciado por la demanda interna, y muy especialmente por el consumo y la inversión privada. No obstante, la gran expansión de la economía española comenzaría a partir del primer trimestre de 1986, alcanzando su cenit en el tercer trimestre de 1987, cuando el PIB registró un crecimiento ligeramente superior al 6%[59].

En 1988 la economía española entró en una fase de recesión, que se transformaría en crisis a partir del segundo trimestre de 1989, debido a una serie de *shocks* que sufrió nuestro país. Esta fase depresiva culminó en el segundo trimestre de 1993 con la mayor crisis que ha sufrido nuestro país en la transición y la democracia, ya que el PIB registró tasas de variación cercanas al −2%. Si hubiese que enumerar los factores que determinaron este retroceso en la economía española, habría que reseñar la caída de la inversión (bienes de equipo y construcción) como consecuencia de la subida de los tipos de interés y las restricciones al crédito del sector bancario decretadas por el Banco de España a partir de julio de 1989. Además de la inversión, hay otros elementos que contribuyeron a la crisis económica: la apreciación de la peseta, que perjudicó los saldos netos con el exterior; la caída del consumo a partir del tercer trimestre de 1990, debido a la guerra del Golfo; el

---

[58] Véase cuadro 5.1.
[59] Véase gráfico A.1.

retroceso en los niveles de producción industrial, la disminución de la licitación pública, la pérdida de empleo, las tormentas monetarias... Sin olvidar tampoco que la política monetaria articulada a partir de 1992 no favoreció la expansión económica, ya que se controló la M1, M3 y ALP, y la política presupuestaria restrictiva tampoco colaboraba, ya que se distinguía por un mayor control de los déficits.

Los dos primeros años de gobierno del PP han servido para rechazar la hipótesis de la teoría ideológica, que augura un menor crecimiento económico cuando gobiernan los liberal-conservadores: el PIB está aumentado un 0,35% más si se compara con la tasa de crecimiento (interanual) media durante la etapa socialista[60]. A partir del tercer trimestre de 1993 comenzó una nueva etapa que vino marcada por el desajuste y la posterior recuperación.

El año 1996 fue un punto de inflexión en el plano macroeconómico, ya que a partir del tercer trimestre comenzó la reactivación económica, que vino marcada por la estabilización de la inflación. Se atisbaban ya las primeras consecuencias positivas de las medidas económicas adoptadas por el gobierno del PP: saneamiento de las finanzas públicas, desregulación de la actividad de ciertos sectores..., y todo ello sin olvidar la influencia de la balanza de pagos, que neutralizó parte de los efectos restrictivos de la política presupuestaria, debido al extraordinario dinamismo que evidenciaron las exportaciones.

No sólo existen diferencias ideológicas entre los liberal-conservadores y los socialdemócratas en cuestiones tan fundamentales como inflación, empleo o crecimiento económico, ya que ambos gobiernos también se distinguen por la orientación que dan a la política presupuestaria. Al igual que en otros países de la Europa comunitaria, la etapa de Felipe González confirmó que los gobiernos socialistas de finales del siglo XX no se plantean como reto prioritario el pleno empleo; más bien, su gran preocupación es la estabilización de los precios y el control presupuestario. Si se compara con los gobiernos de la UCD que le precedieron, podemos afirmar que los ejecutivos del PSOE redujeron en cuatro puntos porcentuales el déficit presupuestario en términos del PIB[61]. Todo

---

[60] Véase cuadro 5.1.
[61] Véase gráfico A.1.

ello fue posible gracias al proceso de consolidación del gasto que tuvo lugar entre 1986 y 1988, tras ingresar en la CEE. Efectivamente, nuestra incorporación a este proceso de integración nos obligaba a practicar una política económica tendente a la convergencia con nuestros vecinos europeos, de ahí que profundizar en el rigor presupuestario fuese una de las condiciones fundamentales de la política fiscal de este período.

Tras la celebración de elecciones generales en 1989, el candidato a la presidencia del gobierno se comprometió en el debate de investidura a reducir el déficit y a no incrementar el gasto público; sin embargo, la realidad fue muy distinta, ya que en 1993 el déficit logró su máximo histórico del 7,45%. A diferencia de los socialistas, el gobierno de Aznar está evidenciando una mayor firmeza ideológica, reduciendo el déficit presupuestario (medio) en casi un 2%[62]. Para ello, aprobaron un conjunto de medidas de ajuste presupuestario; posteriormente, lograron un acuerdo presupuestario para 1997, 1998 y 1999, que le ha permitido reducir el déficit público.

Por último, no podemos obviar que la utilización del tipo de interés a corto plazo evidencia una actitud ideológica de carácter antipartidista en los gobiernos del PSOE y PP, tal y como sucedía en el objetivo de crecimiento económico. La teoría del ciclo ideológico predice que los gobiernos socialdemócratas practican una política monetaria expansiva basada en la reducción del precio del dinero, ya que su objetivo prioritario es el pleno empleo; por el contrario, los ejecutivos liberal-conservadores elevan los tipos de interés, ya que su principal reto es la estabilización de precios. A la hora de realizar los contrastes del ciclo ideológico en materia de tipos de interés, hemos de considerar que a partir de junio de 1994 el Banco de España goza de plena autonomía para diseñar la política monetaria activa, y su único objetivo es controlar la inflación. Por otra parte, no debemos olvidar que uno de los requisitos de convergencia era que los tipos de interés a largo plazo no excedieran a la media de los tres países más estables en dos puntos porcentuales, y los tipos de intervención del Banco de España tienen su influencia en la determinación del tipo de interés a largo plazo.

---

[62] Véase gráfico A.1.

Bajo las premisas anteriores, paradójicamente, los gobiernos de Felipe González han mantenido un mayor control sobre los tipos de interés a corto que su predecesores en el cargo: el tipo de intervención del Banco de España bajo los gobiernos socialistas ha sido un 2,86% inferior al practicado por la autoridad monetaria cuando gobernaba la UCD[63]. No obstante, esta conclusión hay que interpretarla con cierta cautela, ya que hasta 1983 el objetivo intermedio de la política monetaria se cifraba en términos de crecimiento de la M3; entre 1984 y 1989, durante el período de transición hacia el nuevo esquema monetario, la estrategia se fundamentaba sobre los ALP; a partir de nuestro ingreso en el SME, y antes de que la autoridad monetaria gozase de plena autonomía, los tipos de intervención del Banco de España tenían como objetivo estabilizar las fluctuaciones de la peseta dentro de las bandas fijadas en el SME. Ha sido a partir de junio de 1994 cuando la autoridad monetaria ha podido utilizar los tipos de interés para controlar la inflación.

Tal y como reseñamos anteriormente, los dos primeros años y medio de gobierno del PP han servido para rechazar algunas hipótesis de la teoría ideológica, que auguraban un aumento de los tipos de interés a corto con el fin de controlar la inflación. Es evidente que el Banco de España, como máxima autoridad monetaria que goza de autonomía respecto al gobierno de la nación, no ha colaborado en la orientación ideológica de la política monetaria, ya que los tipos de intervención (media) han caído un 12,9% en estos primeros años de gobierno del PP, si se compara con la etapa de Felipe González[64]. Tras la llegada de los populares al poder, una vez disipadas las tensiones inflacionistas, gracias a las primeras medidas adoptadas por el gobierno de Aznar, el Banco de España hizo compatibles la reducción de los tipos de interés con el control de la inflación.

b) La estabilidad/cambio en los mandatos del PSOE y el PP

Tal y como reseñamos en el segundo epígrafe de este capítulo, el contraste de los ciclos ideológicos durante la transición y la

---

[63] Véase cuadro 5.1.
[64] Véase cuadro 5.1.

democracia no sólo se realiza a través del índice de diferencias entre distintos gobiernos (regímenes), sino que también han de estimarse indicadores que delimitan la estabilidad/cambio en la orientación de la política económica a lo largo del mandato. Es evidente que el PSOE evidenció una elevada fidelidad ideológica a los principios de la socialdemocracia, si nos atenemos a los contrastes de hipótesis realizados[65].

A diferencia de los socialistas, en los dos primeros años de gobierno del PP, el ejecutivo de Aznar está demostrando una gran estabilidad en las medidas económicas aplicadas, si bien es cierto que a estas alturas de la legislatura no ha alcanzado los niveles logrados por Felipe González en sus trece años de gobierno[66]. Efectivamente, a lo largo del mandato, los socialistas evidenciaron que su política económica coincidía en un 80% con las predicciones realizadas por el ciclo ideológico socialdemócrata; sin embargo, con el PP en el gobierno de la nación, este índice de fidelidad desciende hasta el 60%[67].

La teoría partidista pronostica que los gobiernos socialdemócratas descuidan el objetivo de estabilización de los precios en la primera mitad de su mandato, ya que su principal reto es disminuir el nivel de desempleo. En la etapa de Felipe González se aprecia que el control de los precios en los primeros años de su mandato fue menos estricto que en el conjunto del período: la tasa de inflación (interanual) media de los trece años de gobierno socialista fue un 1,49% inferior, si se compara con la evolución de los precios en la primera mitad de su mandato[68].

A diferencia de los socialdemócratas, los liberal-conservadores deberían estar más preocupados en la primera mitad de su mandato por el control de los precios. Si analizamos lo sucedido en los primeros años de gobierno del PP, concluimos que la tasa de inflación interanual (media) del primer año y medio de legislatura es un 0,44% superior, si se compara con la evolución de los precios en la segunda mitad de la legislatura[69]. En cualquier caso, es muy arriesgado concluir que el ejecutivo del PP no está siendo fiel al princi-

---

[65] Véase cuadro 5.1.
[66] Véase cuadro 5.1.
[67] Véase cuadro 5.1.
[68] Véase cuadro 5.1.
[69] Véase cuadro 5.1.

pio de estabilización de los precios, ya que aún no ha finalizado su mandato.

Si analizamos los índices de estabilidad/cambio del desempleo, apreciamos que tanto los ejecutivos de Felipe González y José María Aznar han sido fieles a los planteamientos ideológicos de la socialdemocracia y liberal-conservador, respectivamente. Bajo el mandato del PSOE, la tasa de desempleo media del período fue un 0,13% superior, si se compara con la primera mitad del mandato[70]; por el contrario, en estos años de gobierno del PP hemos constatado que la tasa de paro media es un 0,12% inferior, si se compara con la tasa de paro de la primera mitad del mandato[71].

La teoría del ciclo partidista también predice diferencias entre los liberal-conservadores y los socialdemócratas a la hora de plantearse el crecimiento económico como objetivo. Los gobiernos de Felipe González evidenciaron que el aumento del nivel de actividad era un reto prioritario, de ahí que la tasa de variación (interanual) media del PIB durante la primera mitad del mandato fue un 0,85% inferior, si se compara con el ritmo de crecimiento de todo el período[72]. Cuando Felipe González accedió al gobierno de la nación, España estaba experimentando una tibia recuperación, que venía marcada fundamentalmente por el aumento de las exportaciones. Sin embargo, el ejecutivo socialista no pudo evitar la recesión económica entre el tercer trimestre de 1983 y el mismo período del año siguiente, originada por la crisis que experimentó la demanda interna.

Tal y como reseñamos en el apéndice A, a partir del último cuatrimestre de 1984 comenzó un período de recuperación económica, como consecuencia del dinamismo evidenciado por la demanda interna, y, muy especialmente, por el consumo y la inversión privada. En cualquier caso, la gran expansión de la economía española se inició a partir del primer trimestre de 1986, alcanzando su cenit en el tercer trimestre de 1987, cuando el PIB registró un crecimiento ligeramente superior al 6%. Hemos de destacar que nuestro país evidenció un mayor auge económico que la mayoría de los vecinos comunitarios, gracias al aumento que experimentó la demanda interna española[73].

---

[70] Véase cuadro 5.1.
[71] Véase cuadro 5.1.
[72] Véase cuadro 5.1.
[73] Recordemos que la demanda interna aumentó a una tasa anual que superó el 7%.

A partir de 1988, la economía española entró en una fase de recesión, que terminaría convirtiéndose en crisis a partir del segundo trimestre de 1989, debido a una serie de *shocks* que sufrió nuestro país. La segunda parte del mandato de Felipe González estuvo marcada por la depresión y los desajustes. Efectivamente, la crisis culminó en el segundo trimestre de 1993, cuando la economía experimentó el mayor retroceso de la transición y la democracia: la tasa de variación (interanual) media del PIB alcanzó el –2%. A partir de este momento comenzó una nueva etapa, que vino marcada por el desajuste, pues si bien la tasa de actividad se recuperó, ello no fue más que un espejismo, ya que en 1995 la economía española entró de nuevo en una fase de estancamiento.

Al igual que sucedía en el caso de los socialistas, los primeros años de gobierno del PP han servido para confirmar la hipótesis de la teoría ideológica, que augura un menor crecimiento económico en la primera mitad del mandato, siempre y cuando la evolución de los precios no esté perfectamente controlada, tal y como sucedía cuando José María Aznar formó gobierno, ya que uno de sus retos prioritarios era profundizar en la reducción de la inflación hasta equipararnos a niveles de la UEM. Ello explica por qué el ritmo de crecimiento (interanual) medio del PIB durante el primer año y medio de legislatura fue un 0,79% inferior, si se compara con la tasa de actividad de la legislatura[74].

No sólo existen diferencias ideológicas entre los liberal-conservadores y los socialdemócratas en cuestiones tan fundamentales como inflación, empleo o crecimiento económico, sino que también ambos gobiernos se diferencian en la orientación de la política presupuestaria. La teoría del ciclo partidista plantea que los socialdemócratas articulan una política presupuestaria expansiva, que genera un gran déficit público en la primera mitad del mandato. En este sentido, los socialistas españoles fueron fieles a los planteamientos del ciclo ideológico, ya que el saldo presupuestario negativo (medio) de la primera parte de la etapa socialista fue un 0,93% superior, en relación con el déficit medio de todo el mandato[75]. Tal y como reseñamos en el capítulo segundo, la convulsión que sufrió la hacienda pública al final del ciclo gubernativo de la

---

[74] Véase cuadro 5.1.
[75] Véase cuadro 5.1.

UCD y en los primeros períodos de la etapa socialista, favorecieron el aumento insostenible del déficit presupuestario. Con la integración de España en la CEE comenzó una fase de consolidación del gasto, que conjuntamente con la recuperación económica, facilitaron un relativo control del déficit presupuestario.

Tras la huelga del 14 de diciembre de 1988, la política presupuestaria volvió a ser expansiva y los déficits públicos aumentaron progresivamente. La crisis económica del bienio 1992-1993 profundizó en la herida del déficit público, alcanzando la cota histórica del 7,5% en 1993. Sin embargo, la reactivación económica de 1994 facilitó un relativo control del déficit y el gasto público a partir de 1994.

A diferencia de los socialistas, el gobierno de Aznar está evidenciando una gran fidelidad a los postulados del ciclo ideológico liberal-conservador en materia de política presupuestaria, ya que el déficit presupuestario medio en el primer año y medio de mandato ha sido un 2,04% superior, si se compara con el saldo negativo de la legislatura[76]. En cualquier caso, esta conclusión hay que hacerla con mucha cautela, ya que aún no ha finalizado la misma.

Por último, en la etapa socialista la instrumentalización del tipo de interés a corto plazo por parte del Banco de España tuvo un carácter antipartidista, ya que los tipos de intervención en la primera mitad del mandato fueron 1,54 puntos porcentuales superior, si se comparan con los tipos de interés medio del mandato[77]. Quizá, la razón última que explica este hecho es que los tipos de interés no se utilizaron con el fin último de controlar la inflación, hasta que el Banco de España gozó de plena autonomía en 1994. Con anterioridad, los objetivos intermedios fueron: la M3, antes de 1984; y los ALP en el período que transcurre entre 1984 y 1989. Tras nuestro ingreso en el SME, y antes de que la autoridad monetaria gozase de plena autonomía, el Banco de España utilizaba los tipos de interés con el fin de estabilizar las fluctuaciones de la peseta dentro de las bandas fijadas en el SME.

Si en la etapa de Felipe González los tipos de interés no evidenciaron una orientación partidista, bajo el gobierno del PP está sucediendo lo contrario, ya que el Banco de España, como máxima

---

[76] Véase gráfico A.1.
[77] Véase gráfico A.1.

autoridad monetaria que goza de autonomía respecto al gobierno de la nación, sí está colaborando en la orientación ideológica de la política monetaria, pues los tipos de intervención media de los primeros meses fueron un 0,97% superior en relación con los tipos de interés del conjunto del período[78]. Ya reseñamos cuando analizamos el índice de diferencias ideológicas, que tras la llegada de los populares al poder, una vez disipadas las tensiones inflacionistas, el Banco de España hizo compatibles la reducción de los tipos de interés con el control de la inflación.

---

[78] Véase cuadro 5.1.

6

El ciclo político de la economía española en la transición y la democracia

6.1. ASPECTOS GENERALES

Al igual que en la teoría partidista, existen diferentes enfoques del ciclo político de la economía: la visión ingenua y racionalista. En todos ellos se investiga si la acción de los gobiernos democráticos queda determinada por ciertos factores de índole política (oportunista); en definitiva, el objetivo es averiguar si la orientación de la política económica está influenciada por el ciclo electoral. En el caso concreto de la transición y la democracia española, pretendemos investigar si la intervención de los diferentes ejecutivos ha estado supeditada a criterios estrictamente oportunistas, de manera que los objetivos económicos se han visto afectados por el calendario electoral.

6.2. PROPUESTA TEÓRICA

Tal y como hicimos en el caso del ciclo ideológico de la economía española durante la transición y la democracia, a la hora de analizar los ciclos políticos hemos de fundamentarnos en un esquema analítico, adaptado a las peculiaridades de nuestro sistema político y económico: la democracia española es relativamente joven, aunque muy consolidada, ya que se han celebrado siete comicios legislativos, además de otros tantos regionales y locales; y, por otra parte, el margen de maniobra de algunos gobiernos de la democracia ha estado muy supeditado al proceso de la UE.

A partir de los supuestos anteriores, hemos diseñado un modelo que nos permite analizar empíricamente los ciclos oportunistas de la economía española, la magnitud y el carácter de los mismos (ingenuo o racional) en estos veintidós años de convivencia en libertad.

a) Propuesta teórica del ciclo político

La formulación inicial de Nordhaus[1] y MacRae[2], que constituye el núcleo central y básico de esta teoría, se fundamenta en unos supuestos muy restrictivos que condicionan las conclusiones que se extraen:

Hipótesis 6.1. Los electores son ingenuos, ya que basan su decisión en los resultados económicos más recientes (retrospectiva), de modo que su decisión *no es racional.* Optarán por el partido del gobierno si consideran que la coyuntura es favorable; o, por el contrario, castigarán a éste si juzgan que los logros no son positivos.

Hipótesis 6.2. Los políticos (partidos) del gobierno se enfrentan a una situación económica caracterizada por una curva de Phillips que incorpora las expectativas adaptativas.

Hipótesis 6.3. Los políticos (o partidos) son oportunistas, ya que su principal objetivo es mantenerse en el poder.

Hipótesis 6.4. El sistema electoral establece que los comicios son exógenos, es decir, los gobiernos no pueden adelantar los comicios.

A la luz de los supuestos anteriores, se infiere que todos los políticos (o partidos) en el poder, independientemente de su signo ideológico, diseñan la política económica en función de la proximidad temporal de los comicios[3]. De este modo, articularán medi-

---

[1] Vid. W. Nordhaus (1975). «The political business cycle», pp. 169-190.
[2] Vid. D. MacRae (1977). «A political model of the business cycle», pp. 239-264.
[3] Véase figura 2. Suponemos una legislatura de cuatro años.

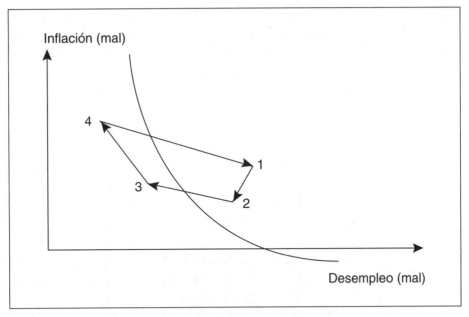

Figura 2. Dinámica del ciclo político de la economía.

das expansionistas antes de las elecciones[4], para pasar, a continuación, a aplicar una política estabilizadora, con el fin de corregir las consecuencias negativas de las medidas macroeconómicas aplicadas en el período preelectoral (incremento de los precios, aumento del gasto público, empeoramiento del saldo presupuestario...) [5]. A la luz de las conclusiones anteriores, podría pensarse que existe una gran similitud entre el ciclo ideológico racionalista y el oportunista, ya que ambos planteamientos predicen lo mismo: un auge económico inducido por motivos políticos al final de una legislatura socialdemócrata, y una recesión al inicio del siguiente mandato cuando los liberal-conservadores suceden en el gobierno a los socialdemócratas, ya que han de combatir los excesos inflacionistas de la política económica articulada durante el período preelec-

---

[4] Véase figura 2. El punto 3 refleja el período preelectoral, donde el gobierno inicia una política expansionista con el fin de reducir el desempleo en el momento en que se celebren los comicios (punto 4).

[5] Véase figura 2. El punto 1 refleja el primer año de legislatura, cuando el gobierno practica una política estabilizadora con el fin de reducir la inflación inducida por la política expansionista aplicada antes de los comicios (punto 3).

toral[6]. Sin embargo, si analizamos lo que sucede con el nivel de actividad y el desempleo durante toda la legislatura, apreciamos que existen diferencias significativas entre ambas teorías[7].

No podemos obviar que la teoría del ciclo político de la economía, al suponer que las elecciones son exógenas, predice que los objetivos e instrumentos de política económica siguen un comportamiento cíclico: a los bajos niveles de desempleo y las elevadas tasas de inflación de los períodos preelectorales, le suceden medidas tendentes a cambiar la coyuntura económica, una vez ganados los comicios[8]. Este ciclo politizado de la economía se repite de forma regular en cada legislatura, ya que los votantes son ingenuos, y cuando llega el momento de ejercer su derecho al voto, sólo recuerdan lo que ha ocurrido en el pasado más inmediato (retrospectivo).

Los ciclos políticos de la economía española que vamos a analizar son los correspondientes a las siete elecciones a Cortes Generales y al Senado celebradas hasta ahora: 15 de junio de 1977, 1 de marzo de 1979, 28 de octubre de 1982, 22 de junio de 1986, 29 de octubre de 1989, 6 de junio de 1993 y 3 de marzo de 1996. Tal y como reseñamos en el capítulo tercero, si nos centramos en el caso de la Cámara de los Diputados, apreciamos que en este período ha habido tres ciclos electorales diferenciados: *transición a la democracia* (1977-1979), *postransición y el cambio* (1982-1993) y la *consolidación democrática* (1996-).

Al igual que en el caso del ciclo ideológico, las variables objetivo que vamos a estudiar son: la estabilidad de precios y pleno empleo, además del crecimiento interanual del PIB, el saldo presupuestario en términos de PIB mensual y los tipos de interés oficial. De acuerdo con los postulados del ciclo político de la economía, los gobiernos practican una política económica expansiva antes de las elecciones, con el fin de mejorar el nivel de actividad y reducir de este modo el desempleo; no obstante, ello conllevará, como contrapartida, un aumento de la inflación. Para lograr estos objetivos, el ejecutivo incu-

---

[6] Vid. A. Alesina (1989). «Politics and business cycles in industrial democracies», pp. 54-98. Fue el caso de la primera legislatura de Reagan en Estados Unidos, que a partir de 1983 comenzó a recuperarse la economía después de la recesión que sufrió entre 1981 y 1982.

[7] Vid. A. Alesina (1989). «Politics and business cycles in industrial...», pp. 54-98. Tras contrastar la existencia de ciclos ideológicos racionalistas y políticos en los países más industrializados del mundo durante el período 1968-1986, concluye que los resultados económicos (nivel de actividad y desempleo) de los distintos gobiernos difieren.

[8] Véase figura 2.

rrirá en mayores déficits presupuestarios y procurará que los tipos de interés a corto plazo disminuyan. Tras los comicios, los nuevos mandatarios podrían aplicar una política económica restrictiva, con el fin de estabilizar los precios, aunque esto pueda provocar una disminución del nivel de actividad y un aumento del paro. Para ello, habrá de utilizar los instrumentos fiscales idóneos encaminados a mejorar el saldo presupuestario, al mismo tiempo que intenta enfriar la economía mediante el encarecimiento de los tipos de interés oficial.

Los estudios empíricos no certifican siempre las predicciones del ciclo político de la economía respecto al comportamiento de la inflación, los saldos presupuestarios y los tipos de interés; ni tampoco que estas macrovariables se alteren automáticamente en función del calendario electoral[9]. Es factible que el nivel de actividad económica, la inflación, los déficits presupuestarios y los tipos de interés sigan una secuencia anticíclica con respecto al ciclo electoral[10].

A diferencia del ciclo ideológico de la economía española durante la transición y la democracia, tan sólo proponemos un *índice oportunista* que se expresa en términos de desviación con respecto al promedio[11]:

$$I_O^X = T_{t=T}^X - T_L^X \qquad [6.1]^{12}$$

siendo:

I_O^X = El componente oportunista *(índice oportunista)* de la variable X[13].

$T_{t=T}^X$ = La tasa de variación (anual) media de X durante el año electoral T.

T_L^X = La tasa de variación (anual) media de X durante todo el mandato[14].

---

[9] Vid. A. Alesina (1988). *Macroeconomic and politics,* pp. 13-52; Ib. (1989). «Politics and business cycles in industrial...», pp. 54-98; y M. Paldam (1979). «Is there an electional cycle?».

[10] Es decir, que se alteren con cierto retraso o adelanto, respecto a las predicciones que realiza el ciclo político de la economía.

[11] Véase recuadro 6.1.

[12] Alesina defiende la tesis de que este tipo de índices es idóneo para medir el ciclo político del nivel de actividad económica y del desempleo.

[13] Las variables *X* consideradas en este apartado son: la variación interanual del IPC, la tasa de desempleo, la tasa de variación acumulada del PIB, el saldo presupuestario mensual en términos de PIB y el tipo medio de la subasta decenal del Banco de España.

[14] Tal y como reseñamos en el capítulo anterior, *L* representa la duración (períodos) de la legislatura.

RECUADRO 6.1

Índices y contrastes hipótesis del ciclo político de la economía

a) *Índices del ciclo político*

a.1) *Índice oportunista*

$$I_O^X = T_{t=T}^X - T_L^X$$

siendo:

I_O^X = El componente oportunista *(índice oportunista)* de las variables X[1].

$T_{t=T}^X$ = La tasa de variación (anual) media de X durante el año electoral T.

T_L^X = La tasa de variación (anual) media de X durante todo el mandato[2].

a.2) *Índice retrospectivo*

$$I_R^X = T_{t=T}^X - T_{t=T-1}^X$$

siendo:

I_R^X = El componente oportunista *(índice retrospectivo)* de las variables X.

$T_{t=T-1}^X$ = La tasa de variación (anual) media de X en el año preelectoral.

a.3) *Índice prospectivo*

$$I_P^X = T_{t=T}^X - T_{t=T+1}^X$$

siendo:

I_P^X = El componente oportunista *(índice prospectivo)* de las variables X.

$T_{t=T+1}^X$ = La tasa de variación (anual) media de X en el año postelectoral.

b) *Contrastes hipótesis del ciclo político*

— $I_O^{\text{PIB}} > 0 \rightarrow$ Ciclo oportunista del nivel de actividad.

— $I_O^{\text{IPC}} > 0 \rightarrow$ Ciclo oportunista del nivel de la inflación.

— $I_O^{\text{Desempleo}} < 0 \rightarrow$ Ciclo oportunista del nivel de la tasa de paro.

RECUADRO 6.1 *(continuación)*

— $I_O^{\text{Presupuesto}} < 0 \rightarrow$ Ciclo oportunista del saldo presupuestario en términos de PIB[3].

— $I_O^{\text{Interés}} < 0 \rightarrow$ Ciclo oportunista del nivel del tipo de interés.

— $I_R^{\text{PIB}} > 0$ e $I_P^{\text{PIB}} > 0 \rightarrow$ Ciclo corto oportunista a medio y largo plazo del nivel de actividad (votantes racionales)[4].

— $I_R^{\text{IPC}} > 0$ e $I_P^{\text{IPC}} > 0 \rightarrow$ Ciclo corto oportunista a medio y largo plazo de la inflación (votantes racionales).

— $I_R^{\text{Desempleo}} < 0$ e $I_P^{\text{Desempleo}} < 0 \rightarrow$ Ciclo corto oportunista a medio y largo plazo del desempleo (votantes racionales).

— $I_R^{\text{Presupuesto}} > 0$ e $I_P^{\text{Presupuesto}} < 0 \rightarrow$ Ciclo corto oportunista a medio y largo plazo del saldo presupuestario en términos de PIB (votantes racionales)[5].

— $I_R^{\text{Interés}} < 0$ e $I_P^{\text{Interés}} < 0 \rightarrow$ Ciclo corto oportunista a medio y largo plazo del tipo de interés (votantes racionales).

[1] Las variables X consideradas son la variación interanual del IPC, la tasa de desempleo, la tasa de variación acumulada del PIB, el saldo presupuestario mensual en términos de PIB y el tipo medio de la subasta decenal del Banco de España.
[2] L representa la duración (períodos) de la legislatura.
[3] Cuando se verifica esta hipótesis estamos ante el fenómeno de *ilusión presupuestaria*.
[4] Este situación es compatible con el fenómeno de la *ilusión presupuestaria* ($I_O^{\text{Presupuesto}} < 0$).
[5] Cuando $I_R^{\text{Presupuesto}} < 0$, independientemente del valor que tome $I_P^{\text{Presupuesto}}$, podemos afirmar que el gobierno está intentando generar entre los votantes ilusión presupuestaria, pues considera que son ingenuos.

FUENTE: Elaboración propia.

Alesina propuso un índice similar[15] para el caso de que las elecciones se celebraran entre el 1 de junio y el final de año; pero en el supuesto de que los comicios se convocasen antes de junio, el año electoral sería el inmediatamente anterior, de ahí que T abarque los

[15] Vid. A. Alesina (1989). «Politics and business cycles in industrial...», pp. 54-98.

períodos de tiempo[16] correspondientes al año preelectoral y electoral. Para solventar esta vicisitud, y dado que en nuestro caso los datos utilizados son mensuales y trimestrales, consideramos que la magnitud de *T* equivale al año electoral, contando desde el momento electoral hacia atrás.

La teoría del ciclo político de la economía predice que $I_O^X > 0$, cuando se analiza el componente oportunista del nivel de actividad económica y la inflación; por el contrario, $I_O^X < 0$ en los casos de la tasa de paro, el saldo presupuestario en términos de PIB y el tipo de interés.

A diferencia de los análisis empíricos del ciclo ideológico, los estudios de carácter oportunista no son tan concluyentes. Algunos trabajos evidencian que los gobiernos favorecen la recesión económica de la primera fase de la legislatura, generando un ambiente de euforia económica en la etapa preelectoral[17], mientras que otros estudios no confirman la existencia de un ciclo político de la economía[18]. Efectivamente, los trabajos pioneros concluyen que los gobiernos politizan el ciclo económico mediante la utilización de los instrumentos políticos que generan una situación económica favorable antes de las elecciones: elevada tasa de crecimiento económico, reducida inflación y disminución del nivel de desempleo. Para ello, optan por articular medidas macroeconómicas expansivas en el período preelectoral, ya que los votantes son ingenuos y no valoran las consecuencias posteriores de estas medidas[19].

En este sentido, Nordhaus[20] ha evidenciado que entre 1947 y 1972 hubo un ciclo político de la economía en Estados Unidos, Alemania y Nueva Zelanda; mientras que en Australia, Canadá, Japón y Reino Unido no se corrobora la tesis de la utilización oportunista de la política económica. En el Reino Unido, Alt[21] evidenció que no existe un ciclo político de la economía inducido por el

---

[16] En nuestro caso, consideramos los meses correspondientes al año preelectoral y electoral.

[17] Vid. W. D. Nordhaus (1975). «The political business...», pp. 169-190; y C. D. MacRae (1977). *Op. cit.,* pp. 239-264.

[18] Vid. A. Alesina (1989). «Politics and business cycles in industrial...», pp. 54-98.

[19] Tras las elecciones, suele disminuir el nivel de actividad económica, aumenta el desempleo, prosigue el fenómeno inflacionista y suben los impuestos, con el fin de controlar el saldo presupuestario...

[20] Vid. Ib.

[21] Vid. J. E. Alt (1985). «Political parties, world demand and unemployment: Domestic and international sources of economic activity», pp. 1016-1040.

gobierno, y que los votantes son bastantes racionales a la hora de adoptar una decisión electoral.

No debemos olvidar que existen grandes dificultades para contrastar la validez empírica de la teoría del ciclo político de la economía[22]. Para superarlas, Alesina[23] incorporó una serie de elementos que le permitieron inferir cómo la mayoría de los gobiernos de los países occidentales más industrializados[24] no politizaban el ciclo económico, sino que más bien lo ideologizaban, ya que se planteaban, como principal reclamo electoral, complacer las preferencias ideológicas de sus votantes más fieles.

Dadas las vicisitudes para poder contrastar la presencia de ciclos políticos de la economía, y las fuertes críticas que suscitan algunas de las hipótesis[25], hay quienes se cuestionaron si lo que realmente existe son unos *ciclos cortos de carácter oportunista a medio y largo plazo* en materia presupuestaria, y en menor medida en cuestiones de política monetaria; además, los defensores de este nuevo planteamiento suponen que los electores se forman expectativas racionales, es decir, no siempre poseen información imperfecta, tanto de la situación económica como de los objetivos últimos de los políticos (partidos) que concurren a los comicios.

b) El ciclo corto de carácter oportunista a medio y largo plazo (racional)

La pregunta que hemos de formularnos ahora es ¿cómo puede existir un ciclo con las características mencionadas, en el que se supone que los votantes no son racionales, ya que cuando votan solamente recuerdan la situación económica más próxima y olvidan el pasado más lejano? A partir de esta crítica han ido formulándose propuestas que han dado lugar a lo que se conoce como *teoría del ciclo corto de carácter oportunista, a medio y largo*

---

[22] Vid. A. Alesina (1989). «Politics and business cycles in industrial...», pp. 54-98; e Ib. (1989). *Comments and discussions to Nordhaus* (1989).

[23] Vid. A. Alesina (1989). «Politics and business cycles in industrial...», pp. 54-98.

[24] Los países analizados en este estudio fueron: Austria, Bélgica, Dinamarca, Finlandia, Francia, Alemania, Noruega, Suecia, Reino Unido y Estados Unidos.

[25] En particular la hipótesis 6.1.

plazo[26], que evidencia cómo los ciclos políticos tradicionales solamente son posibles si los electores no poseen información perfecta de la situación económica, de los objetivos de la política económica, o de la capacidad del gobierno para desarrollar las medidas adecuadas.

Este nuevo planteamiento del ciclo político de la economía supone, a diferencia del tradicional:

Hipótesis 6.1R. Los electores son racionales, ya que basan su decisión en los resultados económicos más recientes (período electoral) y en el pasado más lejano (período preelectoral). Optarán por el partido del gobierno si consideran que la coyuntura es favorable; o, por el contrario, castigarán a éste si juzgan que los resultados no son positivos.

Hipótesis 6.2R. Los políticos (partidos) del gobierno se enfrentan a una situación económica caracterizada por una curva de Phillips que incorpora las expectativas racionales.

Hipótesis 6.3R. Los políticos (o partidos) son oportunistas, ya que su principal objetivo es mantenerse en el poder. Por su parte, los votantes también maximizan su función de utilidad, optando por aquel político (o partido) que más les satisface.

La hipótesis 6.4 del ciclo oportunista se mantiene en este nuevo planteamiento racionalista.

Bajo estos supuestos, este nuevo planteamiento del ciclo político explica cómo los gobiernos, en períodos preelectorales, pueden utilizar la política presupuestaria para generar entre los votantes la *ilusión presupuestaria:* mejorando los servicios públicos, suministrando más cantidad de bienes públicos y otorgando ayudas direc-

---

[26] Vid. A. Alesina (1988). «Credibility and policy convergence in a two-party system with rational voters»; Ib. (1989). «Politics and business cycles in industrial...»; A. Cukierman y A. H. Meltzer (1986). «A positive theory of discretionary policy, the cost of democratic government, and the benefits of a constitution», pp. 367-388; B. T. McCallum (1978). «The political business cycle: an empirical test», pp. 504-515; y K. Rogoff (1987). «Equilibrium political budget cycles», pp. 1-16.

tas (infraestructuras, transferencias de renta...). Ello se traduce en un incremento del gasto público y, posiblemente, en un mayor déficit público.

Durante el período electoral, los votantes pueden formarse un juicio muy favorable de la eficacia del gobierno, que les conduce a formularse unas expectativas de prosperidad económica infundadas (irracionales), ya que tras la celebración de los comicios habrán de soportar los costes que genera la inadecuada actitud del gobierno durante el período preelectoral: pagando más impuestos, soportando una mayor inflación, sufriendo mayores niveles de desempleo... No obstante, los partidarios de este planteamiento racionalista defienden la tesis de que esta estrategia política no podrá mantenerse a medio y largo plazo, y tampoco podrá seguir una secuencia cíclica, dado que los electores, a la hora de decidir su voto, tendrán en cuenta las enseñanzas del pasado (medio y largo plazo), de modo que castigarán al partido del gobierno si aprecian que ha utilizado el presupuesto de un modo discrecional.

A la luz de todo lo anteriormente reseñado, se infiere que ambos enfoques de la teoría del ciclo oportunista (ingenua y racional) son compatibles en el corto plazo, excepto cuando se utilizan instrumentos fiscales con fines electoralistas[27]. La razón última que justifica esta similitud es que, en tan corto horizonte temporal, los electores no tienen información perfecta de las variables económicas, de los objetivos de política económica y de la capacidad del gobierno para realizar una acción eficaz; por el contrario, en el largo plazo, ambos planteamientos del ciclo oportunista de la economía divergen, máxime cuando las medidas económicas que articula el gobierno van encaminadas a alterar el nivel de producción y la tasa de desempleo, negándose así la virtualidad de un ciclo político como el descrito inicialmente por Nordhaus.

Para aproximarnos empíricamente a los ciclos políticos de carácter racionalista de la economía española durante la transición

---

[27] Es decir, los contrastes de hipótesis de los índices oportunistas (I_O^X) y retrospectivo (I_R^X) predicen lo mismo, excepto cuando X es el saldo presupuestario, ya que el fenómeno de la ilusión presupuestaria se presenta cuando los electores son ingenuos ($I_O^{\text{Presupuesto}} < 0$), y no cuando son racionales ($I_R^{\text{Presupuesto}} > 0$).

y la democracia, proponemos dos indicadores que se expresan en términos de desviación con respecto al promedio. El primero de ellos es un *índice retrospectivo*[28]:

$$I_R^X = T_{t=T}^X - T_{t=T-1}^X \qquad [6.2]$$

siendo:

I_R^X = El componente oportunista *(índice retrospectivo)* de las variables X[29].

$T_{t=T}^X$ = La tasa de variación (anual) media de X durante el año electoral T.

$T_{t=T-1}^X$ = La tasa de variación (anual) media de X en el año pre-electoral.

Si nos centramos en la cuestión fiscal, este índice retrospectivo nos va a permitir diagnosticar si el gobierno está intentando generar entre los votantes una *ilusión presupuestaria* ($I_R^X < 0$), ya que los consideran ingenuos. Por el contrario, si $I_R^X > 0$, concluiremos que el gobierno interpreta que es imposible generar ilusión presupuestaria durante el año electoral, y que no puede repetirse este fenómeno cíclicamente, dado que los votantes (racionales) no se dejan influir por esta utilización oportunista del presupuesto, ya que adoptan su decisión electoral en función de las enseñanzas del pasado (expectativas racionales), y reaccionan castigando electoralmente a los políticos (partidos) que apoyan la acción de este ejecutivo.

El segundo índice oportunista es claramente *prospectivo*[30]:

$$I_P^X = T_{t=T}^X - T_{t=T+1}^X \qquad [6.3]$$

---

[28] Véase recuadro 6.1.

[29] Las variables X consideradas en este apartado son: la variación interanual del IPC, la tasa de desempleo, la tasa de variación acumulada del PIB, el saldo presupuestario mensual en términos de PIB y el tipo medio de la subasta decenal del Banco de España.

[30] Véase recuadro 6.1.

siendo:

I_P^X = El componente oportunista *(índice prospectivo)* de las variables X[31].

$T_{t=T+1}^X$ = La tasa de variación (anual) media de X en el año postelectoral.

Si durante el período electoral los votantes se dejaron seducir por la *ilusión presupuestaria* ($I_R^{\text{Presupuesto}} < 0$), se formarían un juicio muy favorable de la eficacia del gobierno, de tal modo que ello les conducirá a formularse unas expectativas de prosperidad económica infundadas (irracionales), ya que, tras la celebración de los comicios, habrán de soportar los costes que genera la inadecuada actitud del gobierno durante el período electoral: drástico control presupuestario en el ejercicio siguiente a las elecciones ($I_P^{\text{Presupuesto}} < 0$). Si $I_P^{\text{Presupuesto}} > 0$ concluiremos que los gobiernos no pretenden controlar el déficit público tras la celebración de los comicios, con independencia de que $I_R^{\text{Presupuesto}}$ haya sido mayor, menor o igual a cero, pues entienden que los votantes son ingenuos y cuando se celebren la próximas elecciones no recordarán este hecho (expectativas adaptativas), y, por tanto, no se dejarán influir por esta maniobra política.

Alesina[32] ha analizado el ciclo presupuestario en Austria, Bélgica, Dinamarca, Finlandia, Francia, Alemania, Noruega, Suecia, Reino Unido y Estados Unidos durante el período 1972-1984, y concluye que en la mayoría de estos países se ha pretendido crear un ambiente de ilusión presupuestaria ($I_R^{\text{Presupuesto}} < 0$), ya que los gobiernos gastaron más en el ejercicio electoral, de ahí que los saldos presupuestarios fuesen muy negativos en ese período. No obstante, en todos los países mencionados de la OCDE $I_P^{\text{Presupuesto}}$ no fue negativo, dado que los gobiernos no se vieron obligados a practicar un control estricto del déficit público tras la celebración de los comicios. Estos ejecutivos interpretaron que los votantes eran ingenuos, y, por tanto, en futuras convocatorias electorales no recorda-

---

[31] Las variables X consideradas en este apartado son: la variación interanual del IPC, la tasa de desempleo, la tasa de variación acumulada del PIB, el saldo presupuestario mensual en términos de PIB y el tipo medio de la subasta decenal del Banco de España.

[32] Vid. A. Alesina (1989). «Politics and business cycles in industrial...», pp. 54-98.

rían esta maniobra política, de tal modo que su decisión final no se vería influenciada por este hecho.

En línea con lo anteriormente reseñado, Tufte[33] y Alesina[34] aportan pruebas que evidencian cómo en Estados Unidos se utilizaron las transferencias de renta personal con una finalidad oportunista. Por otra parte, Nordhaus[35] también ha evidenciado que bajo los mandatos de Kennedy y Johnson, los electores fueron ciertamente ingenuos en sus decisiones electorales; mientras que en los períodos de gobierno de Eisenhower y Nixon, los votantes manifestaron un mayor racionalismo en su elección. Por otra parte, Alt[36] corroboró que en el Reino Unido los votantes son bastantes racionales a la hora de adoptar una decisión electoral.

De todo lo anterior no debemos inferir que tan sólo existen ciclos políticos del saldo presupuestario, sino que también la teoría alumbra la posibilidad de que exista un componente oportunista en la evolución de la tasa de actividad de la economía. En ese caso, los pronósticos apuntan:

$$I_R^{\text{PIB}} > 0 \quad \text{e} \quad I_P^{\text{PIB}} > 0 \qquad [6.4]$$

A la hora de analizar los ciclos oportunistas del PIB en la transición y la democracia española hemos de tener en cuenta que en nuestro país, al igual que en la mayoría de los países industrializados, es muy difícil encontrar ciclos cortos de carácter oportunista (racionalistas)[37]. Lo más probable es que la actitud electoralista de los gobiernos se manifieste en torno al momento electoral y, por tanto, no se verifique la expresión [6.4].

Hay quienes plantean que no existe una utilización oportunista de la tasa de actividad de carácter racionalista[38]; por el contrario, hay otros que predicen pequeños *booms* durante el período preelectoral, aunque éstos son menos sistemáticos y de menor intensi-

---

[33] Vid. E. Tufte (1978). *Political control of the economy.*
[34] Vid. A. Alesina (1988). *Macroeconomic and...,* pp. 13-52.
[35] Vid. Ib.
[36] Vid. J. E. Alt (1985). «Political parties, world demand and unemployment: Domestic and interantional sources of economic activity», pp. 1016-1040.
[37] Vid. A. Alesina (1989). «Politics and business cycles in industrial...», pp. 54-98.
[38] Vid. K. Rogoff (1987). «Equilibrium political budget cycles»; K. Rogoff y A. Sibert (1988). «Equilibrium political business cycle», pp. 1-16.

dad y duración[39] que las previsiones que hacía Nordhaus[40] desde la perspectiva de la teoría ingenua del ciclo político de la economía.

En el caso del desempleo, sucede algo similar a lo reseñado para el nivel de actividad económica. No obstante, a la hora de analizar el ciclo político de carácter racional en esta materia, hemos de recordar que en nuestro país existe un nivel de paro estructural[41] considerable, que dificulta la presencia de ciclos cortos de carácter oportunista; en cualquier caso, la teoría oportunista predice:

$$I_R^{\text{Desempleo}} < 0 \quad \text{e} \quad I_P^{\text{Desempleo}} < 0 \qquad [6.5]$$

Nordhaus[42] evidenció que la evolución del desempleo en los Estados Unidos, durante el período 1954-1988, dependió más de la coyuntura electoral que de la componente partidista, de tal modo que el paro crecía más durante la primera mitad de la legislatura que en la segunda parte.

Respecto a la inflación, la teoría del ciclo político racionalista predice que es muy difícil que exista una utilización oportunista por parte de los ejecutivos a la hora de articular una política estabilizadora de los precios, ya que estamos ante uno de los problemas estructurales de la economía española, donde la inflación se está caracterizando por su persistencia a lo largo de estos veintidós años de transición y democracia. En cualquier caso, la teoría predice que existe un ciclo político de carácter racional de la inflación cuando:

$$I_R^{\text{IPC}} > 0 \quad \text{e} \quad I_P^{\text{IPC}} > 0 \qquad [6.6]$$

En el estudio empírico que se hizo de los países de la OCDE[43] durante el período 1960-1987 se concluye que hubo una utilización

---

[39] Vid. T. Persson y G. Tabellini (1990). *Macroeconomic policy, credibility and politics.*

[40] Vid. W. Nordhaus (1975). «The political business cycle», pp. 169-190.

[41] Vid. C. Martín (1997). *España en la nueva Europa;* O. Blancard y L. Summers (1986). «Hysteresis and the European unemployment problem». Incluido en S. Fisher (1986). *Macroeconomic Annual.*

[42] Vid. W. D. Nordhaus (1989). «Alternative models to political business cycles».

[43] Cf. A. Alesina; G. D. Cohen y N. Roubini (1993). «Electoral business cycle in industrial democracies».

sistemática, e incluso de mayor intensidad que en los casos de la producción y el desempleo, en la orientación de la política de control de precios. Por otra parte, evidencia que Japón es el único país de la región donde se aprecia un *ciclo oportunista pasivo:* la acción política del gobierno está orientada a mejorar las condiciones económicas, a medida que se aproxima el momento electoral; de igual modo que los comicios se anticipan cuando las perturbaciones exógenas generan un ambiente económico favorable.

No podemos finalizar este apartado sin reseñar que es muy factible que se genere un ciclo político del tipo de interés en torno al momento electoral, de tal modo que en ese caso:

$$I_R^{\text{Intereses}} < 0 \quad \text{e} \quad I_P^{\text{Intereses}} < 0 \qquad [6.7]$$

Los gobiernos practican una política monetaria expansiva en los meses previos a las elecciones, y, por tanto, los tipos de interés a corto plazo disminuyen, ya que es un instrumento eficaz para reactivar la economía. Tras los comicios, la teoría predice que la autoridad monetaria elevará los tipos de interés con el fin de frenar la inflación que aumentó en los meses previos a los comicios, aunque no podemos obviar que la magnitud de la intervención oportunista estará en función de quien gobierne tras las elecciones: liberal-conservadores o socialdemócratas.

Los análisis empíricos del ciclo oportunista de la política monetaria se fundamentan en la tasa de crecimiento de la masa monetaria, que, al igual que los tipos de interés, es una variable que controla directamente la autoridad monetaria. Alesina[44], Alesina, Cohen y Roubini[45], Hibbs[46] y Lindbeck[47] han evidenciado que existió un *comportamiento oportunista preelectoral de carácter antipartidista* en la orientación de la política monetaria de los presidentes Carter (1979-1980), Mitterrand (1983-1986) y, en menor medida, en los gobiernos de los países de la OCDE más

---

[44] Vid. A. Alesina (1989). «Politics and business cycles in industrial...», pp. 54-98.
[45] Vid. A. Alesina, G. Cohen y N. Roubini (1992*). Macroeconomic policy and elections in OECD democracies*, pp. 1-31; e Ib. (1993). *Electoral business cycle...*
[46] Vid. D. A. Hibbs (1987). *The political economy of industrial democracies.*
[47] Vid. A. Lindbeck (1976). «Stabilization policies in open economies with endogenous politicians», pp. 1-19.

industrializados durante el período 1958-1987. Aplicaban una política monetaria expansiva al comienzo de la legislatura con el fin de favorecer la expansión económica, aunque, como contra-partida, aumentaba la inflación. No obstante, en el año electoral practicaban medidas monetarias restrictivas para luchar contra la inflación. Con esta actitud oportunista, los ejecutivos pretendían atraer al votante medio, aun siendo consciente de que ello iba contra los postulados ideológicos de los partidos que respaldaban su gobierno.

La otra versión del comportamiento oportunista preelectoral de carácter antipartidista, la encontramos en la política monetaria expansiva que practicó Reagan (1983-1984) durante el período preelectoral, ya que necesitaba de una reactivación económica que le reportase votos.

6.3. EL CICLO POLÍTICO EN ESPAÑA

Tal y como hemos reseñado en el epígrafe segundo de este capítulo, en estos veintidós años de convivencia en libertad se han celebrado siete elecciones a Cortes Generales y al Senado: 15 de junio de 1977, 1 de marzo de 1979, 28 de octubre de 1982, 22 de junio de 1986, 29 de octubre de 1989, 6 de junio de 1993 y 3 de marzo de 1996.

Los comicios generales de 1977 se caracterizaron por la incertidumbre propia de un proceso electoral fundacional, al que concurrieron una gran variedad de candidaturas. Al final, tan sólo once formaciones políticas consiguieron representación parlamentaria, siendo la UCD el partido más votado, ya que consiguió el 35% de los votos[48]; ello le permitió formar gobierno, pero en minoría. Si bien es cierto que las elecciones generales de 1979 estuvieron dominadas por la incertidumbre, no podemos obviar que en este caso se presentaba una coalición que había gobernado en los últimos tres años, y que al menos partía con esa ventaja. En este sentido, los resultados confirmaron los pronósticos recogidos en las encuestas preelectorales, ya que la coalición liderada por Adolfo

---

[48] Véase cuadro 3.2.

Suárez aumentó su representación parlamentaria hasta los 168 diputados.

Con las elecciones generales de 1982 comenzó un nuevo ciclo electoral dominado por la hegemonía socialista. El panorama parlamentario cambió radicalmente, ya que el PSOE consiguió formar un gobierno mayoritario, dado que obtuvo 202 diputados[49]. Las elecciones de 1986 y 1989 se caracterizaron por la continuidad, si bien es cierto que el PSOE vio disminuir su grupo parlamentario, pero sin perder nunca la mayoría absoluta[50].

Las elecciones generales de 1993 fueron el inicio del tercer ciclo electoral de la transición y la democracia, ya que era la primera vez que el partido con mayor respaldo electoral necesitaba el apoyo parlamentario de las fuerzas políticas de ámbito nacionalista, al disponer de una mayoría relativa. Efectivamente, el PSOE ganó los comicios, pero sus 159 diputados[51] no eran suficientes para que Felipe González siguiera gobernando sin acuerdos con otros partidos. Necesitaba consensuar todas sus propuestas legislativas con CiU, ya que sus 17 diputados[52] le otorgaban un respaldo mayoritario. A la derecha del PSOE emergía el PP, que mereció la confianza del 35% de los votantes españoles en 1993, y que en las últimas elecciones celebradas en 1996 consiguió una mayoría relativa, que le está permitiendo gobernar mediante acuerdos de legislatura suscritos con tres fuerzas políticas de carácter nacionalista: CiU, PNV y CC.

Nuestro análisis del ciclo político de la transición y la democracia española no certifica que se haya orientado la política económica con una finalidad estrictamente electoralista[53], aunque tampoco podemos obviar que en el 10,52% de las oportunidades que se le han presentado a los distintos gobiernos para orientar su acción política con fines electorales, optaron por ello[54]. No obstante, si analizamos de forma desagregada las dos hipótesis del ciclo político de la economía española (oportunista y racional), la conclusión anterior varía sustancialmente: cuando se supone que

---

[49] Véase cuadro 3.2.

[50] Véase cuadro 3.2.

[51] Véase cuadro 3.2.

[52] Véase cuadro 3.2.

[53] En el cuadro 6.1 se aprecia que el 89,47% de los objetivos e instrumentos de política económica no se han utilizado con una finalidad electoral (oportunista y racional).

[54] Véase cuadro 6.1.

CUADRO 6.1

Los ciclos políticos de la transición y la democracia española

Hipótesis ciclo político	Índice/contraste hipótesis ciclo político	Elecciones generales						Total	
		1979-marzo	1982-oct.*	1986-junio	1989-octubre	1993-junio	1996-mar.*	Sí	No
	Índice oportunista de la inflación (%)	-4,38	-0,49	-2,30	0,48	-1,08	-0,20		
	¿Se confirma la hipótesis ciclo político inflación?	No	No	No	Sí	No	No	1	5
	Índice oportunista del desempleo (%)	0,35	3,28	1,38	-1,90	2,92	-0,69		
	¿Se confirma la hipótesis ciclo oportunista desempleo?	No	No	No	Sí	No	Sí	2	4
	Índice oportunista variacion del PIB (%)	0,71	0,99	2,19	-0,52	-2,70	1,17		
	¿Se confirma la hipótesis ciclo político variación del PIB?	Sí	Sí	Sí	No	No	Sí	4	2
Oportunista	Índice oportunista del saldo presupuestario (%)	–	–	0,55	1,31	-1,71	1,47		
	¿Se confirma la hipótesis ciclo político saldo presupuestario?	No	–	No	No	Sí	No	1	3
	Índice oportunista del tipo de interés (%)	5,59	1,82	-4,01	0,05	-0,57	0,34		
	¿Se confirma la hipótesis ciclo político tipos de interés?	No	No	Sí	No	Sí	No	2	4
	Confirmación hipótesis oportunista «sí»** **Rechazo hipótesis oportunista «no»****	1 (25%) 3 (75%)	1 (25%) 3 (75%)	2 (40%) 3 (60%)	2 (40%) 3 (60%)	2 (40%) 3 (60%)	2 (40%) 3 (60%)	10 (35,7%)	18 (64,3%)

CUADRO 6.1 (continuación)

Hipótesis ciclo político	Índice/contraste hipótesis ciclo político	Elecciones generales						Total	
		1979-marzo	1982-oct.*	1986-junio	1989-octubre	1993-junio	1996-mar.*	Sí	No
	¿Se confirma la hipótesis ciclo político racional inflación?	No	–	No	No	No	–	0	4
	¿Se confirma la hipótesis ciclo político racional desempleo?	No	–	No	No	No	–	0	4
	¿Se confirma la hipótesis ciclo político racional variación del PIB?	Sí	–	No	No	No	–	1	3
Ciclo político racional***	¿Se confirma la hipótesis ciclo político racional saldo presupuestario?	–	–	Sí	Sí	No	–	2	1
	¿Se confirma la hipótesis ciclo político racional tipos de interés?	No	–	Sí	No	No	–	1	3
	Confirmación hipótesis ciclo racional «sí»**	1 (25%)	–	2 (40%)	1 (20%)	0 (0%)	–	4 (21,05%)	
	Rechazo hipótesis ciclo racional «no»**	3 (75%)	–	3 (60%)	4 (80%)	5 (100%)	–		5 (78,94%)
Total****	**Confirmación hipótesis ciclo político «sí»****	1 (25%)	–	1 (20%)	0 (0%)	0 (0%)	–	2 (10,52%)	
	Rechazo hipótesis ciclo político «no»**	3 (75%)	–	4 (80%)	5 (100%)	5 (100%)	–		17 (89,4%)

* En las elecciones generales de 1982 y 1996 no se realizaron los contrastes de hipótesis del ciclo político racional-prospectivo, dado que estos comicios provocaron el cambio de gobierno: en los primeros, el PSOE sucedió a la UCD, mientras que, tras la última convocatoria, el PP reemplazó al PSOE.

** Entre paréntesis aparece en tantos por ciento el número de veces que se confirma y/o rechaza la hipótesis.

*** Se confirma que hay un ciclo político racional cuando se verifica la hipótesis del ciclo político racional-retrospectivo y prospectivo.

**** El total refleja en cuántas variables e instrumentos de política económica se verifica o no la presencia de un ciclo político ingenuo y racional simultáneamente.

FUENTE: Elaboración propia.

los electores son ingenuos, apreciamos que los distintos ejecutivos orientaron tan sólo el 35,7% de los objetivos e instrumentos de política económica con una finalidad oportunista[55].

Si analizamos el ciclo político racional de la economía española durante la transición y la democracia, las conclusiones difieren respecto al caso del ciclo oportunista, ya que tan sólo en cuatro ocasiones los gobiernos han orientado la política económica pensando que los electores no son ingenuos: el crecimiento económico en las elecciones de 1979, el tipo de interés y saldo presupuestario en los comicios de 1986, y el déficit público en las elecciones de 1989[56]. Si examinamos los dos componentes del ciclo político racional, concluimos que tan sólo se utilizó el 39,3% de los objetivos e instrumentos de política económica desde una perspectiva retrospectiva, mientras que, desde la óptica prospectiva, este ratio asciende hasta el 63,15%[57]. A la luz de las afirmaciones anteriores, se concluye que los gobiernos de la democracia han favorecido un ciclo político de la economía española con cierta relatividad, evidenciaron ser oportunistas y en pocas ocasiones pensaron que los electores eran racionales.

El estudio longitudinal del ciclo político de la democracia evidencia que la tasa de crecimiento económico ha sido la variable que más se ha utilizado con fines oportunistas. Con base en los contrastes del ciclo político ingenuo, apreciamos que en las elecciones generales de 1979, 1982, 1986 y 1996[58] se orientó este objetivo de política económica con una intención electoral; desde la perspectiva racional retrospectiva, también se instrumentalizó en los comicios mencionados anteriormente[59]; y con un carácter prospectivo, en las convocatorias de 1979, 1989 y 1993[60]. En segundo término, encontramos que el desempleo fue otro objetivo que se orientó con una finalidad oportunista, ya que tanto desde una óptica estrictamente ingenua como racional retrospectiva, se utilizó en las elecciones generales de 1989 y 1996[61]; por

---

[55] Véase cuadro 6.1.
[56] Véase cuadro 6.1.
[57] Véase cuadro 6.2.
[58] Véase cuadro 6.1.
[59] Véase cuadro 6.1.
[60] Véase cuadro 6.2.
[61] Véanse cuadros 6.1 y 6.2.

CUADRO 6.2

Los ciclos políticos de la transición y la democracia española

Hipótesis ciclo político racional	Índice/contraste hipótesis ciclo político racional	Elecciones generales						Total	
		1979-marzo	1982-oct.*	1986-junio	1989-octubre	1993-junio	1996-mar.*	Sí	No
Ciclo político racional: restropectivo	Índice oportunista racional de la inflación (retrospectivo) (%)	−1,22	−0,16	−1,97	1,87	−1,18	−0,27		
	¿Se confirma la hipótesis ciclo político (retrospectivo) inflación?	No	No	No	Sí	No	No	1	5
	Índice oportunista racional del desempleo (retrospectivo) (%)	3,04	2,25	0,30	−2,21	3,47	−1,12		
	¿Se confirma la hipótesis ciclo oportunista (retrospectivo) desempleo?	No	No	No	Sí	No	Sí	2	4
	Índice oportunista racional en variación PIB (retrospectivo) (%)	1,92	2,86	4,25	−0,72	−2,84	0,49		
	¿Se confirma la hipótesis ciclo político (retrospectivo) variación del PIB?	Sí	Sí	Sí	No	No	Sí	4	2
	Índice oportunista racional del saldo presupuestario (retrospectivo) (%)	–	–	1,15	0,61	−1,98	1,33		
	¿Se confirma la hipótesis ciclo político (retrospectivo) saldo presupuestario?	–	–	Sí	Sí	No	Sí	3	1
	Índice oportunista racional del tipo de interés (retrospectivo) (%)	16,76	0,78	−1,20	1,63	0,32	1,34		
	¿Se confirma la hipótesis ciclo político (retrospectivo) tipos de interés?	No	No	Sí	No	No	No	1	5
	Confirmación hipótesis racional-retrospectivo «sí» Rechazo hipótesis racional-retrospectivo «no»**	1 (25%) 3 (75%)	1 (25%) 3 (75%)	3 (60%) 2 (40%)	3 (60%) 2 (40%)	0 (0%) 5 (100%)	3 (60%) 2 (40%)	11 (39,28%) 17 (60,72%)	

CUADRO 6.2 *(continuación)*

Hipótesis ciclo político racional	Índice/contraste hipótesis ciclo político racional	1979-marzo	1982-oct.*	1986-junio	1989-octubre	1993-junio	1996-mar.*	Total Sí	Total No
Ciclo político racional: prospectivo	Índice oportunista racional de la inflación (prospectivo) (%)	2,48	—	0,85	-0,27	0,13	—		
	¿Se confirma la hipótesis ciclo político (prospectivo) inflación?	Sí	—	Sí	No	Sí	—	3	1
	Índice oportunista racional del desempleo (prospectivo) (%)	-1,86	—	0,61	1,17	-3,34	—		
	¿Se confirma la hipótesis ciclo oportunista (prospectivo) desempleo?	Sí	—	No	No	Sí	—	2	2
	Índice oportunista racional en variación PIB (prospectivo) (%)	1,47	—	-1,44	0,78	0,29	—		
	¿Se confirma la hipótesis ciclo político (prospectivo) variación del PIB?	Sí	—	No	Sí	Sí	—	3	1
	Índice oportunista racional del saldo presupuestario (prospectivo) (%)	—	—	-1,77	-1,17	3,76	—		
	¿Se confirma la hipótesis ciclo político (prospectivo) saldo presupuestario?	—	—	Sí	Sí	No	—	2	1
	Índice oportunista racional del tipo de interés (prospectivo) (%)	9,40	—	-2,22	-0,97	3,81	—		
	¿Se confirma la hipótesis ciclo político (prospectivo) tipos de interés?	No	—	Sí	Sí	No	—	2	2
	Confirmación hipótesis racional-prospectivo «sí»*	3 (75%)	—	3 (60%)	3 (60%)	3 (60%)	—	12 (63,15%)	
	Rechazo hipótesis racional-prospectivo «no»*	1 (25%)	—	2 (40%)	2 (40%)	2 (40%)	—		7 (36,84%)

* En las elecciones generales de 1982 y 1996 no se realizaron los contrastes de hipótesis del ciclo político racional-prospectivo, dado que estos comicios provocaron el cambio de gobierno: en los primeros, el PSOE sucedió a la UCD, mientras que tras la última convocatoria el PP reemplazó al PSOE.

** Entre paréntesis aparece en tantos por ciento el número de veces que se confirma y/o rechaza la hipótesis.

FUENTE: Elaboración propia.

el contrario, desde una perspectiva racional prospectiva, se manejó con fines electoralistas en los comicios de 1979 y 1993[62]. El resto de los objetivos e instrumentos de política económica (inflación, déficit presupuestario y tipos de interés) también fueron objeto de manipulación política en algunas elecciones generales, pero sin alcanzar los niveles de las variables crecimiento económico y desempleo[63].

No podemos finalizar esta evaluación general del ciclo político de la economía española, sin reseñar que los gobiernos del PSOE utilizaron más veces, y en mayor magnitud, la política económica con fines electoralistas. Mientras que los ejecutivos de la UCD orientaron el 25% de sus medidas con una intencionalidad oportunista en los comicios de 1979 y 1982[64], los gobiernos de Felipe González manipularon el 40% de su política económica con una finalidad electoralista en las elecciones generales de 1986, 1989, 1993 y 1996[65].

Desde la perspectiva del ciclo político racional retrospectivo, los ejecutivos del PSOE también hicieron una utilización electoralista de la política económica que superó a la realizada por los ejecutivos de la UCD en las elecciones de 1979 y 1982[66]. Por el contrario, desde la óptica prospectiva, los gobiernos socialistas fueron menos electoralistas que los centristas, aunque la diferencia fue mínima, ya que en los comicios de 1979 Adolfo Suárez utilizó el 75% de los objetivos e instrumentos de política económica con una finalidad racional prospectiva, mientras que en el caso de Felipe González este ratio desciende hasta el 60% en las convocatorias electorales de 1986, 1989 y 1993[67]. No podemos finalizar este análisis del ciclo político racional, sin subrayar el castigo que los electores otorgaron a la UCD en 1982 y al PSOE en 1996, penalizando la actitud electoralista de carácter cíclico de los gobiernos de ambos partidos, que utilizaron la política económica de un modo discrecional.

---

[62] Véase cuadro 6.2.
[63] Véanse cuadros 6.1 y 6.2.
[64] Véase cuadro 6.1.
[65] Véase cuadro 6.1.
[66] Véase cuadro 6.2.
[67] Véase cuadro 6.2.

a) **Las elecciones generales de 1979**

Si analizamos el *índice oportunista* de la tasa de crecimiento en las elecciones generales celebradas el 1 de marzo de 1979, apreciamos que Adolfo Suárez indujo una reactivación económica durante el año electoral, con el fin de rentabilizar este éxito económico en los comicios que se iban a celebrar en 1979. Sin embargo, un estudio más exhaustivo de la situación nos permite afirmar que este incremento (interanual) medio del PIB trimestral[68] durante el ejercicio electoral no vino marcado por la política monetaria, ni tampoco por la instrumentalización de otras medidas expansivas, ya que la orientación de su política económica fue claramente estabilizadora. Quizá, el aumento del gasto y el déficit presupuestario en este año electoral favoreció el ciclo oportunista del crecimiento.

Esta actitud política contribuyó a que la inflación (interanual) media durante el período electoral fuese un 4,38% inferior a la del conjunto de la legislatura[69]; por el contrario, la tasa media de desempleo aumentó un 0,35%[70] y los tipos de interés a corto plazo fueron 5,59 puntos superiores[71]. Las medidas para controlar los salarios, plasmadas en los Pactos de la Moncloa, y la pretensión de mantener estabilizados los costes salariales, recogida en el Real Decreto de 1978, no consiguieron una reducción drástica de los salarios; más bien, favorecieron la inflación y el paro durante el período electoral. Por otra parte, la política monetaria que practicaba el Banco de España en este período consiguió estabilizar el crecimiento de la M3 dentro de las bandas de fluctuación previstas, pero, paralelamente, los tipos de intervención que practicaba la autoridad monetaria aumentaban con el fin de frenar la inflación.

Si analizamos los ciclos cortos de carácter oportunista a medio y largo plazo, concluimos que en las elecciones generales de 1979 Adolfo Suárez favoreció la reactivación económica, ya que la tasa de variación (interanual) media del PIB en los años pre y postelectoral fue un 1,92% y un 1,47% superior, si se compara con el ejer-

---

[68] En el cuadro 6.1 se observa que la tasa de variación (interanual) media del PIB durante el año electoral fue un 0,71% superior en relación a la del conjunto de la legislatura.

[69] Véase cuadro 6.1.

[70] Véase cuadro 6.1.

[71] Véase cuadro 6.1.

cicio electoral[72]. Además, esto sucedió en un ambiente dominado por la política monetaria restrictiva, ya que en los dos años previos a las elecciones, como en el ejercicio postelectoral, el tipo de interés a corto plazo fue muy superior, si se compara con el practicado en el año electoral[73]. Como reseñamos en el capítulo 2, el objetivo prioritario de la política monetaria era controlar la inflación, una vez que la última devaluación había acontecido en 1977, y el ambiente político experimentó un extraordinario progreso tras la firma de los Pactos de la Moncloa; de ahí que la tasa de variación (interanual) media del IPC descendiese en torno a las elecciones generales de 1979: la tasa de inflación fue un 1,22% inferior durante el año electoral, si se compara con el ejercicio anterior[74], y un 2,48% superior, respecto al año postelectoral[75]. A la luz de todo lo reseñado anteriormente, se infiere que el gobierno de Adolfo Suárez no favoreció ciclos cortos en materia de inflación, tal y como corroboran los contrastes del ciclo político de carácter racional. Quizá pudo haber alguna intención electoralista si nos atenemos al índice prospectivo, pero esta presunción no se confirma cuando analizamos el índice retrospectivo[76].

Algo similar sucedió con el objetivo de empleo, ya que el contraste del ciclo oportunista de carácter racional prospectivo confirma que pudo haber una actitud electoralista en Adolfo Suárez, ya que la tasa media de desempleo del período postelectoral fue un 1,86% superior a la del ejercicio electoral[77]. Sin embargo, de nuevo el índice retrospectivo certifica que no existió una intención electoralista en la política de empleo aplicada por el ejecutivo de la UCD, dado que la tasa de paro fue un 3,04% superior en el año electoral, si se compara con la del ejercicio preelectoral[78]. Las medidas para controlar los salarios, plasmadas en los Pactos de la Moncloa, y la pretensión de estabilizar los costes salariales, recogidas en el Real Decreto de 1978, no consiguieron una reducción drástica de los sala-

---

[72] Véase cuadro 6.2.

[73] En el cuadro 6.2 se aprecia que el tipo de interés a corto plazo del año preelectoral fue un 16,76% superior, si se compara con el ejercicio electoral, mientras que, tras los comicios, ese diferencial descendió hasta el 9,4%.

[74] Véase cuadro 6.2.

[75] Véase cuadro 6.2.

[76] Véase cuadro 6.2.

[77] Véase cuadro 6.2.

[78] Véase cuadro 6.2.

rios; por el contrario, favorecieron la inflación y el paro durante el período electoral. Tampoco el Real Decreto-Ley de agosto de 1979, que aprobaba un aumento salarial para el segundo semestre del año, favoreció la creación de empleo; más bien, la desaceleración que se produjo en la evolución del desempleo durante el ejercicio postelectoral, se debió a la tímida reactivación que registró la economía española a partir del segundo trimestre de 1979, como consecuencia de la mejoría que experimentó la inversión privada y la recuperación del saldo neto con el exterior.

b) Las elecciones generales de 1982

Si analizamos el ciclo oportunista del crecimiento económico, concluimos que el gobierno de Calvo Sotelo mantuvo una actitud electoralista, ya que favoreció la reactivación económica durante el año electoral, practicando una política presupuestaria claramente expansiva. Podría pensarse que el descontrol del déficit público en los meses previos a las elecciones de octubre de 1982, se planteó como una estrategia política tendente a expandir la economía española, ya que el gobierno de la UCD necesitaba mejorar sus malas expectativas electorales; sin embargo, no es menos cierto que esta reactivación estuvo marcada por la recuperación de las exportaciones en el segundo trimestre de 1981 y la reanimación de la inversión privada a mediados de 1982. A la luz de todo lo anteriormente reseñado, podemos afirmar que la actitud oportunista del gobierno de Leopoldo Calvo Sotelo contribuyó a que el aumento (interanual) medio del nivel de actividad económica durante el año electoral fuese un 0,99% superior, si se compara con el crecimiento registrado durante el año preelectoral[79], y todo ello sucedió además en un ambiente caracterizado por el control monetario.

Aun a pesar del escaso margen que dejaba este aumento insostenible del déficit público a la política monetaria para estabilizar los precios, la inflación se aceleró a un ritmo menor durante el año electoral[80], debido fundamentalmente al incremento que registra-

---

[79] Véase cuadro 6.1.

[80] En el cuadro 6.1 se aprecia que la tasa de inflación media durante el año electoral fue un 0,49% inferior con relación al conjunto de la legislatura.

ron los tipos de interés a corto plazo, que fue un 1,82% superior al del conjunto de la legislatura[81]. Si la política monetaria neutralizaba parte del ciclo oportunista del crecimiento económico y presupuestario, las medidas aplicadas para mejorar la situación laboral tampoco favorecieron las pretensiones electoralistas de Calvo Sotelo. El Acuerdo Nacional sobre el Empleo de junio de 1981, que se diseñó con el fin de favorecer la creación de empleo, ya que se iniciaba el largo camino de las reformas estructurales, no impidió que la tasa media de desempleo fuese un 3,28% superior durante el año electoral, si se compara con el conjunto de la legislatura[82].

Si en el caso de las elecciones generales de 1979 apreciábamos que Adolfo Suárez pudo favorecer la presencia de un ciclo oportunista racional del crecimiento económico a medio plazo, en los comicios de 1982 no sucedió lo mismo, ya que era imposible la presencia de un ciclo corto de carácter oportunista prospectivo, dado que estas elecciones cerraban el ciclo de la UCD, caracterizado por la incertidumbre, y comenzaba así una nueva etapa que se distinguió por la hegemonía del PSOE.

Con independencia de la actitud política adoptada por el primer gobierno socialista, no podemos olvidar que los contrastes realizados certifican que el gobierno de la UCD favoreció un ciclo racional de carácter retrospectivo, confirmándose, así, que los últimos ejecutivos centristas mantuvieron una actitud electoralista en la orientación del objetivo crecimiento económico, ya que la tasa de variación (interanual) media del PIB durante el año preelectoral fue un 2,86% inferior con respecto al período electoral[83].

Tal y como sucedía cuando analizábamos el ciclo oportunista del crecimiento económico, los contrastes de hipótesis del ciclo retrospectivo de la política monetaria nos hace pensar que los gobiernos de la UCD mantuvieron una actitud electoralista, ya que la política monetaria articulada en el año preelectoral fue claramente restrictiva, dado que su principal objetivo era controlar la inflación, de ahí que los tipos de interés a corto plazo del año electoral fuesen un 0,78% superior, si se comparan con los del ejercicio anterior[84]. Tampoco los contrastes del ciclo racional de la infla-

---

[81] Véase cuadro 6.1.
[82] Véase cuadro 6.1.
[83] Véase cuadro 6.2.
[84] Véase cuadro 6.2.

ción confirman que los últimos ejecutivos de la UCD orientaran este objetivo con una finalidad electoralista, ya que la tasa de variación (interanual) media del IPC fue un 0,86% superior en el año preelectoral con respecto al período electoral[85]. A la luz de todo lo reseñado, se infiere que la UCD no practicó una política económica inflacionista durante el año electoral.

Tras las elecciones, con la llegada de los socialistas al poder, la inflación se estabilizó, aumentando durante el ejercicio postelectoral a un ritmo relativamente menor. En materia de desempleo sucedió algo muy similar, ya que los últimos ejecutivos de la UCD no aplicaron una política económica tendente a favorecer la creación de empleo antes de los comicios de octubre de 1982. Tal y como reseñamos en el capítulo 2, el Acuerdo Nacional sobre el Empleo de junio de 1981 no impidió que la tasa de desempleo media fuese un 2,25% superior durante el año electoral, si se compara con la del ejercicio preelectoral[86]. Tras las elecciones, con la llegada del PSOE al poder, la tasa de paro siguió aumentando a un ritmo relativamente mayor. Ello refleja el fracaso de las primeras medidas de la política de saneamiento económico practicada a partir de 1983, que en ningún momento evidenció ninguna capacidad para crear empleo. El Acuerdo Interconfederal de 1983 colaboró a frenar relativamente el crecimiento de las remuneraciones del trabajo, pero no pudo impedir que las empresas dedicaran sus excedentes a mejorar la inversión.

c) Las elecciones generales de 1986

A diferencia de lo sucedido en la etapa de la UCD, en estos primeros comicios generales que se celebraron bajo el mandato de Felipe González constatamos que, tanto el crecimiento económico como el tipo de interés, se utilizaron con fines oportunistas. A partir de 1986 el objetivo de crecimiento de los ALP, como instrumento de control monetario, comenzó a interpretarse con cierta flexibilidad, ya que las desviaciones con respecto a la banda de fluctuación superaron las previsiones. En este contexto se entiende por qué el Banco de

---

[85] Véase cuadro 6.2.
[86] Véase cuadro 6.2.

España utilizó los tipos de intervención con el fin de favorecer la expansión de la inversión privada, ya que el tipo medio practicado por la autoridad monetaria durante el año electoral fue un 4,01% inferior, si se compara con el conjunto del mandato[87]. Esta actitud expansionista de la autoridad monetaria se reflejó también en la política económica articulada por el gobierno, ya que la tasa de crecimiento (interanual) media del PIB durante el año electoral fue un 2,19% superior a la del conjunto de los trece años de gobierno socialista[88]. Esta fuerte recuperación económica estuvo marcada por el extraordinario dinamismo que evidenció la demanda interna y, muy especialmente, el consumo y la inversión privada. De los contrastes de hipótesis realizados, se infiere que detrás de esta actitud política pudo haber una intencionalidad oportunista, ya que la inflación estaba estabilizada, y ello le otorgaba al ejecutivo socialista un gran margen de maniobra para practicar una política monetaria expansiva con el fin de favorecer el crecimiento económico antes de las elecciones legislativas de 1986.

Es evidente que el control de los precios durante el año electoral estuvo marcado por el control presupuestario, ya que el déficit (interanual) medio en el ejercicio electoral fue un 0,55% inferior, si se compara con el conjunto del mandato[89]. En cualquier caso, aunque el *índice oportunista* del saldo presupuestario indique que Felipe González no utilizó la política presupuestaria con fines electoralistas, es cierto que ello le otorgaba al gobierno y a la autoridad monetaria un margen de maniobra para orientar el objetivo de crecimiento económico y la política monetaria con fines oportunistas.

Esta actitud del ejecutivo socialista no se reflejó en el empleo, ya que aún perduraban los efectos de la Ley 32/1984, de 2 de agosto de 1984, que se planteaba la flexibilización del mercado de trabajo, intentando adaptar el marco institucional español a la situación de crisis económica de ese momento. Las consecuencias se apreciaron inmediatamente, ya que en 1985 no hubo acuerdo social, pero el desempleo alcanzó un máximo histórico: de cada 100 personas en edad activa, veinte estaban desempleadas. Nadie discute que el primer objetivo del gobierno era crear empleo, tal y

---

[87] Véase cuadro 6.1.
[88] Véase cuadro 6.1.
[89] Véase cuadro 6.1.

como se plasmaba en el Acuerdo Económico y Social 1985/1986, y para ello se planteaban dinamizar la economía, mantener la inflación dentro de unos parámetros adecuados, reducir el déficit público y desarrollar una política de rentas que fuese capaz de mantener un nivel idóneo de demanda interna. Sin embargo, la realidad evidenció que la tasa de paro del período electoral fue un 1,38% superior con respecto a la del conjunto del mandato[90].

Las elecciones generales de 1986 fueron la primera convocatoria electoral en la que se aprecia la presencia de un ciclo político racional en la instrumentalización del tipo de interés a medio plazo y en la orientación de la política presupuestaria. Los contrastes del *índice oportunista racional,* tanto retrospectivo como prospectivo, evidencian que el Banco de España practicó unos tipos de intervención en el año electoral relativamente inferiores a los aplicados en el año pre y postelectoral: un 1,20 y 2,22%, respectivamente[91]. Tal y como reseñamos anteriormente, la reducción de los tipos en el período electoral, con respecto al año anterior, estuvo motivada por las pretensiones expansionistas del ejecutivo socialista, que pretendía dinamizar la economía reanimando la demanda interna y, muy especialmente, el consumo y la inversión privada.

El arduo camino de consolidación del gasto público que inició la hacienda pública española tras nuestro ingreso en la CEE, facilitó el control presupuestario durante el período electoral; y ello explica por qué los contrastes del ciclo racional confirman que el ejecutivo de Felipe González utilizó este instrumento de política económica con fines electoralistas. Un análisis exhaustivo y riguroso de la realidad demuestra que el control del déficit en el año electoral vino motivado por cuestiones estrictamente económicas, que se derivaban de la política de consolidación presupuestaria iniciada por el ejecutivo socialista tras nuestro ingreso en la Comunidad Europea, de ahí que el déficit público (medio) del período electoral fuese un 1,15% inferior al preelectoral y un 1,77% superior al postelectoral[92].

Tras nuestra adhesión a la CEE, el tipo de cambio fue ganando protagonismo como mecanismo de control dentro de la política monetaria, limitándose, así, la autonomía del Banco de España a la

---

[90] Véase cuadro 6.1.
[91] Véase cuadro 6.1.
[92] Véase cuadro 6.2.

hora de instrumentalizar la política monetaria. Todo ello contribuyó a que nuestro país registrase tasas de inflación ciertamente superiores a las experimentadas por los países centrales de la Comunidad, de ahí que la autoridad monetaria se viese obligada a practicar tipos de interés más elevados que nuestros vecinos comunitarios. A la luz de todo lo reseñado, se infiere que el Banco de España utilizó los tipos de interés para favorecer la expansión económica en los meses previos a las elecciones generales del 22 de junio de 1996; pero una vez celebradas éstas, la autoridad monetaria elevó los tipos de intervención para controlar la inflación, dado que ésta era superior a la comunitaria.

Es evidente que la reducción de los tipos de interés durante el período electoral contribuyó a que la tasa de actividad (interanual) media fuese un 4,25% superior en relación a la registrada en el período preelectoral[93], de ahí que el contraste de hipótesis del ciclo oportunista retrospectivo concluya que el ejecutivo socialista pudo favorecer la expansión por motivos electorales. Sin embargo, en el año postelectoral la economía española creció a una tasa que fue un 1,44% superior, si se compara con la del período electoral[94]. En gran medida, el mayor dinamismo que evidenció nuestro país, respecto a los vecinos comunitarios, se debió al fuerte ritmo de crecimiento que evidenció la demanda interna, que aumentó a una tasa del 7%.

El control presupuestario en el período electoral facilitó la estabilización de la inflación, ya que en los meses previos a las elecciones la tasa (interanual) media de crecimiento de los precios fue un 1,97% inferior, si se compara con la del período preelectoral[95]. Sin embargo, la política presupuestaria articulada por el gobierno socialista en el año electoral, conjuntamente con la política monetaria practicada por el Banco de España en este período, explican por qué el contraste del ciclo racional de carácter prospectivo evidencia que el ejecutivo de Felipe González pudo verse tentado a instrumentalizar la lucha contra la inflación con fines electoralistas[96]. Tras nuestra adhesión a la CEE, el Banco de España tuvo que

---

[93] Véase cuadro 6.2.
[94] Véase cuadro 6.2.
[95] Véase cuadro 6.2.
[96] Véase cuadro 6.2.

elevar los tipos de intervención con el fin de controlar la inflación, ya que nuestro país registraba tasas superiores a la de nuestros vecinos comunitarios. Ello facilitó que el aumento (interanual) medio de los precios en el ejercicio postelectoral fuese un 0,85% inferior al del período electoral[97].

Tal y como hemos reseñado en el párrafo anterior, la estabilización de los precios durante el año electoral también fue posible gracias a la política presupuestaria articulada por el gobierno socialista, que se caracterizó por el control del déficit presupuestario, ya que este fue ciertamente inferior al del período preelectoral[98].

No podemos finalizar este análisis del *ciclo racional* de las elecciones generales de 1986, sin reseñar que en la política de empleo del gobierno socialista no se aprecia ninguna intencionalidad oportunista. Efectivamente, la tasa de paro del año electoral fue un 0,30% superior, si se compara con la del período preelectoral[99], dado que aún perduraban los efectos nocivos de la Ley 32/1984, de 2 de agosto de 1984, y en 1985 no hubo acuerdo social. A la luz de todo lo anterior, se explica por qué el desempleo alcanzó la cota del 20% en 1985; por otra parte, los efectos positivos del Acuerdo Económico y Social 1985/1986, se apreciaron tras las elecciones, ya que la tasa de desempleo durante el ejercicio postelectoral fue un 0,61% inferior, si se compara con el período electoral[100]. La contención, tanto de la remuneración laboral como de los costes del trabajo, contribuyó a que la situación laboral mejorase relativamente tras la celebración de los comicios de 1986.

d) Las elecciones generales de 1989

Tal y como sucedía en el caso de las elecciones generales de 1986, en los comicios del 29 de octubre de 1989 hay dos indicadores que evidencian la posibilidad de que Felipe González utilizase la política económica con fines oportunistas. Ya reseñamos en el epígrafe anterior que el Acuerdo Económico y Social 1985/1986

---

[97] Véase cuadro 6.2.

[98] En el cuadro 6.2 se observa que el saldo presupuestario negativo del año electoral fue un 1,15% inferior, si se compara con el del período preelectoral.

[99] Véase cuadro 6.2.

[100] Véase cuadro 6.2.

fue el final de una etapa caracterizada por la negociación social; pero los resultados negativos en materia de creación de empleo, unido a los desencuentros políticos suscitados por las medidas flexibilizadoras contempladas en esta ley, contribuyeron a que se iniciase una nueva fase caracterizada por la inexistencia de pactos sociales entre empresarios, sindicatos y gobierno. Esta nueva situación contribuyó a que la tasa de desempleo media de este año electoral fuese un 1,90% inferior, si se compara con la del conjunto del mandato socialista[101].

Al igual que en la orientación de la política de empleo, los contrastes del ciclo oportunista en el control de precios evidencian que también pudo haber una intencionalidad electoralista en la acción de gobierno de Felipe González, a la hora de adoptar medidas tendentes a la estabilización de los precios. Es evidente que la tasa de inflación durante el año electoral fue un 0,48% superior con relación a la del conjunto del mandato socialista[102], y que las tensiones inflacionistas fueron un mal que afectó a la salud económica de nuestro país durante la transición y los primeros años de la democracia. No obstante, hay argumentos para pensar que la falta de ortodoxia en la política económica española durante el año electoral estuvo marcada por la proximidad de las elecciones generales de 1989: el déficit público se mantenía en torno al 3%, aunque con un fuerte crecimiento del gasto público, que era en parte neutralizado por el incremento de los ingresos públicos directos derivados de la reactivación económica; había auténticas dificultades para controlar el tipo de cambio debido a la entrada masiva de capitales extranjeros, que provocaban la apreciación de la peseta; el Banco de España tenía menos autonomía a la hora de luchar contra la inflación, como consecuencia de la volatilidad de los tipos de cambios... A la luz de todas estas dificultades, el gobierno socialista decidió incorporar el 19 de junio de 1989 la peseta al SME, con el fin de acabar con las tensiones que emanaban del tipo de cambio.

Frente a estos argumentos, que evidencian la posibilidad de que la política de empleo y la lucha contra la inflación se utilizaran con fines oportunistas en las elecciones de 1989, hay quienes podrían argüir que ni la tasa de crecimiento económico, ni el saldo presu-

---

[101] Véase cuadro 6.1.
[102] Véase cuadro 6.1.

puestario, ni los tipos de interés a corto plazo justifican la presencia de un ciclo político[103]. Nadie discute que, a partir de 1988, la economía española entró en una fase de recesión, que terminaría convirtiéndose en crisis a inicios del segundo trimestre de 1989, debido a una serie de *shocks* que sufrió nuestro país. Ello explica por qué el PIB creció durante el ejercicio electoral a una tasa (interanual) media que fue un 0,52% inferior, si se compara con el conjunto del mandato[104].

A medida que se aproximaban las elecciones generales del 29 de octubre de 1989, la economía española se sumía en un estado de estancamiento, con una inflación ciertamente elevada, que se intentaba combatir incrementando los tipos de interés a corto plazo. Ello explica por qué los tipos de interés del período electoral fueron un 0,05% superiores, en relación a los practicados en el conjunto del mandato socialista[105]. De todo lo anterior se infiere que el ejecutivo de Felipe González no utilizó los tipos de interés con una finalidad oportunista, como tampoco instrumentalizó la política presupuestaria con una orientación electoralista, ya que el saldo fiscal durante el año electoral fue un 1,31% inferior, si se compara con el conjunto del mandato[106].

· En las elecciones generales de 1989, el ejecutivo socialista tan sólo favoreció un ciclo corto de carácter oportunista a medio plazo en materia presupuestaria[107].

Ya apuntamos anteriormente que la política presupuestaria del ejecutivo de Felipe González no fue estabilizadora, y además fue muy confusa, pues tras ingresar en la CEE inició una senda que se caracterizó por la consolidación del gasto público, pero muy pronto se invertiría ese rumbo, de tal modo que en el año preelectoral el déficit presupuestario medio fue un 0,61% superior con relación al saldo del ejercicio electoral[108]. Aunque la pérdida de autonomía y flexibilidad en la articulación de las medidas fiscales fue acrecentándose a medida que avanzaba el tiempo y nos aproximábamos hacia el año 1992, sin embargo, no podemos obviar que el saldo

---

[103] Véase cuadro 6.1.
[104] Véase cuadro 6.1.
[105] Véase cuadro 6.1.
[106] Véase cuadro 6.1.
[107] Véase cuadro 6.1.
[108] Véase cuadro 6.2.

presupuestario negativo del período electoral fue un 1,17% superior, si se compara con el del ejercicio postelectoral[109]. Dado que no había razones objetivas que justificasen las fluctuaciones del déficit público en torno al momento electoral, concluimos que la actitud del ejecutivo de Felipe González fue claramente electoralista. Si a ello le agregamos que la coyuntura económica no justificaba un control del déficit presupuestario, ya que la economía española entró a partir del segundo trimestre de 1989 en una fase recesiva, inferimos que la orientación en la política presupuestaria respondía a móviles estrictamente electoralistas. La recesión se fue agudizando y la crisis duró hasta 1993, de ahí que la tasa de crecimiento (interanual) media del PIB fuese un 0,78% superior, si se compara con la del período postelectoral[110]. En este sentido, no podemos afirmar que el ejecutivo de Felipe González utilizase el objetivo de crecimiento económico con fines políticos, aun a pesar de que el contraste de hipótesis del ciclo prospectivo dictamine que sí hubo una actitud electoralista, ya que el test del índice retrospectivo evidencia que, en torno al período electoral, el gobierno socialista no instrumentalizó el objetivo de crecimiento con fines oportunistas, dado que la tasa de variación (interanual) media del PIB durante el año electoral fue un 0,72% inferior, si se compara con la del ejercicio preelectoral[111].

A diferencia del crecimiento económico, los contrastes del ciclo racional en la lucha contra el desempleo evidencian que la ruptura de la negociación colectiva a partir de 1987 pudo favorecer electoralmente al PSOE en los comicios generales del 29 de octubre de 1989, ya que la tasa de paro media del período electoral fue un 2,21% inferior en relación a la del ejercicio preelectoral[112]. Nadie discute que la inexistencia de acuerdo laboral entre empresarios, sindicatos y gobierno facilitó que las remuneraciones y los costes laborales aumentasen a un ritmo relativamente menor, y por extensión, la tasa de desempleo registrase una reducción significativa. Sin embargo, esta situación se prolongó más allá de 1989, de ahí que el contraste del ciclo racional prospectivo confirme que el eje-

---

[109] Véase cuadro 6.2.
[110] Véase cuadro 6.2.
[111] Véase cuadro 6.2.
[112] Véase cuadro 6.2.

218

cutivo de Felipe González pudo hacer una utilización electoralista de la lucha contra el desempleo[113], pero en ningún caso pretendió generar ciclos cortos de carácter oportunista en la política de empleo[114].

En la convocatoria de 1989 Felipe González tan sólo favoreció un ciclo político racional de carácter prospectivo en materia de tipos de interés, ya que fueron un 0,97% inferior durante el año electoral, si se compara con el período postelectoral[115]. Efectivamente, con el ingreso de la peseta en el SME el gobierno socialista pretendía mejorar su lucha contra la inflación, ya que otorgaba más grados de libertad al Banco de España para practicar una política monetaria retristictiva, tendente a aumentar el tipo de intervención. Ello justifica también por qué los tipos de interés durante el período electoral fueron un 1,63% superiores con respecto al ejercicio preelectoral[116], dado que las tensiones inflacionistas eran un fenómeno a combatir, pues venían afectando a la economía española desde la transición. No obstante, la autoridad monetaria decidió aumentar los tipos de interés a corto plazo en torno al período electoral de 1989, con el fin de frenar la devaluación de la peseta.

Tal y como hemos reseñamos anteriormente, la instrumentalización de los tipos de interés a corto plazo durante el período electoral estuvo también supeditada a la evolución de la inflación. Esto, conjuntamente con la orientación de la política monetaria, explica por qué pudo existir una utilización oportunista de carácter retrospectivo en la política de estabilización, ya que la tasa de inflación durante el año electoral fue un 1,87% superior, si se compara con la del período preelectoral[117]. Por el contrario, el índice del ciclo prospectivo evidencia que el ejecutivo socialista nunca se planteó una estrategia oportunista a medio plazo, ya que los precios siguieron aumentando tras la celebración de las elecciones generales del

---

[113] En el cuadro 6.2 se observa que el contraste del ciclo oportunista racional retrospectivo confirma la hipótesis de que el gobierno de Felipe González pudo utilizar la lucha contra el desempleo con fines electoralistas.

[114] En el cuadro 6.2 se observa que el contraste del ciclo político racional prospectivo confirma la hipótesis de que el gobierno de Felipe González no utilizó la política de empleo con una finalidad oportunista de carácter racional.

[115] Véase cuadro 6.2.

[116] Véase cuadro 6.2.

[117] Véase cuadro 6.2.

29 de octubre de 1989[118], aun a pesar de estar dentro del mecanismo de cambio del SME, y la libertad que ello otorgaba al Banco de España para combatir la inflación. Es evidente que la expansión que registraba la demanda interna no podía combatirse solamente con medidas monetarias restrictivas, máxime cuando la política presupuestaria practicada no facilitaba este objetivo.

e) Las elecciones generales de 1993

En el capítulo tercero reseñamos que las elecciones generales de 1993 fueron el inicio del tercer ciclo electoral de la transición y la democracia, ya que era la primera vez que el PSOE ganaba unas elecciones generales por mayoría relativa y necesitaba el apoyo parlamentario de algunas fuerzas políticas de ámbito nacionalista. A lo largo de la campaña electoral se habló de la *alternancia popular,* que fue una expresión muy utilizada por los dirigentes del PP, dado que las encuestas de intención de voto le atribuían un nivel de popularidad similar al del PSOE. Al final, el tirón populista de Felipe González fue fundamental para que el PSOE triunfara en las elecciones generales de junio de 1993.

Los analistas políticos argumentaron que el retroceso en el nivel de intención de voto socialista se agudizó a partir de las elecciones generales de 1989, debido a la continuada oleada de escándalos públicos que salpicaban la vida pública española: malversación de fondos públicos, asesinatos en nombre del Estado, asociaciones ilícitas... Estos y otros argumentos[119] alumbraron a Felipe González la posibilidad de anticipar los comicios generales.

El análisis del ciclo político e ideológico durante la transición y la democracia evidencia que el adelanto de las elecciones dificulta una posible utilización electoralista de la política económica, y más aún cuando ello sucede en un ambiente dominado por la crisis y la recesión económica. Las elecciones generales de 1979 y 1982 confirmaron que los ejecutivos de la UCD fueron menos oportunistas

---

[118] En el cuadro 6.2 se observa que la tasa de inflación media durante el año postelectoral fue un 0,27% superior, si se compara con la del ejercicio electoral.

[119] Habría que reseñar la crisis económica que vivía nuestro país y la posibilidad de que ésta se agudizara en el otoño de 1993, período límite para convocar las elecciones generales.

que los gobiernos del PSOE en los comicios de 1986, 1989 y 1993, cuando las circunstancias políticas y económicas eran diferentes[120]. En cualquier caso, el ciclo político en las elecciones generales del 6 de junio de 1993 apenas se diferenció de lo acontecido en los comicios celebrados en 1986 y 1989, ya que el gobierno socialista utilizó el 40% de los objetivos e instrumentos de política económica con fines oportunistas[121].

Si analizamos el ciclo oportunista racional retrospectivo inferimos que Felipe González se distinguió por no utilizar ninguno de los instrumentos y objetivos de política económica con fines electoralista[122]. No obstante, tras la celebración de los comicios, apreciamos cierta actitud electoralista de carácter racional prospectivo en la orientación de la política económica aplicada por el nuevo ejecutivo de Felipe González y, en especial, en los objetivos de inflación, desempleo y crecimiento económico[123]. Es evidente que el nuevo panorama parlamentario obligó al líder socialista a gobernar en minoría parlamentaria, mediante acuerdos puntuales con las principales fuerzas nacionalistas, y ello obstaculizaba cualquier pretensión oportunista a la hora de orientar su política económica, ya que el nuevo ejecutivo además contaba con la ayuda del ciclo expansivo que vivía la economía internacional.

A diferencia de las elecciones generales de 1986, donde el Banco de España decidió bajar los tipos de intervención durante el año electoral, con el fin de favorecer la expansión de la inversión privada, en los comicios del 6 de junio de 1993 el objetivo era reactivar una economía deprimida, sabiendo que ello favorecía el proceso de devaluación de la peseta, ya que restaba confianza a los capitales extranjeros respecto a nuestra moneda. En este sentido, podemos afirmar que la disminución de los tipos de interés en un 0,57% durante el período electoral[124] pudo tener un carácter electoralista por parte de la autoridad monetaria, que además gozaba de una mayor libertad a la hora de orientar la política monetaria, tras el ingreso de la peseta en el mecanismo de cambio del SME el 19 de junio de 1989. Sin embargo, esta hipótesis se desvanece, pues,

---

[120] Véase cuadro 6.1.
[121] Véase cuadro 6.1.
[122] Véase cuadro 6.1.
[123] Véase cuadro 6.1.
[124] Véase cuadro 6.1.

como reseñamos anteriormente, el Banco de España no disminuyó los tipos de interés durante el año electoral, con el propósito de combatir la crisis económica.

Además, poco podía hacer la máxima autoridad monetaria para ayudar electoralmente al partido del gobierno, ya que éste no era capaz, o no pudo, aplicar otros instrumentos de política económica con el fin de mejorar sus expectativas de voto. La economía española vivió la mayor crisis de la transición y la democracia en el segundo trimestre de 1993, cuando se celebraron las elecciones generales, ya que el PIB registró un descenso del 2% en ese período. Si analizamos el conjunto del año electoral, apreciamos que la tasa de crecimiento económico fue un 1,06% inferior con relación al conjunto del mandato socialista[125].

En un ambiente económico, caracterizado por una gran inestabilidad monetaria[126] y una aguda crisis económica, la evolución del desempleo solamente podía ratificar que el ejecutivo socialista tampoco se planteó reducir la tasa de paro durante el período electoral, aplicando una política de empleo que pudiera calificarse de electoralista. La tasa de desempleo media del año electoral fue un 2,92% superior con relación a la del conjunto del mandato socialista[127].

A la luz de todo lo anterior, se comprende por qué la demanda interna estaba deprimida, y el ejecutivo de Felipe González no descuidó el objetivo de control de precios durante el año electoral, tal y como predice la teoría del ciclo oportunista. Efectivamente, la tasa media de inflación durante el período electoral fue un 1,06% inferior en relación al conjunto del mandato[128]. En definitiva, la única variable macroeconómica que utilizó el ejecutivo socialista con una finalidad oportunista fue el déficit presupuestario; y ello, aun a pesar de que Felipe González se comprometió en el discurso de investidura de 1989 a reducirlo y a no incrementar el gasto público. La realidad fue bien distinta, ya que el saldo presupuestario negativo alcanzó su máximo histórico del 7,45% en términos del PIB en 1993, y el déficit medio durante el año elec-

---

[125] Véase cuadro 6.1.

[126] De la que no fue ajena el ejecutivo socialista, que arriesgó la estabilidad monetaria con el fin de mejorar el control de la inflación.

[127] Véase cuadro 6.1.

[128] Véase cuadro 6.1.

toral fue un 1,71% superior, si se compara con el conjunto de la etapa socialista[129].

Podría argumentarse por parte del gobierno socialista que esta situación no respondía a móviles electoralistas, ya que la crisis económica no facilitaba el control del saldo presupuestario; sin embargo, la realidad postelectoral evidenciaba que esta justificación carecía de fundamento, ya que a partir de 1994, cuando la situación económica se tornó más favorable, el déficit se redujo menos de un 0,5%. El contraste de hipótesis del ciclo racional retrospectivo ratifica que el gobierno socialista utilizó el presupuesto con fines oportunistas, ya que el déficit medio durante el año electoral fue un 1,98% superior, si se compara con el del ejercicio preelectoral[130]. No obstante, hemos de reiterar que esta actitud del gobierno socialista en la orientación de la política presupuestaria no respondía a ninguna estrategia electoral racionalista.

Los intentos por parte del ejecutivo socialista por neutralizar los efectos expansivos de la política presupuestaria, favoreciendo el aumento de los tipos de interés, evidencian que el gobierno no pretendió generar ciclos cortos a medio plazo en la política monetaria. En este sentido, los contrastes de hipótesis del ciclo racional confirman que el Banco de España no se planteó utilizar los tipos de interés con el fin de favorecer las expectativas electorales (retrospectiva y prospectivamente) del PSOE, ya que los tipos practicados por la autoridad monetaria durante el año electoral fueron un 0,32% y un 3,81% superiores a los aplicados en los ejercicios pre y postelectoral, respectivamente[131].

Esta orientación restrictiva en la política monetaria, marcada por el encarecimiento de los tipos de interés y las restricciones al crédito durante el año electoral, favorecieron la importación de capitales y la apreciación del tipo de cambio de la peseta. Ello perjudicó nuestras exportaciones, y por extensión, la demanda agregada, de ahí que la tasa de crecimiento (interanual) medio del PIB en el año que se celebraron las elecciones fuese un 2,84% inferior con relación al ejercicio preelectoral[132]. De todo lo anterior, no podemos inferir que la crisis económica estuviese motivada sola-

---

[129] Véase cuadro 6.1.
[130] Véase cuadro 6.2.
[131] Véase cuadro 6.2.
[132] Véase cuadro 6.2.

mente por la restricción del crédito, el encarecimiento de los tipos de interés y la apreciación del tipo de cambio; también influyeron otros factores, como el retroceso en la inversión, el empeoramiento del saldo neto con el exterior, el deterioro del consumo...

A partir del segundo trimestre de 1993 comenzó una nueva etapa, caracterizada por el desajuste y la posterior recuperación. Ello explica por qué la tasa de crecimiento económico durante el año electoral fue un 0,29% superior en relación a la del ejercicio postelectoral[133].

Este ambiente de crisis económica que caracterizó las elecciones generales de 1993 también se reflejó en el mercado laboral. Ante esta situación, se comprende por qué el contraste de hipótesis del ciclo racional retrospectivo del desempleo confirma que el ejecutivo no pudo impedir que la tasa de paro media en el año electoral fuese un 3,47% superior, si se compara con la del ejercicio pre-electoral[134]. Los analistas del mercado laboral afirman que esta situación caracterizada por la destrucción de empleo, motivó la aprobación del Decreto-Ley del Medicamentazo, que eliminaba las bonificaciones a la Seguridad Social para los contratos en prácticas y formación, disminuían las prestaciones por desempleo y el tiempo de percepción del subsidio, se elevaba a un mínimo de doce meses el período de cotización para acceder a la prestación contributiva... Tal y como sucedía en el caso del nivel de actividad económica, tras la celebración de los comicios la tasa de paro media fue superior a la del año electoral[135], ya que aún perduraban los efectos de la degradación del mercado de trabajo, la recuperación económica no se traducía en creación de empleo, y el nuevo marco regulador de las relaciones laborales, tendente a mejorar la competitividad de nuestras empresas, no se aprobaría hasta el 19 de mayo de 1994.

No podemos finalizar este análisis del ciclo político de la economía española en las elecciones generales de 1993 sin reseñar que ante una situación como la descrita, caracterizada por una profunda crisis en el nivel de actividad y por una relativa inflación, los contrastes de hipótesis del ciclo racional ratifican que Felipe Gon-

---

[133] Véase cuadro 6.2.
[134] Véase cuadro 6.2.
[135] En el cuadro 6.2 se observa que la tasa de paro media del ejercicio postelectoral fue un 3,34% superior a la del año electoral.

zález no pretendió instrumentalizar el objetivo de control de precios con fines electoralistas. En este sentido, hemos de resaltar que la tasa de inflación media del período electoral fue un 1,18% inferior en relación a la del ejercicio preelectoral[136], y un 0,13% superior si se compara con la del año postelectoral[137].

f) **Las elecciones generales de 1996**

Si tuviésemos que realizar una evaluación del ciclo político de la economía española en las elecciones generales del 3 de marzo de 1996, resaltaríamos que la actitud electoralista del último ejecutivo socialista fue similar a la manifestada en los comicios anteriores. El gobierno de Felipe González utilizó el 40% de los objetivos e instrumentos de política económica con fines electoralistas[138].

Si en las elecciones del 6 de junio de 1993 se habló de la *alternancia popular,* en estos comicios el PP ya era una *alternativa de gobierno* que había triunfado en las últimas elecciones municipales, obtuvo el mayor número de votos en las elecciones europeas de 1995, había conquistado la mayoría de los gobiernos autonómicos, y, todo ello, en el breve período de tiempo que transcurrió entre las elecciones generales del 6 de junio de 1993 y los comicios parlamentarios del 3 de marzo de 1996. Además de estos rasgos electorales, hay otros argumentos que ratifican que el partido liderado por Aznar era una *alternativa real de gobierno,* tal y como evidenciaban las encuestas de intención de voto que otorgaban una mayoría suficiente al PP. No podemos finalizar esta breve reseña del entorno político en el que se celebraron las elecciones del 3 de marzo de 1996, sin apuntar que estos comicios se anticiparon porque Felipe González decidió disolver la Cámara de los Diputados y el Senado debido a la crisis política que afectaba al país, y que además no podía alargarse más.

En estas circunstancias políticas, el gobierno socialista pudo sentir la tentación de orientar la política económica con fines electoralistas, tal y como se deduce de los contrastes de hipótesis del

---

[136] Véase cuadro 6.1.
[137] Véase cuadro 6.1.
[138] Véase cuadro 6.1.

ciclo oportunista del PIB y el desempleo[139]. Si analizamos la evolución de la economía española, apreciamos que entre el tercer trimestre de 1993 y el cuarto trimestre de 1994 experimentó una recuperación, pero a partir de ese momento entró en una fase recesiva, que se alargaría hasta el segundo trimestre de 1996. La pregunta que hemos de formularnos a continuación es si la política presupuestaria y las medidas de estabilización articuladas por el gobierno socialista contribuyeron a que la tasa de crecimiento económico (medio) durante el año electoral fuese un 1,17% superior a la del conjunto del mandato[140]. Es evidente que el control presupuestario del ejecutivo socialista facilitó que el déficit presupuestario (medio) de este ejercicio electoral fuese un 1,47% inferior, si se compara con el conjunto del mandato[141]; y, por otra parte, la política monetaria articulada por el Banco de España logró controlar el crecimiento de los precios, de tal suerte que la tasa de inflación (media) durante este año electoral fue un 0,34% inferior, si se compara con el conjunto del mandato socialista[142].

Las dudas se suscitan cuando hay que certificar si la política de empleo aplicada por el gobierno socialista al final de su mandato consiguió frenar el aumento del paro; o, por el contrario, la reducción de la tasa de desempleo (media) en un 0,69% durante el año electoral, respecto al conjunto de los trece años de gobierno socialista[143], se debió a la mejoría que experimentó el nivel de actividad en este período. Si revisamos la actitud política del gobierno socialista en cuestiones de política de empleo, apreciamos que la última gran medida adoptada en esta materia fue la Ley de Reforma Laboral de 19 de mayo de 1994, con unos resultados a corto plazo decepcionantes si nos atenemos a la evolución del desempleo, ya que la tasa de paro alcanzó el máximo histórico del 24,29% en ese año. Sin embargo, los efectos positivos de este proyecto, tendente a mejorar la competitividad de nuestras empresas en cuestiones laborales, se notaron en el ejercicio electoral, facilitando la disminución de la tasa de paro en este período, si se adopta como referencia el conjunto del mandato socialista. A la luz de todo lo ante-

---

[139] Véase cuadro 6.1.
[140] Véase cuadro 6.1.
[141] Véase cuadro 6.1.
[142] Véase cuadro 6.1.
[143] Véase cuadro 6.1.

rior, se infiere que alguna intencionalidad electoralista hubo en el ejecutivo socialista que aprobó la Ley de Reforma Laboral de 1994, ya que es muy difícil justificar que un gobierno socialdemócrata aplicase un proyecto que incorporaba los contratos de aprendizaje, que en la práctica era una modalidad de empleo barato. Es evidente que en esta estrategia política hubo una gran dosis de racionalidad, tendente a mejorar las expectativas electorales del PSOE en una inminente convocatoria a las urnas tras la disolución de las Cámaras por parte del ex presidente Felipe González.

Tal y como hemos reseñado anteriormente, el ejecutivo socialista no instrumentalizó la política antiinflacionista ni el presupuesto con una finalidad oportunista, si nos atenemos a los contrastes de hipótesis del ciclo político de la economía española en las elecciones generales del 3 de marzo de 1996[144]. Por otra parte, el Banco de España, que desde junio de 1994 gozaba de autonomía a la hora de plantear la política monetaria y cuyo objetivo prioritario pasaba a ser el control de la inflación, no favoreció el ciclo oportunista de la economía española durante este período electoral, ya que los tipos de interés medios fueron un 0,34% superiores al del conjunto de los trece años de gobierno socialista[145]. Es evidente que la máxima autoridad monetaria tenía fundadas razones para elevar el tipo de intervención en las subastas decenales y, por tanto, no colaborar con el ejecutivo en la mejora de sus expectativas electorales, ya que la tasa de inflación en 1994 se situaba en el 4,34%, muy por encima de la media comunitaria; y si a ello le agregamos que la inestabilidad política durante el año preelectoral y electoral alimentaba las pretensiones especulativas en los ámbitos monetario, financiero, etc., concluiremos que el Banco de España no podía practicar otra política.

---

[144] Véase cuadro 6.1.
[145] Véase cuadro 6.1.

7

El ciclo satisfactorio
de la economía española
en la transición y la democracia

7.1. INTRODUCCIÓN

Las teorías del ciclo ideológico y político de la economía presuponen que los políticos (gobierno) están preocupados permanentemente por la situación económica, orientando la política económica de un modo discrecional[1]. Frente a estos planteamientos surgió una tercera propuesta de *ciclo ecléctico*: los políticos (gobierno) interfieren en la economía solamente cuando la coyuntura es muy desfavorable y sus expectativas de reelección se ven seriamente amenazadas, o aprecian que la situación preocupa al electorado, dañando de este modo su nivel de popularidad. En definitiva, esta actitud satisfactoria considera que los ciclos ideológicos y políticos no son mutuamente excluyentes, sino que pueden complementarse.

En el caso concreto de la transición y la democracia española nuestro objetivo es investigar si la intervención de los diferentes gobiernos ha estado supeditada a criterios oportunistas e ideológicos, en función del nivel de popularidad del(los) partido(s) que respaldan al gobierno. Para ello, dedicamos el siguiente epígrafe a la exposición del marco teórico que sustenta la teoría del ciclo satisfactorio, mientras que en el tercer apartado examinamos lo sucedido en la economía española en estos veintidós años de convivencia en libertad.

---

[1] Vid. L. S. Davison, M. Fratiani y J. von Hagen (1990). «Testing for political business cycles». A este fenómeno le denominan *fine-tunning*.

7.2. PROPUESTA TEÓRICA

A finales de los años setenta comenzaron a publicarse trabajos[2] que defendían la posible existencia de ciclos eclécticos. Los gobiernos sólo se preocupan de articular medidas económicas tendentes a solucionar los problemas, cuando observan que éstos son ciertamente graves y la posibilidad de reelección peligra debido al deterioro del nivel de popularidad. Ello explica por qué la actuación de los ejecutivos no se enfoca tan sólo con fines electoralistas, sino que también las medidas se diseñan buscando cumplir con sus objetivos ideológicos.

Si los electores revelan su malestar ante la actual coyuntura económica (inflación, desempleo, balanza de pagos, presupuestos, nivel de actividad...), el gobierno adoptará medidas económicas tendentes a mejorar la situación, al menos durante el período electoral, ya que de este modo podrán salir reelegidos en los próximos comicios *(ciclo electoralista).* Sin embargo, cuando los niveles de popularidad evidencian que no peligra la reelección debido a la buena marcha de la economía, los gobernantes articularán una serie de medidas encaminadas a cumplir sus objetivos de carácter *ideológico,* siempre que ello no modifique sustancialmente la situación económica.

La capacidad del gobierno para alterar la situación económica está condicionada por:

— *La restricción administrativa.* La compleja estructura administrativa de los países democráticos facilita la confluencia de objetivos enfrentados: por un lado, el gobierno desea satisfacer las preferencias y necesidades de la población civil, y de otra parte, los burócratas poseen unos intereses profesionales, de ahí que se resistan de un modo corporativo a los cambios en la estructura general de la Administración Pública, ya que ello puede traducirse en una pérdida de estatus o poder.

---

[2] Vid. B. S. Frey y F. Schneider (1978). «A politic-economic model of the United Kingdom»; Ib. (1978). «An empirical study of politic-economic interaction in the United States», pp. 174-183; Ib. (1981). «A politic-economic model of the United Kingdom: New estimates and predictions»; e Ib. (1983). «An empirical study of politic-economic interaction in the United States: A reply».

© Ediciones Pirámide

— *La restricción económica.* Que viene definida por tres coordenadas: la propia estructura económica, la situación de la balanza de pagos y el presupuesto. La estructura económica se analiza a partir del *trade-off* entre inflación y desempleo, ya que ambas macrovariables afectan a los electores y, por tanto, condicionan indirectamente la acción de gobierno. La situación de las reservas de divisas es otro elemento económico que influye en los resultados electorales, ya que ello condiciona la política del gobierno, que está orientada a conseguir el equilibrio interno y externo de la economía. Por último, hemos de señalar que el presupuesto, y más concretamente los elevados déficits públicos, restringen la capacidad del gobierno para utilizarlo como instrumento de política macroeconómica capaz de alterar el equilibrio interno de la economía.

— *La restricción electoral.* El(los) partido(s) que gobierna(n) quiere(n) revalidar la confianza de los electores. Es este tercer condicionante la verdadera piedra angular que diferencia la teoría satisfactoria de las propuestas oportunista y partidista, dado que el nivel de popularidad de un gobierno dependerá, en parte, de cómo el ejecutivo utilice los instrumentos de política económica a su alcance. En este sentido, la estrategia económica del ejecutivo *(función de reacción)* estará en función de su *nivel de popularidad: déficit o superávit.*

a) La reacción del ejecutivo ante un déficit de popularidad

El gobierno alcanza un déficit de popularidad cuando su nivel de aceptación (P_t) está por debajo del umbral mínimo que es necesario para renovar el mandato (P_t^*). En el caso español, es muy difícil cifrar cuál es el nivel de popularidad que permite al(los) partido(s) que apoya(n) al gobierno a mantener el poder, de ahí que hayamos fijado, como regla que rige la reacción del ejecutivo, el diferencial en expectativas electorales con la segunda fuerza más votada, en relación con la distancia que les separó en los últimos comicios:

$$P_t^* = V_{T-1}^i - V_{T-1}^j \qquad y \qquad P_t = P_t^i - P_t^j \qquad\qquad [7.1]$$

siendo:

V_{T-1}^{i} = El número de votos que obtuvo el(los) partido(s) que respalda(n) al ejecutivo i en el último proceso electoral $(T-1)$.

V_{T-1}^{j} = El número de votos que obtuvo el segundo partido más votado j en los pasados comicios $(T-1)$.

P_{t}^{i} = El nivel de popularidad del(los) partido(s) i que respalda(n) al ejecutivo en el momento t[3].

P_{t}^{j} = El nivel de popularidad de la segunda fuerza j con mayor respaldo electoral en el momento t.

A partir del criterio anterior, diremos que un ejecutivo *induce políticamente un ciclo económico* cuando aplica medidas encaminadas a solucionar los problemas económicos que más dañan su índice de aceptación (P_{t})[4]. Es previsible que en una fase recesiva articule medidas expansionistas a corto plazo, buscando reactivar la actividad en el período preelectoral; si, por el contrario, el déficit de popularidad viene definido por una elevada tasa de inflación, aplicará una política económica restrictiva enfocada a estabilizar los precios.

Así pues, la teoría del ciclo ecléctico concluye que hay una utilización oportunista, tanto de la actividad económica como de la inflación, cuando[5]:

$$I_{O}^{X} > 0 \quad \text{si} \quad P_{t} < P_{t}^{*} \qquad [7.2]$$

Sin embargo, hay una actitud electoralista por parte del gobierno en materia de tasa de paro, saldo presupuestario y tipo de interés cuando[6]:

$$I_{O}^{X} < 0 \quad \text{si} \quad P_{t} < P_{t}^{*} \qquad [7.3]$$

---

[3] El nivel de popularidad durante la transición y la democracia se ha obtenido a partir de diferentes sondeos de opinión realizados por el Centro de Investigaciones Sociológicas y distintos medios de comunicación. Esta variable se aproximó a través de la pregunta: ¿si mañana hubiese elecciones, a que partido votaría usted?

[4] Véase recuadro 7.1.

[5] Véase recuadro 7.1.

[6] Véase recuadro 7.1.

RECUADRO 7.1
Índices y contrastes hipótesis del ciclo satisfactorio de la economía

a) *Índices del ciclo ecléctico*

a.1) Índice de diferencias

$$I_{j \to i}^{X} = T_{-\frac{L_i}{2}}^{X} - T_{+\frac{L_j}{2}}^{X}$$

siendo:

$I_{j \to i}^{X}$ = El componente ideológico (índice de diferencias) de la variable X^1 bajo el gobierno i, con respecto al gobierno j-ésimo, que le precedió en el poder.

$T_{-\frac{L_i}{2}}^{X}$ = La tasa de variación (anual) media de X en la primera mitad del período de mandato del gobierno i.

$T_{+\frac{L_j}{2}}^{X}$ = La tasa de variación (anual) media de X en la segunda mitad del período de mandato del gobierno j.

a.2) Índice de diferencias permanentes

$$I_{j \to i}^{X} = T_{L_i}^{X} - T_{L_j}^{X}$$

siendo:

$T_{L_i}^{X}$ = La tasa de variación (anual) media de X^2, a lo largo de todo el período de mandato del gobierno i.

$T_{L_j}^{X}$ = La tasa de variación (anual) media de X, a lo largo de todo el período de mandato del gobierno j, que precedió al ejecutivo i en el cargo.

a.3) Índice de estabilidad/cambio

$$I_{i}^{X} = T_{-\frac{L_i}{2}}^{X} - T_{L_i}^{X}$$

siendo:

I_{i}^{X} = El componente ideológico (índice de estabilidad/cambio) de X^3 bajo el gobierno i.

$T_{-\frac{L_i}{2}}^{X}$ = La tasa de variación (anual) media de X en la primera mitad del período de mandato del gobierno i, que sucede en el poder al gobierno j-ésimo.

RECUADRO 7.1 *(continuación)*

$T^X_{L_i}$ = La tasa de variación (anual) media de X, a lo largo de todo el período de mandato del gobierno i.

a.4) Índice oportunista

$$I^X_O = T^X_{t=T} - T^X_L$$

siendo:

I^X_O = El componente oportunista *(índice oportunista)* de las variables X[4].

$T^X_{t=T}$ = La tasa de variación (anual) media de X durante el año electoral T.

T^X_L = La tasa de variación (anual) media de X durante todo el mandato[5].

a.5) Índice retrospectivo

$$I^X_R = T^X_{t=T} - T^X_{t=T-1}$$

siendo:

I^X_R = El componente oportunista *(índice retrospectivo)* de las variables X.

$T^X_{t=T-1}$ = La tasa de variación (anual) media de X en el año preelectoral.

a.6) Índice prospectivo

$$I^X_P = T^X_{t=T} - T^X_{t=T+1}$$

siendo:

I^X_P = El componente oportunista *(índice prospectivo)* de las variables X.

$T^X_{t=T+1}$ = La tasa de variación (anual) media de X en el año postelectoral.

RECUADRO 7.1 *(continuación)*

b) Contrastes hipótesis del ciclo satisfactorio ante déficit de popularidad

El gobierno alcanza un déficit de popularidad cuando su nivel de aceptación (P_t) está por debajo del umbral mínimo que es necesario para renovar el mandato (P_t^*). Hemos fijado como regla que rige la reacción del ejecutivo:

$$P_t^* = V_{T-1}^i - V_{T-1}^j \quad \text{y} \quad P_t = P_t^i - P_t^j$$

siendo:

V_{T-1}^i = El número de votos que obtuvo el(los) partido(s) que respalda(n) al ejecutivo, en el último proceso electoral ($T-1$).

V_{T-1}^j = El número de votos que obtuvo el segundo partido más votado en los pasados comicios ($T-1$).

P_t^i = El nivel de popularidad del(los) partido(s) que respalda(n) al ejecutivo en el momento t [6].

P_t^j = El nivel de popularidad de la segunda fuerza con mayor respaldo electoral en el momento t.

A partir del criterio anterior, diremos que un ejecutivo *induce políticamente un ciclo económico* cuando aplica medidas encaminadas a solucionar los problemas económicos que más dañan su índice de aceptación (P_t):

— $I_O^{\text{PIB}} > 0 \rightarrow$ Ciclo oportunista del nivel de actividad.

— $I_O^{\text{IPC}} > 0 \rightarrow$ Ciclo oportunista del nivel de la inflación.

— $I_O^{\text{Desempleo}} < 0 \rightarrow$ Ciclo oportunista del nivel de la tasa de paro.

— $I_O^{\text{Presupuesto}} < 0 \rightarrow$ Ciclo oportunista del saldo presupuestario en términos de PIB.

— $I_O^{\text{Interés}} < 0 \rightarrow$ Ciclo oportunista del nivel del tipo de interés.

— $I_R^{\text{PIB}} > 0$ e $I_P^{\text{PIB}} > 0 \rightarrow$ Ciclo corto oportunista a medio y largo plazo del nivel de actividad (votantes racionales).

— $I_R^{\text{IPC}} > 0$ e $I_P^{\text{IPC}} > 0 \rightarrow$ Ciclo corto oportunista a medio y largo plazo de la inflación (votantes racionales).

RECUADRO 7.1 *(continuación)*

— $I_R^{\text{Desempleo}} < 0$ e $I_P^{\text{Desempleo}} < 0$ → Ciclo corto oportunista a medio y largo plazo del desempleo (votantes racionales).

— $I_R^{\text{Presupuesto}} > 0$ e $I_P^{\text{Presupuesto}} < 0$ → Ciclo corto oportunista a medio y largo plazo del saldo presupuestario en términos de PIB (votantes racionales)[7].

— $I_R^{\text{Interés}} < 0$ e $I_P^{\text{Interés}} < 0$ → Ciclo corto oportunista a medio y largo plazo del tipo de interés (votantes racionales).

c) *Contrastes hipótesis del ciclo satisfactorio ante superávit de popularidad*

Si el gobierno goza de un superávit de popularidad ($P_t \geq P_t^*$), es decir, su nivel de aceptación está por encima del umbral mínimo exigido para seguir en el poder, se puede plantear *la consecución de objetivos partidistas* que en otras circunstancias no podría hacer. En este sentido, la teoría del ciclo ecléctico predice que:

— $I_{j\to i}^{\text{PIB}} > 0$ e $I_i^{\text{PIB}} > 0$ → Bajo el mandato de los socialdemócratas i, que fueron precedidos en el gobierno por los liberal-conservadores j.

— $\left. \begin{array}{l} I_{i\to j}^{\text{PIB}} < 0 \text{ e } I_j^{\text{PIB}} < 0 \text{ cuando } j \text{ hereda IPC no controlado} \\ I_{i\to j}^{\text{PIB}} > 0 \text{ e } I_j^{\text{PIB}} > 0 \text{ cuando } j \text{ hereda IPC controlado} \end{array} \right\} \to$
Bajo el mandato de los liberal-conservadores j, que fueron precedidos en el gobierno por los socialdemócratas i.

— $I_{j\to i}^{\text{Desempleo}} < 0$ e $I_i^{\text{Desempleo}} < 0$ → Bajo el mandato de los socialdemócratas i.

— $I_{i\to j}^{\text{Desempleo}} > 0$ e $I_j^{\text{Desempleo}} > 0$ → Bajo el mandato de los liberal-conservadores j.

— $I_{j\to i}^{\text{IPC}} > 0$ e $I_i^{\text{IPC}} > 0$ → Bajo el mandato de los socialdemócratas i.

— $I_{i\to j}^{\text{IPC}} < 0$ e $I_j^{\text{IPC}} < 0$ → Bajo el mandato de los liberal-conservadores j.

— $I_{j\to i}^{\text{Presupuesto}} < 0$ e $I_i^{\text{Presupuesto}} < 0$ → Bajo el mandato de los socialdemócratas i.

RECUADRO 7.1 *(continuación)*

— $I_{i \to j}^{\text{Presupuesto}} > 0$ e $I_j^{\text{Presupuesto}} > 0 \to$ Bajo el mandato de los liberal-conservadores *j*.

— $I_{j \to i}^{\text{Interés}} < 0$ e $I_i^{\text{Interés}} < 0 \to$ Bajo el mandato de los socialdemócratas *i*.

— $I_{i \to j}^{\text{Interés}} > 0$ e $I_j^{\text{Interés}} > 0 \to$ Bajo el mandato de los liberal-conservadores *j*.

[1] Las variables X consideradas son la tasa de desempleo y la variación acumulada del PIB.

[2] Las variables X consideradas son la variación interanual del IPC, el saldo presupuestario mensual en téminos de PIB y el tipo medio de la subasta decenal del Banco de España.

[3] Las variables X consideradas son la variación interanual del IPC, la tasa de desempleo, la variación acumulada del PIB, el saldo presupuestario mensual en términos de PIB y el tipo medio de la subasta decenal del Banco de España (interés a corto plazo).

[4] Las variables X consideradas son la variación interanual del IPC, la tasa de desempleo, la tasa de variación acumulada del PIB, el saldo presupuestario mensual en términos de PIB y el tipo medio de la subasta decenal del Banco de España.

[5] L representa la duración (períodos) de la legislatura.

[6] El nivel de popularidad durante la transición y la democracia se ha obtenido a partir de diferentes sondeos de opinión realizados por el Centro de Investigaciones Sociológicas y distintos medios de comunicación. Esta variable se aproximó a través de la pregunta: ¿si mañana hubiese elecciones, a que partido votaría usted?

[7] Cuando $I_R^{\text{Presupuesto}} < 0$, independientemente del valor que tome $I_P^{\text{Presupuesto}}$, podemos afirmar que el gobierno está intentando generar entre los votantes ilusión presupuestaria, dado que los considera ingenuos.

FUENTE: Elaboración propia.

Si los *votantes fueran racionales*, el gobierno podría inducir ciclos cortos de carácter oportunista a medio y largo plazo. En este sentido, el ejecutivo se abstendrá de suscitar el fenómeno de la *ilusión presupuestaria*[7]:

$$I_R^{\text{Presupuesto}} > 0 \quad \text{e} \quad I_P^{\text{Presupuesto}} < 0 \quad \text{cuando} \quad P_t < P_t^* \quad [7.4]^8$$

En definitiva, el gobierno interpreta que la ilusión presupuestaria no se puede fomentar durante el período preelectoral ni tampo-

---

[7] En el epígrafe 6.2 del capítulo 6 se profundiza en el concepto de ilusión presupuestaria.
[8] Véase recuadro 7.1.

co puede repetirse cíclicamente[9], dado que los votantes (racionales) no se dejan influir por esta utilización oportunista del presupuesto, pues adoptan su decisión electoral en función de las enseñanzas del pasado (expectativas racionales), y en los siguientes comicios reaccionan castigando electoralmente a los políticos (partidos) que apoyan la acción de este ejecutivo manipulador.

No sólo existen ciclos políticos racionales del saldo presupuestario, sino que también es posible que se utilice con fines electorales la evolución de la tasa de crecimiento económico[10]:

$$I_R^{\text{PIB}} > 0 \quad \text{e} \quad I_P^{\text{PIB}} > 0 \quad \text{cuando} \quad P_t < P_t^* \qquad [7.5]$$

En el caso del desempleo sucede algo similar a lo reseñado anteriormente para el nivel de actividad económica, ya que es posible la presencia de un ciclo político de la economía cuando[11]:

$$I_R^{\text{Desempleo}} < 0 \quad \text{e} \quad I_P^{\text{Desempleo}} < 0 \quad \text{cuando} \quad P_t < P_t^* \qquad [7.6]$$

Respecto a la inflación, la teoría del ciclo político racionalista predice que hay una utilización oportunista por parte de los ejecutivos cuando[12]:

$$I_R^{\text{IPC}} > 0 \quad \text{e} \quad I_P^{\text{IPC}} > 0 \quad \text{cuando} \quad P_t < P_t^* \qquad [7.7]$$

Por último, es muy factible que exista un ciclo político del tipo de interés en torno al momento electoral si[13]:

$$I_R^{\text{Interés}} < 0 \quad \text{e} \quad I_P^{\text{Interés}} < 0 \quad \text{cuando} \quad P_t < P_t^* \qquad [7.8]$$

---

[9] Dado que los distintos gobiernos se plantean como objetivo el control del déficit público tras la celebración de los comicios ($I_P^{\text{Presupuesto}} < 0$).

[10] Véase recuadro 7.1.

[11] Véase recuadro 7.1.

[12] Véase recuadro 7.1.

[13] Véase recuadro 7.1.

En definitiva, lo que el gobierno hace en todo momento es fomentar y alimentar un *estado generalizado de aceptación* de su acción de gobierno, mediante la articulación de medidas de índole electoralista.

b) **La reacción del ejecutivo ante un superávit de popularidad**

Si el gobierno goza de un superávit de popularidad ($P_t \geq P_t^*$), es decir, su nivel de aceptación está por encima del umbral mínimo exigido para seguir en el poder, se puede plantear la consecución de objetivos partidistas que en otras circunstancias no podría plantearse[14]. En este sentido, la teoría del ciclo ecléctico predice que $I_{j \to i}^{PIB} > 0$[15] e $I_i^{PIB} > 0$[16] bajo el mandato de los socialdemócratas i, que fueron precedidos en el cargo por los liberal-conservadores j[17]. Por el contrario, cuando gobiernan los liberal-conservadores j, que sucedieron en el cargo a los socialdemócratas i[18]:

$$\left.\begin{array}{l} I_{i \to j}^{\text{PIB}} < 0 \quad \text{e} \quad I_j^{\text{PIB}} < 0 \quad \text{cuando} \quad P_t \geq P_t^* \;\; \text{y } j \text{ hereda IPC no controlado} \\[2mm] I_{i \to j}^{\text{PIB}} > 0 \quad \text{e} \quad I_j^{\text{PIB}} > 0 \quad \text{cuando} \quad P_t \geq P_t^* \;\; \text{y } j \text{ hereda IPC controlado} \end{array}\right\}$$

$$[7.9]$$

En el caso del desempleo, la teoría del ciclo satisfactorio pronostica:

$$I_{j \to i}^{\text{Desempleo}} < 0 \quad \text{e} \quad I_i^{\text{Desempleo}} < 0 \quad \text{cuando} \quad P_t \geq P_t^* \qquad [7.10]$$

---

[14] Véase recuadro 7.1.

[15] En el capítulo 5 definimos el índice de diferencias ideológicas ($I_{j \to i}^X$) como un indicador que nos permite juzgar si la orientación de la política económica articulada por el gobierno socialdemócrata i (analizada a través de las macrovariables X) difiere de la practicada por el ejecutivo liberal-conservador j, que le precedió en el cargo.

[16] En el capítulo 5 definimos el índice de estabilidad/cambio ideológico (I_i^X) como un indicador que nos permite juzgar si la orientación de la política económica articulada por el gobierno socialdemócrata i (analizada a través de las macrovariables X) cambia a lo largo de su mandato, y más concretamente, entre la primera y segunda parte.

[17] Véase recuadro 7.1.

[18] Véase recuadro 7.1.

cuando gobiernan los socialdemócratas *i*. Por el contrario, bajo el mandato de los liberal-conservadores *j*:

$$I_{i \to j}^{\text{Desempleo}} > 0 \quad \text{e} \quad I_{j}^{\text{Desempleo}} > 0 \quad \text{cuando} \quad P_t \geq P_t^* \qquad [7.11]$$

Por otra parte, la teoría del ciclo ecléctico concluye:

$$I_{j \to i}^{\text{IPC}} > 0 \quad \text{e} \quad I_{i}^{\text{IPC}} > 0 \quad \text{cuando} \quad P_t \geq P_t^* \qquad [7.12]^{19}$$

cuando gobiernan los socialdemócratas *i*. Por el contrario, bajo el mandato de los liberal-conservadores *j*:

$$I_{i \to j}^{\text{IPC}} < 0 \quad \text{e} \quad I_{j}^{\text{IPC}} < 0 \quad \text{cuando} \quad P_t \geq P_t^* \qquad [7.13]$$

En el caso del saldo presupuestario, la teoría del ciclo satisfactorio pronostica:

$$I_{j \to i}^{\text{Presupuesto}} < 0 \quad \text{e} \quad I_{i}^{\text{Presupuesto}} < 0 \quad \text{cuando} \quad P_t \geq P_t^* \qquad [7.14]$$

para los gobiernos socialdemócratas *i*. A diferencia de la izquierda, los liberal-conservadores *j* se plantean como objetivo prioritario la estabilización de los precios, para lo cual es necesario controlar el gasto público y el saldo presupuestario:

$$I_{i \to j}^{\text{Presupuesto}} > 0 \quad \text{e} \quad I_{j}^{\text{Presupuesto}} > 0 \quad \text{cuando} \quad P_t \geq P_t^* \qquad [7.15]$$

Por último, respecto al tipo de interés a corto plazo, la teoría del ciclo ecléctico también predice:

$$I_{j \to i}^{\text{Interés}} < 0 \quad \text{e} \quad I_{i}^{\text{Interés}} < 0 \quad \text{cuando} \quad P_t \geq P_t^* \qquad [7.16]$$

---

[19] Tal y como reseñamos en el capítulo 5, para medir las diferencias ideológicas en materia de inflación, saldo presupuestario en términos de PIB y tipos de interés utilizamos el índice de diferencias permanentes [5.5].

en el caso de los gobiernos socialdemócratas *i*, ya que su objetivo prioritario es el pleno empleo, de ahí que practiquen una política monetaria expansiva basada en la reducción de los tipos a corto. A diferencia de los socialistas, los liberal-conservadores *j* se plantean como reto la estabilización de los precios, y para ello elevan el tipo de interés oficial, con el fin de frenar la expansión de la demanda interna:

$$I_{i \to j}^{\text{Interés}} > 0 \quad \text{e} \quad I_{j}^{\text{Interés}} > 0 \quad \text{cuando} \quad P_t \geq P_t^* \qquad [7.17]$$

A la luz de todo lo reseñado en este epígrafe, podemos concluir que las principales contribuciones de la teoría ecléctica se sintetizan en dos puntos:

— Los gobiernos no intervienen de un modo discrecional en materia de política económica, salvo en el caso que consideren que la situación económica es preocupante. Basándose en ello, deciden reorientar su acción política con una finalidad oportunista. Por el contrario, cuando la coyuntura es favorable, adoptan una actitud ideológica: si los votantes manifiestan su malestar por la elevada inflación, el gobierno tenderá a corregir este desequilibrio interno mediante medidas antiinflacionistas; si el desengaño viene motivado por el elevado nivel de desempleo, el ejecutivo pondrá en práctica una política expansiva.
— La finalidad última de la política económica adoptada por el gobierno estará en función de su nivel de popularidad. Cuando sufren un déficit de popularidad, se asume la posibilidad de que reorienten su política económica con una finalidad estrictamente oportunista; por el contrario, cuando gozan de un superávit, se plantean alcanzar objetivos ideológicos.

7.3. EL CICLO SATISFACTORIO EN ESPAÑA

En los capítulos 5 y 6 reseñamos que en estos veintidós años de transición y democracia ha habido tres regímenes gubernativos:

UCD, que gobernó hasta diciembre de 1982; el PSOE, que alcanzó el poder en este mes y finalizó su mandato en mayo de 1996; y el PP, que gobierna desde ese momento. Por otra parte, entre 1977 y nuestros días se han celebrado siete elecciones a Cortes Generales y al Senado: las del 15 de junio de 1977, 1 de marzo de 1979, 28 de octubre de 1982, 22 de junio de 1986, 29 de octubre de 1989, 6 de junio de 1993 y 3 de marzo de 1996.

Tras el restablecimiento del régimen de libertades públicas en nuestro país, hemos constatado la presencia de tres ciclos en los niveles de popularidad de los partidos que respaldaron la acción de gobierno: *el declive de la UCD* (octubre de 1979 a septiembre de 1982), *la hegemonía socialista* (octubre de 1982 a enero de 1993) y *la alternancia popular* (a partir de febrero de 1993). La UCD demostró que era capaz de gobernar en minoría, ya que los resultados de las elecciones generales de 1977 y 1979 le obligaban, y además ejerció su acción de gobierno en un entorno político de permanente déficit de popularidad[20].

Se dice que los bajos niveles de popularidad de que gozó la UCD se debieron a que no afrontaba algunos temas pendientes en la sociedad española: la crisis económica, reformas institucionales... Si a todo ello le agregamos que la división interna dentro de la UCD se iba haciendo más notoria, comprenderemos por qué los niveles de popularidad de esta fuerza centrista descendían a un ritmo muy importante, y el PSOE aumentaba su ventaja en términos de intención de voto con respecto al partido liderado por Suárez.

Al analizar el ciclo satisfactorio en los comicios generales de 1982, concluimos que la UCD se distinguió por hacer una utilización de la política económica menos electoralista que los gobiernos del PSOE, ya que tan sólo orientó con una finalidad oportunista el 25% de los objetivos e instrumentos, mientras que los socialistas nunca se situaron por debajo del 40%. Desde la perspectiva del ciclo político racional era imposible advertir una orientación electoralista en cualesquiera de los instrumentos y objetivos de política económica, ya que tras estas elecciones pasó a gobernar el PSOE.

Con las elecciones generales de 1982 comienza un nuevo ciclo político, dominado por la hegemonía socialista. El PSOE consiguió

---

[20] En los cuadros 7.1 y 7.2 se aprecia que la UCD gozó de déficits de popularidad entre octubre de 1979 y ese mismo período de 1982.

CUADRO 7.1

Los ciclos satisfactorios de la transición y la democracia española: oportunismo

Periodo electoral con déficit de popularidad/hipótesis	Gobierno	Índice/contraste ciclo satisfactorio: Oportunismo				
		Inflación (%)	Desempleo (%)	PIB (%)	Saldo presup. (%)	Tipo interés (%)
Noviembre 1981 a octubre 1982 ¿Se confirma la hipótesis ciclo político en...?	L. Calvo Sotelo	−0,49 No	3,28 No	0,99 Sí	– –	1,82 No
Julio de 1985 a junio de 1986 ¿Se confirma la hipótesis ciclo político en...?	Felipe González	−2,30 No	1,38 No	2,19 Sí	0,55 No	−4,01 Sí
Noviembre 1988 a octubre 1989 ¿Se confirma la hipótesis ciclo político en...?	Felipe González	0,48 Sí	−1,90 Sí	−0,52 No	1,31 No	0,05 No
Julio 1992 a junio 1993 ¿Se confirma la hipótesis ciclo político en...?	Felipe González	−1,08 No	2,92 No	−2,70 No	−1,71 Sí	−0,57 Sí
Abril 1995 a marzo 1996 ¿Se confirma la hipótesis ciclo político en...?	Felipe González	−0,20 No	−0,69 Sí	1,17 Sí	1,47 No	0,34 No

FUENTE: Elaboración propia.

CUADRO 7.2

Los ciclos satisfactorios de la transición y la democracia española: retrospectivo/prospectivo

Período pre y postelectoral con déficit de popularidad/hipótesis**	Gobierno	Índice/contraste ciclo satisfactorio racional: retrospectivo/prospectivo*				
		Inflación (%)	Desempleo (%)	PIB (%)	Saldo presup. (%)	Tipo interés (%)
Noviembre 1980 a octubre 1982 ¿Se confirma la hipótesis ciclo satisfactorio racional-retrospectivo en...?	L. Calvo Sotelo	−0,16 No	2,25 No	2,86 Sí	– –	0,78 No
Diciembre 1982 a noviembre 1983	Felipe González	– –	– –	– –	– –	– –
Julio de 1984 a junio de 1986 ¿Se confirma la hipótesis ciclo satisfactorio racional-retrospectivo en...?	Felipe González	−1,97 No	0,30 No	4,25 Sí	1,15 Sí	−1,20 Sí
Julio 1986 a junio 1987 ¿Se confirma la hipótesis ciclo satisfactorio racional-prospectivo en...?	Felipe González	0,85 Sí	0,61 No	−1,44 No	−1,77 Sí	−2,22 Sí
Noviembre 1987 a octubre 1989 ¿Se confirma la hipótesis ciclo satisfactorio racional-retrospectivo en...?	Felipe González	1,87 Sí	−2,21 Sí	−0,72 No	0,61 Sí	1,63 No
Noviembre de 1989 a octubre 1990 ¿Se confirma la hipótesis ciclo satisfactorio racional-prospectivo en...?	Felipe González	−0,27 No	1,17 No	0,78 Sí	−1,17 Sí	−0,97 Sí

CUADRO 7.2 (continuación)

Período pre y postelectoral con déficit de popularidad/hipótesis**	Gobierno	Índice/contraste ciclo satisfactorio racional: retrospectivo/prospectivo*				
		Inflación (%)	Desempleo (%)	PIB (%)	Saldo presup. (%)	Tipo interés (%)
Abril 1992 a junio 1993 ¿Se confirma la hipótesis ciclo satisfactorio racional-retrospectivo en...?	Felipe González	-1,18	3,47	-2,84	-1,98	0,32
		No	No	No	No	No
Julio 1993 a febrero 1996 ¿Se confirma la hipótesis ciclo satisfactorio racional-prospectivo en...?	Felipe González	0,13	-3,34	0,29	3,76	3,81
		Sí	Sí	Sí	No	No
Abril 1994 a marzo 1996 ¿Se confirma la hipótesis ciclo satisfactorio racional-retrospectivo en...?	Felipe González	-0,27	-1,12	0,49	1,33	1,34
		No	Sí	Sí	Sí	No
Mayo 1996 a abril 1997	José M.ª Aznar	–	–	–	–	–
Abril 1998	José M.ª Aznar	–	–	–	–	–
Junio 1998 a julio 1998	José M.ª Aznar	–	–	–	–	–

* En las elecciones generales de 1982 y 1996 no se realizaron los contrastes de hipótesis del ciclo político racional-prospectivo, dado que estos comicios provocaron el cambio de gobierno: en los primeros, el PSOE sucedió a la UCD, mientras que tras la última convocatoria, el PP reemplazó al PSOE.

** En los periodos de julio a agosto de 1986, octubre de 1986, y entre diciembre de 1989 y enero de 1991, hubo superávit de popularidad; y por tanto, los índices y contrastes del ciclo satisfactorio racional (retro y prospectivo) de los periodos julio de 1986 a junio de 1987 (Felipe González), y noviembre de 1989 a octubre de 1990 (Felipe González), no se pueden calcular.

FUENTE: Elaboración propia.

mayoría absoluta en estos comicios y en los celebrados en 1986 y 1989. Seis meses antes de las elecciones de 1982, el partido liderado por Felipe González superaba el 50% de respaldo electoral, mientras que la UCD y AP tenían un respaldo en torno al 20%. Sin embargo, ello no liberó a los socialistas del castigo que suponía gobernar en su primera legislatura con déficit de popularidad.

En los comicios de 1986, el PSOE utilizó el 40% de los instrumentos y objetivos de política económica con fines oportunistas. Desde la perspectiva del ciclo satisfactorio racional, apreciamos que el gobierno de Felipe González utilizó el tipo de interés a corto plazo con el fin de mejorar sus expectativas electorales, ya que ni el plan de choque económico, ni la reconversión industrial, ni la primera gran crisis interna dentro del gobierno, que se solucionó con la salida de Miguel Boyer del Ministerio de Economía..., mermaron relativamente el potencial electoral de Felipe González en los comicios de 1986.

El PSOE fue perdiendo respaldo electoral por el *desgaste del poder,* aunque simultáneamente seguía teniendo una intención de voto que superaba en 10 puntos porcentuales al principal partido de la oposición. Sin embargo, fue tras las elecciones de 1986 cuando los socialistas gozaron por primera vez de un superávit de popularidad, que se fue alternando con períodos de déficit hasta las elecciones generales de 1989[21]. En buena medida, los excedentes de popularidad del PSOE venían explicados por el bajo respaldo político de AP, que, como principal partido de la oposición, no superaba el 26% de intención de voto; por otra parte, la emergencia del CDS no le facilitaba a los populares romper el techo de los cinco millones de votos. Ante estas circunstancias, Fraga presentó su dimisión y dejó la presidencia del partido en manos de Antonio Hernández Mancha, cuyo reinado fue muy efímero debido a los conflictos internos de la derecha. La situación interna del partido se deterioraba a un ritmo acelerado, sobre todo a partir de marzo de 1987, cuando el líder andaluz hizo una mala defensa de la moción de censura presentada contra el gobierno de Felipe González, y, como consecuencia de toda esta situación confusa, el nivel de popularidad de AP llegó a situarse por debajo del 20% en diciembre de 1988, cuando el comité ejecutivo del partido aprobó las nor-

---

[21] Véanse los cuadros 7.1, 7.2, 7.3 y 7.4

mas que iban a regir el congreso de enero de 1989, y al que concurrían, en un principio, Hernández Mancha y Manuel Fraga.

La huelga del 14 de diciembre de 1988 y la aparición de los primeros escándalos públicos, en los que estaba implicado el hermano del vicepresidente Alfonso Guerra, se reflejaron en la intención de voto del PSOE. El descenso en los niveles de popularidad, conjuntamente con la proximidad temporal de los grandes fastos del 92, llevaron a Felipe González a anticipar los comicios.

Las elecciones generales de 1989 se distinguieron por la continuidad, pues si bien es cierto que los socialistas perdieron respaldo electoral, seguían disfrutando de mayoría absoluta en el Parlamento. José María Aznar y Julio Anguita, como nuevos líderes del PP e IU, respectivamente, mantuvieron el respaldo electoral de sus fuerzas políticas en los comicios de 1989. Julio Anguita consiguió que esta nueva coalición de izquierdas obtuviese un millón de votos más con respecto a las elecciones de 1986; por el contrario, el PP experimentó un ligero retroceso electoral en estos comicios de 1989.

Si se analiza el ciclo oportunista en los comicios legislativos de 1989, concluimos que se mantienen los niveles de utilización política evidenciados en 1986, aunque no se actuó sobre las mismas variables macroeconómicas. De nuestro análisis del ciclo ecléctico de la economía española en la transición y la democracia, se infiere que el ejecutivo de Felipe González utilizó la política de empleo y el control de precios con una finalidad electoralista; por otra parte, constatamos la presencia de un ciclo satisfactorio a corto y medio plazo en la orientación de la política monetaria y presupuestaria.

Los cuatros años de legislatura que transcurrieron entre 1989 y 1993 evidenciaron que estas elecciones generales fueron un punto y seguido en la decadencia electoral del PSOE, ya que su nivel de popularidad siguió por la senda decreciente iniciada en 1986. En cualquier caso, ello no fue obstáculo para que se alternaran los períodos de déficit con los de superávit de popularidad, ya que el PP seguía profundizando en su renovación y el PCE se planteaba una nueva estrategia, pero desde la coalición IU.

A partir de 1989, la intención de voto del partido liderado por Felipe González disminuyó a un ritmo mayor, como consecuencia de la continuada oleada de escándalos que salpicaban la vida públi-

CUADRO 7.3

Los ciclos satisfactorios de la transición y la democracia española: diferencias ideológicas

Períodos con superávit de popularidad/hipótesis	Gobierno	Mandato**	Índice/contraste ciclo satisfactorio: diferencias ideológicas*					
			Inflación (%)	Desempleo (%)	PIB (%)	Saldo presup. (%)	Tipo interés (%)
Julio 1986 a agosto 1986 ¿Se confirma la hipótesis ciclo satisfactorio (diferencias ideológicas) en...?	Felipe González	I	−10,13 No	5,56 No	4,42 Sí	4,00 No	−2,86 Sí
Octubre 1986 ¿Se confirma la hipótesis ciclo satisfactorio (diferencias ideológicas) en...?	Felipe González	I	−10,13 No	5,56 No	4,42 Sí	4,00 No	−2,86 Sí
Diciembre 1989 a enero 1991 ¿Se confirma la hipótesis ciclo satisfactorio (diferencias ideológicas) en...?	Felipe González	II	−10,13 No	–	–	4,00 No	−2,86 Sí
Marzo 1991 a marzo 1992 ¿Se confirma la hipótesis ciclo satisfactorio (diferencias ideológicas) en...?	Felipe González	II	−10,13 No	–	–	4,00 No	−2,86 Sí
Junio 1997 a agosto 1997 ¿Se confirma la hipótesis ciclo satisfactorio (diferencias ideológicas) en...?	José M.ª Aznar	I	−4,66 Sí	1,40 Sí	0,35 No	2,90 Sí	−12,90 No

CUADRO 7.3 *(continuación)*

Períodos con superávit de popularidad/hipótesis	Gobierno	Mandato**	Índice/contraste ciclo satisfactorio: diferencias ideológicas*				
			Inflación (%)	Desempleo (%)	PIB (%)	Saldo presup. (%)	Tipo interés (%)
Septiembre 1997 a marzo 1998 ¿Se confirma la hipótesis ciclo satisfactorio (diferencias ideológicas) en...?	José M.ª Aznar	II	−4,66	—	—	2,90	−12,90
			Sí	—	—	Sí	No
Mayo 1998 ¿Se confirma la hipótesis ciclo satisfactorio (diferencias ideológicas) en...?	José M.ª Aznar	II	−4,66	—	—	2,90	−12,90
			Sí	—	—	Sí	No
Agosto 1998 a diciembre 1998 ¿Se confirma la hipótesis ciclo satisfactorio (diferencias ideológicas) en...?	José M.ª Aznar	II	−4,66	—	—	2,90	−12,90
			Sí	—	—	Sí	No

* El contraste del ciclo satisfactorio (diferencias ideológicas) en materia de desempleo y PIB compara lo sucedido en la primera mitad del mandato de un gobierno, en relación con lo acontecido en la segunda parte del ejecutivo anterior; de ahí que no se haya realizado para los períodos que van desde diciembre de 1989 a enero de 1991 (Felipe González), marzo de 1991 a marzo de 1992 (Felipe González), mayo de 1998 (José María Aznar), y agosto de 1998 a diciembre de 1998 (José María Aznar).

** Para el cálculo del ciclo satisfactorio en materia de diferencias ideológicas hay que diferenciar entre la primera mitad del mandato (I) y la segunda parte (II). En el caso de José María Aznar, la primera mitad de su mandato va desde mayo de 1996 a agosto de 1997, mientras que la segunda parte comenzó en octubre de 1997 y finaliza en enero de 1999.

Fuente: Elaboración propia.

CUADRO 7.4

Los ciclos satisfactorios de la transición y la democracia española: estabilidad/cambio

Períodos con superávit de popularidad/hipótesis	Gobierno*	Índice/contraste ciclo satisfactorio: estabilidad/cambio ideológico				
		Inflación (%)	Desempleo (%)	PIB (%)	Saldo presup. (%)	Tipo interés (%)
Julio 1986 a agosto 1986 ¿Se confirma la hipótesis ciclo satisfactorio (estabilidad/cambio ideológico) en...?	Felipe González	1,49	−0,13	0,85	−0,93	1,54
		Sí	Sí	Sí	Sí	No
Octubre 1986 ¿Se confirma la hipótesis ciclo satisfactorio (estabilidad/cambio ideológico) en...?	Felipe González	1,49	−0,13	0,85	−0,93	1,54
		Sí	Sí	Sí	Sí	No
Diciembre 1989 a enero 1991 ¿Se confirma la hipótesis ciclo satisfactorio (estabilidad/cambio ideológico) en...?	Felipe González	1,49	−0,13	0,85	−0,93	1,54
		Sí	Sí	Sí	Sí	No
Marzo 1991 a marzo 1992 ¿Se confirma la hipótesis ciclo satisfactorio (estabilidad/cambio ideológico) en...?	Felipe González	1,49	−0,13	0,85	−0,93	1,54
		Sí	Sí	Sí	Sí	No
Junio 1997 a marzo 1998 ¿Se confirma la hipótesis ciclo satisfactorio (estabilidad/cambio ideológico) en...?	José M.ª Aznar	0,44	−0,12	−0,79	−2,04	0,97
		No	No	Sí	No	Sí

CUADRO 7.4 (*continuación*)

| Periodos con superávit de popularidad/hipótesis | Gobierno* | Índice/contraste ciclo satisfactorio: estabilidad/cambio ideológico | | | | | |
		Inflación (%)	Desempleo (%)	PIB (%)	Saldo presup. (%)	Tipo interés (%)
Mayo 1998 ¿Se confirma la hipótesis ciclo satisfactorio (estabilidad/cambio ideológico) en...?	José M.ª Aznar	0,44 / No	−0,12 / No	−0,79 / Sí	−2,04 / No	0,97 / Sí
Agosto 1998 a diciembre 1998 ¿Se confirma la hipótesis ciclo satisfactorio (estabilidad/cambio ideológico) en...?	José M.ª Aznar	0,44 / No	−0,12 / No	−0,79 / Sí	−2,04 / No	0,97 / Sí

* En el mandato de José María Aznar el período analizado es el que va desde mayo de 1996 a enero de 1999.

FUENTE: Elaboración propia.

ca española: malversación de fondos públicos, asesinatos en nombre del Estado, asociaciones ilícitas... A finales de 1992, PP y PSOE empataban en intención de voto, y ésa iba a ser la tónica en los meses que precedieron a los comicios generales de junio de 1993.

Las elecciones generales de 1993 fueron el inicio del tercer ciclo electoral de la transición y la democracia, ya que los socialistas necesitaban, por primera vez, el respaldo electoral de otras fuerzas políticas de ámbito nacionalista. El PSOE ganó los comicios, pero sus 159 diputados no eran suficientes para que Felipe González siguiera gobernando sin acuerdos con otras partidos. Tal y como reseñamos en el apéndice del capítulo tercero, desde sus inicios, se percibía que ésta iba a ser la última legislatura socialista, y que finalizaría pronto, ya que los temas conflictivos que afectaban al gobierno se sucedieron de forma continuada: Garzón abandonó su escaño por Madrid, estallaron los escándalos económicos de Conde y De la Rosa... Con este ambiente político, se explica por qué descendió tan rápidamente la intención de voto del PSOE, y el déficit de popularidad fue una de las constantes que caracterizó a esta breve legislatura[22].

Al analizar el ciclo satisfactorio en las elecciones generales de 1993, concluimos que apenas hay diferencias con respecto a las celebradas en 1986 y 1989, ya que el ejecutivo socialista utilizó el 40% de los objetivos e instrumentos de política económica con una finalidad electoralista. Desde la perspectiva ecléctica racionalista, el gobierno de Felipe González se distinguió por no inducir ningún ciclo corto de carácter oportunista a medio plazo en ninguna de las variables macroeconómicas analizadas.

Tras retirarle el apoyo parlamentario CiU, Felipe González pretendió alargar la legislatura prorrogando los Presupuestos Generales de 1995, pero pronto apreció que esta situación de crisis política no podía alargarse y disolvió las Cortes Generales, convocando elecciones generales para el 3 de marzo de 1996. En el período de tiempo que transcurrió entre el 6 de junio de 1993 y los comicios generales del 3 de marzo de 1996, el PP pasó a ser una alternativa de gobierno, ya que fue la fuerza política con mayor respaldo popular

---

[22] Recordemos que el déficit de popularidad del PSOE llegó a alcanzar la cota del 10% a finales de 1994.

254

en los comicios europeos del 12 de junio de 1994, conquistó la mayoría de los gobiernos autonómicos en las elecciones de 1995, y triunfó en la mayoría de las grandes ciudades en las elecciones municipales del 28 de mayo de 1995. Con este panorama, se entiende por qué el partido liderado por Aznar ganó las elecciones generales de 1996 y cerró así una larga etapa de la política democrática española, que se caracterizó por el dominio electoral del PSOE.

Si examinamos el ciclo ideológico durante la etapa socialista[23], concluimos que los ejecutivos de Felipe González se distinguieron por mantener una orientación partidista en su política económica, ya que el 60% de las medidas aplicadas eran propias de un gobierno socialdemócrata. A la hora de analizar los ciclos ideológicos distinguimos entre indicadores de diferencias y estabilidad/cambio. Si nos atenemos a los contrastes del índice de diferencias entre gobiernos de distintos partidos, no podemos obviar que la política económica socialista se alejó en un 60% de los postulados socialdemócratas; sin embargo, cuando analizamos el índice de estabilidad/cambio apreciamos que Felipe González evidenció una fidelidad del 80%.

Tal y como reseñamos anteriormente, en las elecciones generales del 6 de junio de 1996, Felipe González tenía un escaso margen de maniobra para orientar la política económica con fines oportunistas. Del análisis realizado en el capítulo 6, se infiere que el PSOE pudo utilizar la política de empleo con fines electoralistas, ya que la Ley de Reforma Laboral de 1994 facilitó la creación de nuevos puestos de trabajo a medio plazo (año electoral), como consecuencia de la mejoría que experimentó la competitividad de nuestras empresas. A diferencia del empleo, no es tan evidente que el ejecutivo socialista favoreciese un ciclo satisfactorio oportunista en materia de crecimiento económico, tal y como se infiere de contrastes realizados.

No podemos finalizar este análisis general del ciclo ecléctico de la economía democrática española, sin reseñar que en estos primeros años de gobierno del PP, el ejecutivo presidido por José María Aznar se está distinguiendo por mantener una actitud ideológica menos firme, si se compara con lo sucedido bajo el mandato socialista. Efectivamente, mientras que Felipe González pudo satisfacer el 60% de los principios programáticos de la socialdemocracia[24],

---

[23] Véase capítulo 5.
[24] Véase cuadro 5.1.

los populares han aplicado una política económica que coincide en un 50% con los principios ideológicos liberal-conservadores[25]. No obstante, si nos atenemos al contraste del índice de diferencias entre distintos gobiernos, concluimos que José María Aznar está evidenciando un mayor nivel de fidelidad ideológica, si se compara con Felipe González[26]. Si analizamos los índices de estabilidad/cambio, la conclusión difiere sustancialmente, ya que, a lo largo de su mandato, los gobiernos socialistas evidenciaron un mayor partidismo[27] y una gran fidelidad a sus principios ideológicos; sin embargo, en estos tres años de gobierno del PP, el ejecutivo de Aznar no supera la cota del 60%[28], aunque no debemos olvidar que aún no ha finalizado la legislatura.

Basándonos en todo lo anteriormente reseñado, hemos optado por analizar los ciclos satisfactorios de la democracia, adoptando como referencia, tanto el carácter ideológico de los gobiernos como los niveles de popularidad (déficit y superávit).

a) La etapa de la UCD

Las elecciones generales de abril de 1979 confirmaron que la UCD era una coalición de partidos capaz de gobernar en minoría, pero que tenía algunas asignaturas pendientes: afrontar de una manera decidida la crisis económica, acometer algunas reformas institucionales pendientes... Por otra parte, la inflación y el paro comenzaban a alcanzar cotas preocupantes, y todo ello, porque el gobierno de Suárez no acometía las reformas económicas pendientes; además, había sectores institucionales que reclamaban una reforma (ejercito...). Si a todo ello le agregamos que la división interna dentro de la UCD se iba haciendo más notoria, comprenderemos por qué los niveles de popularidad de esta fuerza centrista descendían a un ritmo muy importante, mientras que el PSOE aumentaba su ventaja en términos de intención de voto, con respecto al partido liderado por Suárez.

---

[25] Véase cuadro 5.1.

[26] En el cuadro 5.1 se observa que el nivel de fidelidad de José María Aznar alcanza el 60%, mientras que Felipe González no supera el 40%.

[27] En el cuadro 5.1 se aprecia que el nivel de fidelidad de Felipe González alcanzó el 80%, mientras que José María Aznar no ha superado el 60%.

[28] Véase cuadro 5.1.

Ante esta situación caracterizada por el déficit de popularidad[29] sospechamos que el gobierno de Leopoldo Calvo Sotelo favoreció la reactivación económica durante los meses que precedieron a los comicios generales de 1982. Ya reseñamos al analizar el ciclo oportunista, que esta recuperación vino motivada por la reanimación de las exportaciones en el segundo trimestre de 1981, la mejoría que experimentó la inversión privada a mediados de 1982 y el aumento insostenible del déficit público en el año electoral. En cualquier caso, no debemos olvidar que el aumento del nivel de actividad durante el año electoral fue un 0,99% superior, si se compara con el crecimiento registrado durante todo el mandato[30].

Por otra parte, hemos constatado que la tasa de variación (interanual) media del PIB durante el año electoral fue un 2,86% superior, si se compara con el nivel de actividad del período preelectoral[31]. Es evidente que el gobierno de Calvo Sotelo aumentó el gasto público buscando su reelección, ya que el nivel de popularidad de la UCD estaba muy deteriorado. No obstante, hemos de reseñar que el ejecutivo centrista favoreció un ciclo satisfactorio oportunista de la economía española, no sólo por el malestar que revelaban los españoles ante la crisis económica, sino también por la pérdida de popularidad que generaban otros factores de índole política que afectaban a la coalición centrista.

b) La etapa del PSOE

Las elecciones de octubre de 1982 confirmaron la hegemonía electoral del PSOE, ratificando así los pronósticos que avanzaban las encuestas de intención de voto previas a los comicios. Paradójicamente, el ejecutivo de Felipe González gobernó con déficit de popularidad a lo largo de esta primera legislatura[32]; si bien es cierto que su intención de voto nunca fue inferior a la del principal partido de la oposición. Quizá esta situación vino definida por diversas circunstancias: de una parte, el diferencial entre el PSOE y AP

---

[29] Véase gráfico 7.1.
[30] Véase cuadro 7.1.
[31] Véase cuadro 7.2.
[32] Véase gráfico 7.2.

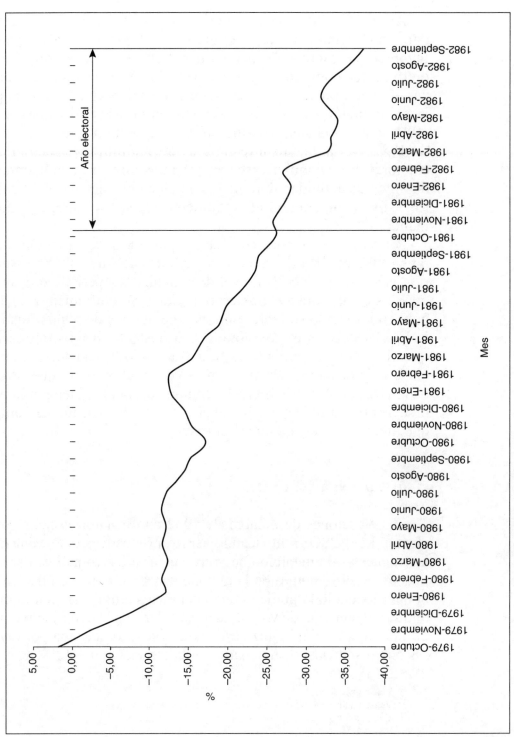

Gráfico 7.1. Déficit/superávit de popularidad de los gobiernos de la UCD.

en las elecciones generales de 1982 fue el reflejo de una situación política coyuntural, ya que los socialistas jamás recibieron un respaldo igual en los siguientes comicios; por otro lado, el primer ejecutivo socialista adoptó una serie de medidas políticas que dañaron sus niveles de popularidad (plan de choque económico, reconversión industrial...), además de otros factores políticos que pudieron perjudicar las expectativas electorales del PSOE (primera crisis interna dentro del gobierno, que se solucionó con la salida de Miguel Boyer del Ministerio de Economía...).

En los primeros comicios generales que se celebraron bajo el mandato de Felipe González constatamos que se utilizó el objetivo crecimiento económico y la variable tipo de interés a corto plazo con una finalidad oportunista. Ya reseñamos en el capítulo anterior que el Banco de España practicó una política monetaria expansiva, tendente a reducir los tipos de intervención[33], y cuyo fin era reanimar la inversión privada. Esta actitud de la autoridad monetaria se reflejó en la política económica articulada por el gobierno, ya que la tasa de crecimiento (interanual) media del PIB durante el año electoral fue un 2,19% superior, si se compara con la del conjunto de los trece años de gobierno socialista[34]. Esta fuerte recuperación económica vino motivada por el extraordinario dinamismo de la demanda interna, y en particular, por el aumento del consumo y la inversión privada.

Los contrastes de hipótesis realizados evidencian que no sólo hubo una actitud oportunista por parte del gobierno de Felipe González en materia de crecimiento económico y control monetario, sino que también constatamos la presencia de un ciclo ecléctico[35], ya que el partido del gobierno sufrió un déficit de popularidad durante toda la legislatura. En este sentido, podemos afirmar que el ejecutivo socialista favoreció la reactivación económica, ya que peligraba la reelección de Felipe González, como consecuencia del deterioro que experimentó el nivel de popularidad del PSOE.

---

[33] El tipo medio de intervención practicado por el Banco de España en el año electoral fue 4,01 puntos inferior, en relación con el conjunto del mandato.

[34] Véase cuadro 7.1.

[35] Los contrastes de hipótesis del ciclo satisfactorio de carácter oportunista del cuadro 7.1 corroboran que Felipe González utilizó de forma oportunista el objetivo de crecimiento económico y los tipos de interés a corto plazo.

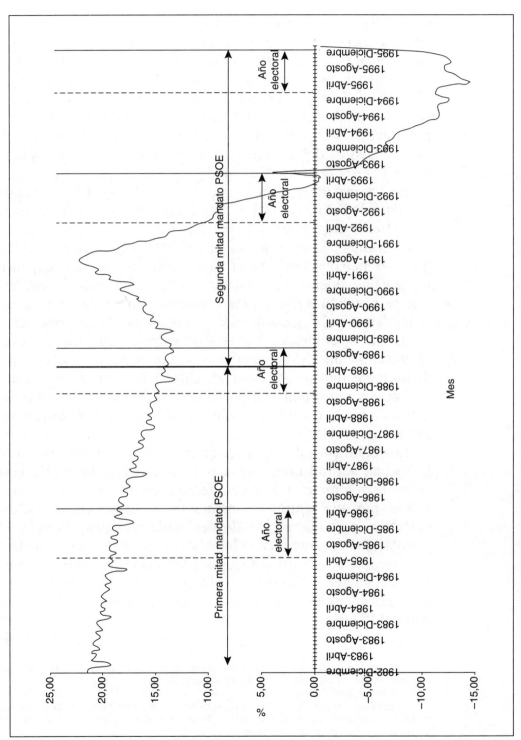

Gráfico 7.2. Déficit/superávit de popularidad de los gobiernos del PSOE.

Las elecciones generales de 1986 fue la primera vez que se constató la presencia de un ciclo satisfactorio racional en la política monetaria. Los contrastes del *índice oportunista racional,* tanto retrospectivo como prospectivo, evidencian que el Banco de España controló los tipos de intervención en el año electoral, ya que fueron relativamente inferiores a los tipos de interés practicados durante el año pre y postelectoral: un 1,2 y 2,22%, respectivamente[36]. Con esta actitud, la autoridad monetaria pretendía contribuir al estado de aceptación generalizada de la política económica articulada por el ejecutivo socialista, que intentó estabilizar la economía controlando el saldo presupuestario en términos de PIB durante el ejercicio electoral[37]. Si nos atenemos a los resultados electorales de junio de 1986, afirmaríamos que el ejecutivo socialista rentabilizó electoralmente su actitud oportunista (en materia de crecimiento) y ecléctica (en la variable tipos de interés), ya que revalidó su mayoría absoluta.

Tal y como hemos reseñado al inicio de este apartado, la huelga del 14 de diciembre de 1988 y la aparición de los primeros escándalos públicos, en los que estaba implicado el hermano del vicepresidente del gobierno, se reflejaron en la intención de voto del PSOE. El déficit de popularidad que registraba el partido del gobierno desde noviembre de 1986[38], conjuntamente con la proximidad temporal de los grandes fastos del 92, llevaron a Felipe González a anticipar los comicios. Ello explica por qué el ejecutivo socialista favoreció un ciclo ecléctico, tanto en la política de empleo como a la hora de orientar el objetivo de estabilización de precios.

En el capítulo 2 reseñamos que el Acuerdo Económico y Social 1985/1986 fue el final de una etapa caracterizada por la negociación social. Los resultados negativos en materia de creación de empleo, unido a los desencuentros políticos suscitados por las medidas flexibilizadoras del mercado laboral contempladas en esta ley, contribuyeron a que se iniciase una nueva fase caracterizada por la inexistencia de pactos sociales entre empresarios, sindicatos

---

[36] Véase cuadros 7.2.

[37] En el cuadro 7.2 se aprecia cómo el déficit público de los años pre y postelectoral fue 1,15 y 1,77 puntos porcentuales inferior, si se adopta como referencia los doce meses que precedieron a los comicios generales de 1986.

[38] Véase gráfico 7.2.

y gobierno. Esta nueva situación facilitó que la tasa media de desempleo fuese un 1,90% inferior, si se compara con la del conjunto del mandato socialista[39]. Simultáneamente, el gobierno de Felipe González evidenció una actitud ecléctica a la hora de aplicar su política de control de precios, ya que la tasa de inflación durante el año electoral fue un 0,48% superior con relación al conjunto del mandato socialista[40].

La falta de ortodoxia en la política presupuestaria, y la menor autonomía del Banco de España para luchar contra la inflación, corroboran que el ejecutivo socialista mantuvo una actitud ecléctica a la hora de plantear su política económica antes de los comicios generales de octubre de 1989. Contra esta afirmación, podría argumentase que Felipe González no favoreció ningún ciclo satisfactorio en materia de crecimiento, tipos de interés a corto plazo y saldo presupuestario, pero contra esa argumentación podríamos contestar diciendo que esta manipulación política no se consumó debido a la recesión que experimentó la economía española a partir del segundo trimestre de 1989. Cuando se aproximaban las elecciones generales del 29 de octubre de 1989, la economía española se sumió en un estado de estancamiento con una inflación ciertamente elevada, y que se intentaba combatir aumentando el precio oficial del dinero a corto plazo: los tipos de interés del período electoral fueron un 0,05% superiores, si se compara con los practicados en el conjunto del mandato socialista[41].

A diferencia de lo sucedido en las elecciones generales de 1986, en los comicios de 1989 constatamos la presencia de un ciclo satisfactorio racional en materia presupuestaria[42]. Por otra parte, los contrastes de hipótesis realizados confirman que Felipe González favoreció la existencia de un ciclo racional prospectivo en materia de crecimiento económico y tipos de interés a corto plazo[43]; sin embargo, en la política de control de precios y empleo constatamos la presencia de un ciclo de carácter retrospectivo[44]. Quizá todas estas manipulaciones políticas permitieron a los socialistas revali-

---

[39] Véase cuadro 7.1.
[40] Véase cuadro 7.1.
[41] Véase cuadro 7.1.
[42] Véase cuadro 7.2.
[43] Véase cuadro 7.2.
[44] Véase cuadro 7.1.

dar su mayoría absoluta el 29 de octubre de 1989. Por otra parte, José María Aznar y Julio Anguita tan sólo lograron mantener el respaldo electoral de sus respectivas fuerzas políticas en los comicios de 1989, si bien es cierto que el líder de IU consiguió que esta nueva coalición de izquierdas obtuviese un millón de votos más que en las elecciones de 1986.

Al inicio de este apartado reseñamos que las elecciones generales de 1989 fueron un punto y seguido en la decadencia electoral del PSOE, ya que su nivel de popularidad siguió por la senda decreciente iniciada en 1986. A finales de 1992, PP y PSOE empataban en intención de voto, y ésa iba a ser la tónica de los meses que precedieron a los comicios generales de junio de 1993. Ante esta situación de déficit de popularidad, Felipe González decidió utilizar el saldo presupuestario con una clara finalidad oportunista, tal y como se infiere del contraste de hipótesis del ciclo satisfactorio de la democracia[45]. En las elecciones generales de 1993 también hubo un ciclo ecléctico oportunista en materia de política monetaria, ya que el Banco de España decidió bajar los tipos de intervención media durante el año electoral, cuando la peseta estaba sometida a sucesivas devaluaciones desde el 2 de junio de 1992; de este modo se intentaba reanimar la actividad antes de los comicios, a costa de perjudicar más aún el nivel de credibilidad de nuestra moneda como refugio de capitales extranjeros. De todo ello se infiere que la autoridad monetaria practicó una política monetaria expansiva con el objetivo de combatir la crisis económica, aunque no podemos obviar que ello pudo contribuir a mejorar las expectativas electorales del PSOE, tal y como se concluye de los contrastes del ciclo satisfactorio de la democracia[46].

En los capítulos 5 y 6 reseñábamos que el ambiente político e institucional que caracterizó el período pre y postelectoral de 1993 no facilitaba la presencia de ciclos satisfactorios, máxime cuando ello sucedía en un ambiente económico caracterizado por la crisis. En los comicios de 1993 no constatamos la presencia de ningún ciclo satisfactorio racional en la orientación de la política económica[47]. No obstante, los contrastes de hipótesis realizados confirman que, durante el año electoral, Felipe González favoreció un ciclo

---

[45] Véase cuadro 7.1.
[46] Véase cuadro 7.1.
[47] Véase cuadro 7.2.

racional retrospectivo en materia presupuestaria[48]. Tras la celebración de los comicios de 1993, constatamos que el nuevo ejecutivo socialista indujo un ciclo prospectivo en el control de la inflación, el desempleo y el crecimiento económico[49].

Es evidente que la elevada popularidad de Felipe González fue crucial para el triunfo del PSOE en estas elecciones generales, aunque con mayoría relativa, obligándole a establecer pactos puntuales con las dos fuerzas nacionalistas más importantes: PNV y CiU. Aun así, esto fue un espejismo, ya que el aluvión de escándalos públicos se multiplicó, cada vez eran de mayor intensidad política, las investigaciones judiciales fueron una de las constantes que caracterizó la vida pública española y la crisis económica no finalizaba. Todo ello explica por qué descendió tan rápidamente la intención de voto del PSOE, y su déficit de popularidad llegó a superar el 10% a finales de 1994. Ante este panorama político, se comprende por qué Felipe González favoreció la presencia de un ciclo satisfactorio de carácter oportunista en materia de crecimiento económico y desempleo, tal y como se infiere de los contrastes de hipótesis realizados[50]. En el capítulo 6 argumentábamos que el gobierno socialista mantuvo una actitud oportunista, tanto en el objetivo crecimiento económico como en el control del paro, de ahí que la tasa de actividad durante el año electoral fuese un 1,17% superior, si se compara con el global del mandato[51]; por el contrario, la tasa de desempleo tan sólo disminuyó un 0,69%[52]. Ya reseñamos en el tema anterior, que la Ley de Reforma Laboral de 1994 se planteó con una gran dosis de racionalidad, dado que uno de sus objetivos prioritarios era favorecer la creación de empleo durante el período electoral, y por extensión, mejorar las expectativas de voto socialista ante la celebración de unos inminentes comicios, que necesariamente habrían de convocarse, dado que el ejecutivo de Felipe González había perdido no sólo el respaldo de los parlamentarios de CiU, sino también la confianza de gran parte de los electores: el PSOE salió derrotado de los comicios europeos de junio de 1994, de las elecciones municipales del 28 de mayo de 1995, y llegó a tener un déficit de popularidad del 10% con respecto al PP. No

---

[48] Véase cuadro 7.2.
[49] Véase cuadro 7.2.
[50] Véase cuadro 7.1.
[51] Véase cuadro 7.1.
[52] Véase cuadro 7.1.

obstante, la recuperación económica y el control del desempleo le permitieron al ex presidente González proclamar en la noche electoral del 3 de marzo de 1996, aquella expresión de *derrota dulce*.

En el epígrafe anterior decíamos que los gobiernos no intervienen de un modo discrecional en materia de política económica, salvo cuando perciben que esta situación es preocupante; de este modo dan cumplida respuesta a sus principios ideológicos cuando gozan de un superávit de popularidad. Una de las características que ha distinguido a la democracia española han sido los déficits de popularidad que registraron los distintos gobiernos; sin embargo, los ejecutivos socialistas disfrutaron de cuatro períodos de superávit (entre julio de 1986 y agosto de ese año, octubre de 1986, desde diciembre de 1989 a enero de 1991, y entre marzo de 1991 y ese mismo mes del año siguiente). Si analizamos los contrastes del ciclo ecléctico en estos períodos, concluimos que Felipe González mantuvo una actitud satisfactoria en materia de crecimiento económico. Efectivamente, el análisis del índice de diferencias ideológicas confirma que, bajo el mandato de Felipe González, la tasa de actividad (interanual) media fue un 4,42% superior, en aquellos períodos que el PSOE gozaba de superávit de popularidad[53]. Simultáneamente, la política monetaria de los trece años de gobierno socialista fue más expansiva que la practicada por el Banco de España en la etapa de la UCD, ya que los tipos de interés a corto plazo fueron (en media) 2,86 puntos porcentuales inferiores[54].

El estudio del ciclo ecléctico, a través de los contrastes de estabilidad/cambio ideológico, confirma que no hubo una actitud satisfactoria en la orientación del objetivo crecimiento económico, al mismo tiempo que evidencia una utilización ecléctica de las macrovariables inflación, desempleo y déficit presupuestario[55].

c) Los primeros años de gobierno del PP

Tras triunfar el PP en las elecciones generales del 3 de marzo de 1996, José María Aznar consiguió formar un gobierno que cuenta con

---

[53] Véase cuadro 7.3.
[54] Véase cuadro 7.3.
[55] Véase cuadro 7.4.

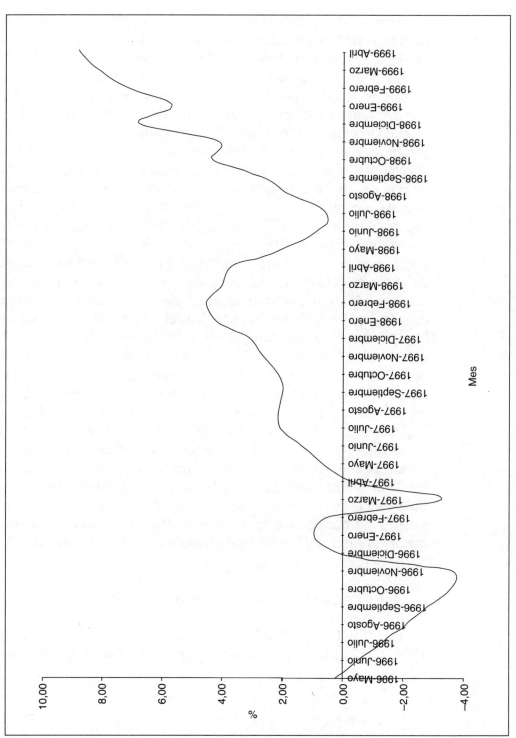

Gráfico 7.3. Déficit/superávit de popularidad del gobierno del PP.

el apoyo parlamentario del Grupo Popular y las principales fuerzas regionalistas. En estos primeros años de legislatura, el ejecutivo del PP ha disfrutado de un superávit de popularidad a partir de junio de 1997; en abril, junio y julio de 1998 registró un déficit, para de nuevo reiniciar un ciclo de superávit que dura hasta nuestros días[56]. Por otra parte, dado que hasta el momento no se ha celebrado ningún proceso electoral de carácter legislativo, no podemos contrastar la existencia de ciclos eclécticos de carácter oportunista (ingenuo y racional), pero sí es posible analizar la actitud satisfactoria de carácter ideológico del primer gobierno Aznar. Hasta comienzos de 1999 apreciamos que existen grandes diferencias entre el PP y el PSOE en materia de lucha contra la inflación y en el control presupuestario[57]; por otra parte, también es evidente que las políticas de empleo y el objetivo de crecimiento económico del ejecutivo popular difieren significativamente de los planteamientos socialistas[58]. La única excepción es la política monetaria, si bien es cierto que la responsabilidad en esta cuestión es exclusivamente del Banco de España.

Tal y como reseñamos anteriormente, a partir de junio de 1997, el gobierno de Aznar comenzó a gozar de un superávit de popularidad que prácticamente dura hasta nuestros días, si exceptuamos los meses de abril, junio y julio de 1998; y ello le ha permitido reforzar su orientación ecléctica en el objetivo de crecimiento económico, tal y como se infiere del contraste del índice de estabilidad/cambio, pues la tasa de variación (interanual) media del PIB, durante los primeros meses de la legislatura, fue un 0,79% inferior, si se compara con la tasa de actividad en el conjunto de estos primeros años[59]. Por otra parte, el Banco de España está colaborando con la política monetaria que practica, dado que los tipos de intervención media en los primeros meses de legislatura fueron un 0,97% superiores, en relación con los tipos de interés del conjunto del período[60].

---

[56] Véase gráfico 7.3. En este caso, hasta abril de 1999, que es el último mes objeto de estudio.
[57] Véase cuadro 7.3.
[58] Véase capítulo 2.
[59] Véase cuadro 7.4.
[60] Véase cuadro 7.4.

8

Conclusiones

A la luz de lo relatado en los capítulos anteriores, concluimos que en estos veintidós años de transición y democracia, el ámbito económico y el dominio político han interaccionado, de tal modo que la situación económica no ha sido inmune a lo acontecido en el sistema político. En el capítulo 2 destacábamos como rasgo reseñable de este período, que la política fiscal y monetaria estuvieron muy ligadas, debido a las necesidades financieras del Estado. Efectivamente, la mayoría de los gobiernos se han caracterizado por su propensión a incurrir en déficits presupuestarios, aunque hay una excepción que confirma esta conducta: el gobierno de Aznar está controlando el gasto público y, simultáneamente, está reduciendo de forma drástica el déficit hasta el 2% del PIB.

Si examinamos la evolución del presupuesto y la política fiscal durante la transición y la democracia constatamos la presencia de cuatro regímenes: el final de la planificación indicativa (1973-1977), la conmoción y las pretensiones reformistas (1977-1985), el arduo camino de la integración (1986-1996) y la esperanza ortodoxa del gobierno de Aznar. El tardío franquismo, y la posterior transición hacia la democracia, fue el inicio de lo que se ha denominado *tendencia al desequilibrio presupuestario*. Este período que transcurrió hasta las primeras elecciones democráticas del 15 de junio de 1975 fue el embrión de una tendencia al desequilibrio presupuestario. Tras estos comicios, la hacienda pública se sumió en un estado de conmoción debido, tanto al control del gasto público como a su escaso nivel recaudatorio. Los Pactos de la Moncloa se plantearon con la finalidad de reformar las cuentas públicas, pero los gobiernos de la UCD no pudieron desarrollar las medidas allí plasmadas, ya que no disponían de un respaldo mayoritario en la Cámara de los Diputados. Todo ello facilitó que el déficit público creciese de forma insostenible hasta nuestro ingreso en la CEE, que es cuando la hacienda pública española inicia un arduo camino de la integración, marcado en un primer momento por la consolidación del gasto, aunque posteriormente se invertiría esta actitud política tras la huelga del 14 de diciembre de 1988.

Después de las elecciones generales de octubre de 1989, Felipe González, como candidato a la presidencia del gobierno, se comprometió en el debate de investidura a reducir el déficit y no aumentar el gasto público; sin embargo, la realidad fue bien distinta, ya que el gasto aumentó hasta alcanzar el 49,66% del PIB y el saldo presupuestario negativo logró su máximo histórico del 7,45% en 1993. Con la llegada del PP al gobierno de la nación, tanto el gasto como el déficit público registraron un descenso considerable, alcanzando niveles muy similares a los comunitarios.

Si tuviésemos que caracterizar la política monetaria de la transición y la democracia, concluiríamos afirmando que hay dos fases claramente diferenciadas: antes y después de junio de 1994, que fue cuando entró en vigor la Ley de Autonomía del Banco de España. A partir de ese momento, el único objetivo de la autoridad monetaria pasó a ser el control directo de la inflación. No obstante, en estos veintidós años de convivencia en libertad, constatamos la presencia de varios regímenes de política monetaria: el control monetario en una economía cerrada (1973-1983), la transición a un nuevo modelo (1984-1989), estabilidad tras el ingreso en el SME (julio de 1989-julio de 1992), sobresaltos y crisis del SME (agosto de 1992-mayo de 1994), y la autonomía del Banco de España y la nueva estrategia monetaria (junio de 1994).

La desaparición del sistema de tipos de cambio fijo que había caracterizado al Sistema Monetario Internacional hasta 1973, condujo al Banco de España a plantearse una estrategia de control en dos niveles: la finalidad última era estabilizar la inflación, y otro intermedio, que consistía en instrumentar medidas que garantizasen la liquidez. A partir de 1978, la autoridad monetaria modificó su objetivo intermedio, estableciendo unas bandas de fluctuación límite para el agregado monetario M3. A medida que avanzaba la década de los ochenta fueron surgiendo los primeros problemas para este esquema de política monetaria, unido a la pretensión del

Banco de España por mantener un equilibrio en los mercados financieros, y a las dudas que infundía el sistema de tipos de cambio flexible, condujeron a que el objetivo intermedio de M3 fuese sustituido por un agregado más amplio: ALP.

Coincidiendo con nuestra adhesión a la CEE en 1986, el tipo de cambio fue ganando protagonismo como mecanismo de control dentro de la política monetaria. La estabilidad cambiaria que exigía nuestra pertenencia a la CEE limitó la autonomía del Banco de España a la hora de instrumentalizar la política monetaria, de ahí que nuestro país registrase unas tasas de inflación ciertamente superiores a las experimentadas por los países centrales de la Comunidad. Todo ello obligó a la autoridad monetaria a practicar unos tipos de interés más elevados que nuestros vecinos comunitarios. Al no remitir las restricciones del sector exterior, sino que se multiplicaban, el gobierno socialista decidió que España se incorporase el 19 de junio de 1989 al mecanismo de cambios del SME. El objetivo de esta decisión era mejorar la reputación del ejecutivo a la hora de luchar contra la inflación.

En los tres primeros años de pertenencia al SME, nuestra moneda no sufrió ningún ataque especulativo; pero a partir del 2 de junio de 1992, una vez que se había celebrado el referéndum danés sobre la ratificación del TUE, la peseta entró en una fase de depreciación continua frente al marco: el 17 de septiembre de 1992 las autoridades españolas decidieron devaluar la peseta un 5%, y el 21 de noviembre de 1992 el Banco de España tuvo que practicar otra devaluación. En este ambiente de inestabilidad monetaria y macroeconómica, Felipe González decidió disolver las Cortes Generales en abril de 1993, convocando elecciones para el 6 de junio. El 14 de mayo, la autoridad monetaria devaluó de nuevo la peseta, debido a las tensiones que sufría nuestra moneda, y que en parte tenían su origen en los pronósticos de las encuestas de opinión pública, que predecían un gobierno minoritario tras once años de mayorías absolutas. No obstante, ni ésta fue la última devaluación, ni los resultados electorales evitaron que las autoridades comunitarias decidiesen ampliar la banda de fluctuación de la peseta y las restantes monedas extranjeras hasta el ±15.

La reforma del SME del 2 de agosto de 1993 obligaba al Banco de España a replantearse su política monetaria: la conducción pasaba a descansar más en el seguimiento de la inflación y en su evaluación a medio plazo, en relación con la pauta seguida por los países centrales del SME, ya que uno de los retos prioritarios era alcanzar la estabilidad de precios. La Ley de Autonomía del Banco de España de 1994 facilitaba la implantación de este nuevo esquema basado en un solo nivel: el control de la inflación. Estas medidas no consiguieron disipar las tensiones hasta finales de 1995.

Con la llegada de Aznar al gobierno de la nación, la política monetaria recuperó su objetivo de controlar la inflación; y ello era compatible, además, con una reducción progresiva de los tipos de interés a corto plazo.

Finalizamos este segundo capítulo examinando los aspectos más relevantes de la política de empleo, en donde distinguimos varios regímenes: el desánimo y aumento masivo del desempleo (1977-1985), la liberalización del mercado laboral y la creación de empleo (1986-1990), la crisis económica de principios de los noventa (1991-1994) y la Reforma Laboral de 1994, el Acuerdo de Estabilidad del Empleo de 1997 y la creación de empleo. A partir de 1975, la economía española afrontó un fuerte *shock* energético y salarial, que provocó un estancamiento de la producción y una caída de la productividad. Apareció el efecto desánimo, desacelerándose el crecimiento de la población, al mismo tiempo que disminuía el empleo.

Tras las primeras elecciones generales del 15 de junio de 1977, el crecimiento de los salarios se moderó gracias a los acuerdos suscritos en los Pactos de la Moncloa, pero no sucedió lo mismo con los componentes no salariales de los costes laborales. Se posibilitaba así la revisión de los salarios, siempre y cuando la tasa de crecimiento del IPC rebasase el 6,5% antes del 30 de junio de ese año, hecho que sucedió al amparo del Real Decreto-Ley de 3 de agosto de 1979, que provocó un incremento salarial a lo largo del segundo semestre del año.

El Acuerdo Marco Interconfederal, suscrito por la CEOE, UGT y CC.OO. en enero de 1980, y la posterior aprobación y aplicación del Estatuto de los Trabajadores en marzo, consiguieron frenar el incremento de las remuneraciones laborales. Ello no fue suficiente para frenar la expansión del desempleo, que continuó creciendo hasta 1985. No podemos obviar que el Acuerdo Nacional sobre el Empleo de junio de 1981 sentó las bases para articular una política económica más orientada hacia la creación de empleo, al mismo tiempo que se iniciaba el largo camino de las reformas estructurales que necesitaba el país, aunque éstas quedaron reducidas a simples anhelos.

Con la llegada del PSOE al gobierno de la nación, comenzó una política de saneamiento económico para el trienio 1983-1985, que consiguió frenar la expansión de los costes laborales, pero en ningún momento evidenció una capacidad de crear empleo. El año 1984 fue un período de ajuste económico global y positivo, de ahí que la Ley 32/1984 de 2 de agosto se planyease con la finalidad de flexibilizar el mercado de trabajo, intentando adaptar el marco institucional español a las nuevas circunstancias, que venían marcadas por la crisis económica.

El Acuerdo Económico y Social 1985/1986 se planteó con el propósito de controlar el crecimiento de las remuneraciones salariales y los costes laborales, tanto en el sector privado como en el público. Al mismo tiempo, fue el final de una etapa de la economía española, caracterizada por la negociación social; pero los resultados negativos en materia de creación de empleo, unido a los desencuentros políticos suscitados por las medidas flexibilizadoras del mercado laboral contempladas en esta ley, contribuyeron a que se iniciase una nueva fase caracterizada por la inexistencia de pactos sociales entre empresarios, sindicatos y gobierno.

La crisis económica de los primeros años de la década de los noventa, se reflejó en el mercado laboral con una elevada destrucción de puestos de trabajo y una escasa creación de empleo. Esta situación económica afectó inmediatamente al marco jurídico que regulaba el trabajo: se publicó el 3 de abril de 1992 el Decreto-Ley del Medicamentazo. Al final de este período no se había reducido la tasa de paro, ya que la situación laboral se fue degradando: desapareció la estabilidad en el empleo como consecuencia de la proliferación de contratos de trabajo temporal que se firman, aumentó el trabajo a domicilio... Lo único que permitieron las reformas de la década de los ochenta y la de 1992 fue flexibilizar las condiciones de empleo, y que la oferta se adaptara a las nuevas necesidades cíclicas. A la luz de todo ello, se entiende por qué el gobierno socialista acometió algunas reformas del mercado trabajo a partir de 1993, siendo la más reseñable la Ley 11/1994 de 19 de mayo.

A diferencia de la última reforma laboral socialista, el Acuerdo Interconfederal para la Estabilidad del Empleo de abril de 1997 está evidenciando una gran eficacia, ya que la tasa de desempleo está en torno al 20%, y la remuneración por asalariado y el coste laboral han registrado el incremento más pequeño de la transición y la democracia.

Conocer los aspectos macroeconómicos y la política económica de este período es fundamental a la hora de analizar la interacción entre el dominio económico y el ámbito político, pero también es importante revisar los rasgos que distinguieron al sistema político (capítulo tercero). Desde 1977 hasta nuestros días se han celebrado siete elecciones generales (15 de junio de 1977, 1 de marzo de 1979, 28 de octubre de 1982, 22 de junio de 1986, 29 de octubre de 1989, 6 de junio de 1993 y 3 de marzo de 1996), que se encuadran dentro de tres ciclos electorales: transición democrática (1977-1979), postransición y cambio (1982-1993) y consolidación democrática (1996).

Los comicios generales de 1977 se caracterizaron por la incertidumbre propia de un proceso electoral fundacional, al que concurrieron una gran variedad de candidaturas. Al final, tan sólo once formaciones políticas consiguieron representación parlamentaria, siendo la UCD la fuerza más votada, ya que consiguió el 35% de los votos y ello le permitió formar un gobierno minoritario.

Si bien es cierto que las elecciones generales de 1979 estuvieron dominadas por la incertidumbre, no podemos obviar que en este caso concurría una coalición que había gobernado en los últimos tres años. Los resultados confirmaron esas expectativas electorales, ya que la UCD aumentó su representación parlamentaria hasta los 168 diputados.

Con las elecciones generales de 1982 comenzó un nuevo ciclo electoral dominado por la hegemonía socialista. El panorama parlamentario cambió radicalmente, ya que el PSOE consiguió formar un gobierno mayoritario. Las elecciones de 1986 y 1989 se caracterizaron por la continuidad, si bien es cierto que el PSOE vio disminuir su grupo parlamentario sin perder nunca la mayoría absoluta.

Las elecciones generales de 1993 fueron el final del segundo ciclo electoral de la transición y la democracia, ya que era la primera vez que el PSOE necesitaba del apoyo parlamentario de otras fuerzas políticas de ámbito nacionalista, al no obtener el respaldo mayoritario de los votantes españoles. De este modo, el ejecutivo de

Felipe González tenía la obligación de consensuar todas sus propuestas legislativas con CiU, pues los 17 diputados de esta coalición le otorgaban un respaldo mayoritario. A la derecha del PSOE emergía el PP, que mereció la confianza del 35% de los votantes españoles en 1993, y que posteriormente, en los comicios generales de 1996, logró una mayoría relativa, que le está permitiendo gobernar mediante un acuerdo de legislatura con las tres fuerzas políticas nacionalistas, con mayor respaldo electoral (CiU, PNV y CC).

Una vez examinados los aspectos fundamentales del ámbito económico y el dominio político durante la transición y la democracia, nos planteamos profundizar en el análisis de la interacción entre economía y política a lo largo de este período. Para ello, calculamos un índice de sufrimiento económico y un indicador de estabilidad política (capítulo 4), con el fin de evaluar la gestión de los diferentes gobiernos. El índice de sufrimiento económico propuesto es un indicador que nos permite valorar la gestión macroeconómica de un gobierno en términos relativos, a partir de la tasa de inflación subyacente interanual, la tasa de paro mensual, el crecimiento interanual del PIB, el saldo presupuestario en términos de PIB mensual y los tipos de interés oficial bajo el mandato de cada gobierno. Este índice cumple todas la propiedades que debe reunir cualquier medida de variación, así como los principios fundamentales de la teoría económica; de tal modo, que es un indicador óptimo para evaluar la gestión macroeconómica de los distintos ejecutivos de la transición y la democracia. No podemos finalizar esta breve reseña teórica sobre el índice de sufrimiento, sin reseñar que nuestra propuesta supera las vicisitudes del índice de miseria de Okun y de Barro.

A la luz de los cálculos obtenidos, concluimos que el vía crucis de la economía española durante la transición y la democracia consta de cuatro fases: el castigo de Suárez, el calvario de Calvo Sotelo, la redención de González y la esperanza de Aznar. De acuerdo con los valores del índice de sufrimiento, la etapa de Adolfo Suárez fue la peor, ya que este indicador disminuyó un 41,59%, con respecto al período final de la dictadura franquista. Ello vino explicado por el aumento de la inflación, seguido del encarecimiento de los tipos de interés a corto plazo; a mayor distancia se situaban el incremento del desempleo, como un elemento que también distorsionó del equilibrio macroeconómico. Es evidente que este índice de sufrimiento hubiese sido más negativo si la tasa de crecimiento económico no hubiese neutralizado parte de los efectos nocivos de la inflación, el aumento del precio del dinero y el incremento del paro.

Tras el castigo de Suárez, vino el calvario de Calvo Sotelo, ya que la situación mejoró relativamente, aunque el índice de sufrimiento seguía siendo adverso. Si el déficit presupuestario en términos de PIB, la tasa de desempleo y los tipos de interés no hubiesen aumentado con respecto a la etapa de Suárez, y el ritmo de crecimiento no se hubiera desacelerado, este indicador habría deparado mejores resultados.

Si bien es cierto que el ciclo económico registró cambios durante el período de gobierno socialista, no podemos obviar que Felipe González rescató a la economía española de ese cautiverio que supuso los años de la transición y la posterior consolidación democrática. Efectivamente, el índice de sufrimiento económico mejoró un 2,25%, debido sobre todo al mejor comportamiento de los precios, al control de los tipos de interés a corto plazo y a la tasa de crecimiento económico. El alivio económico de la etapa de González habría sido mayor si el déficit presupuestario en términos de PIB y el desempleo no hubiesen aumentado a una tasa media anual del 8,49 y el 4,65%, respectivamente, con respecto al período de mandato de Calvo Sotelo.

A la luz de todo lo reseñado en el párrafo anterior, se infiere que toda redención tiene un precio, y en este caso se concretó en la herencia económica que dejó Felipe González a José María Aznar: mayor tasa de paro que la recibida y un déficit presupuestario en términos de PIB bastante más elevado. El índice de sufrimiento económico evidencia que la actitud política del actual ejecutivo goza de credibilidad entre los agentes económicos y sociales, y ello está favoreciendo el avance económico y el progreso político sin precedentes en nuestra más reciente historia democrática. Los tipos de interés a corto plazo han descendido, la tasa de inflación se está desacelerando y el saldo presupuestario en términos de PIB ha mejorado con respecto a la etapa de gobierno socialista. En cualquier caso, no debemos olvidar que la esperanza de Aznar habría sido superior si hubiese conseguido una mayor reducción del desempleo y un mayor crecimiento económico.

278

El análisis de la estabilidad política en España durante la transición y la democracia nos ha obligado a definir un índice *ad hoc* a nuestro sistema político, dadas las peculiaridades del mismo. En dicho indicador se han considerado tres componentes: la estabilidad gubernativa, las remodelaciones y ceses de gobierno, y la duración del ejecutivo y las crisis políticas. Si analizamos la evolución del índice de estabilidad política apreciamos que ha sido muy dispar, pues a períodos de un gran equilibrio, le han sucedido fases de inestabilidad. A partir del estudio de los períodos de máxima y mínima estabilidad, identificamos veintiséis ciclos políticos tras el restablecimiento del régimen de libertades públicas: la transición a la democracia, el primer gobierno constitucional, la primera moción de censura de la democracia, el último gabinete de Suárez, la intentona golpista, la primera remodelación del gobierno de Calvo Sotelo, la segunda y la última crisis de gobierno de Calvo Sotelo, la primera crisis de gobierno de Felipe González, el inicio de la segunda legislatura de gobierno de Felipe González, la segunda moción de censura de la democracia, el reajuste ministerial de 1988, la huelga general de 1988, el inicio de la tercera legislatura socialista, la salida de Manuel Chaves del gobierno, la dimisión de Alfonso Guerra, la salida de García Valverde y el escándalo Renfe, el inicio de la cuarta legislatura de Felipe González en minoría, el cese de Corcuera y el auge de la corrupción, la dimisión de Asunción y la fuga de Roldán, la salida del vicepresidente Serra y el escándalo del CESID, el nuevo ciclo político con el PP en el gobierno, Aznar realiza su primera remodelación, y, por último, a finales de abril, Loyola de Palacio deja el gobierno.

Una vez analizados los aspectos fundamentales del ámbito económico y el dominio político durante la transición y la democracia, pasamos a investigar la interrelación entre economía y política, a través del cálculo del ciclo ideológico (capítulo 5), político (capítulo 6) y ecléctico (capítulo 7). La teoría partidista se plantea como objetivo analizar si la intervención de los diferentes gobiernos ha estado supeditada a criterios estrictamente ideológicos, de manera que los fines de los distintos partidos que han gobernado aparecen claramente diferenciados, ya que orientaron la política económica en función de su signo político. Teniendo en consideración las peculiaridades del sistema político español construimos dos índices: el índice de diferencias entre los gobiernos de distintos partidos y el indicador de estabilidad/cambio a lo largo del mandato. Dado que en España, al igual que en algunos países de nuestro entorno, tanto la inflación como el déficit público y los tipos de interés a corto han evidenciado una persistencia temporal durante la transición y la democracia, planteamos un índice de diferencias permanentes para aproximarnos al ciclo ideológico. Una de las críticas que se le hace a la teoría del ciclo partidista es que no considera la influencia que ejerce la incertidumbre electoral en las expectativas de los votantes, de ahí que la teoría ideológica racionalista haya reformulado el planteamiento anterior, suponiendo que los votantes, al moverse en un ambiente de incertidumbre electoral, se forman unas expectativas racionales. Los electores, que aprecian perfectamente las diferencias ideológicas entre las distintas fuerzas políticas, optan por aquella que se adecua mejor a sus preferencias.

En estos veintidós años de transición y democracia en España ha habido tres regímenes gubernativos: la UCD, que gobernó hasta diciembre de 1982; el PSOE, que alcanzó el poder en este mes y concluyó su mandato en mayo de 1996; y el PP, que gobierna desde ese año. El gobierno de Aznar se está distinguiendo por mantener una actitud ideológica firme, si se adopta como referencia la etapa socialista. En los dos primeros años de gobierno, el ejecutivo popular ha satisfecho el 60% de sus propuestas programáticas, mientras que los gobiernos de Felipe González se distinguieron por aplicar una política económica de carácter antipartidista, ya que el 40% de la medidas aplicadas no estaban en sintonía con los postulados socialdemócratas. Hemos de reseñar, en descargo del PSOE, que su actitud era similar a la mantenida por sus homólogos en Europa durante la década de los ochenta; sin embargo, el ejecutivo popular está manteniendo una posición ideológica más racional, pues su principal objetivo es controlar la inflación, dado que era una de las condiciones necesarias para acceder a la tercera fase de la UEM.

Si se analizan los ciclos ideológicos de las etapas socialista y popular, desde la perspectiva del índice de estabilidad/cambios en la orientación de la política económica articulada a lo largo de su mandato, concluimos que los ejecutivos de Felipe González fueron muy leales a los principios básicos de la socialdemocracia, ya que el 80% de los contrastes realizados corroboran que su actitud estuvo en sintonía con las predicciones de la teoría partidista. A diferencia de los socialistas, el ejecutivo de Aznar, en sus dos primeros años de gobierno, no alcanza aún esos niveles de fidelidad respecto a los postulados básicos de los liberal-conservadores, ya que los resultados macroeconómicos de su gestión económica han evidenciado un gran cambio a medida que avanzaba la legislatura.

No podemos culminar nuestro análisis acerca de la interrelación entre economía y política en la transición y la democracia, sin examinar el ciclo político; es decir, sin investigar si los distintos gobiernos han orientado la política económica en función de la proximidad temporal de los comicios. A diferencia del ciclo ideológico, tan sólo proponemos un índice oportunista, que nos permite conocer en qué medida los distintos ejecutivos han utilizado la estabilidad de precios y pleno empleo, además del crecimiento interanual del PIB, el saldo presupuestario en términos de PIB mensual y los tipos de interés oficial, con una finalidad electoralista. De nuestro análisis empírico no se infiere que los gobiernos de la transición y la democracia hayan orientado la política económica con una finalidad estrictamente oportunista, aunque tampoco podemos obviar que en el 35,7% de las oportunidades que se le han presentado a los distintos ejecutivos para utilizar su acción política con fines electorales, optaron por ello. Al igual que en el caso del ciclo ideológico, una de las principales críticas que se le hace a la teoría del ciclo político es que parte del supuesto de que los votantes no son racionales, pues, cuando votan, solamente recuerdan la situación económica más próxima y olvidan el pasado más lejano. A partir de esta crítica, han ido formulándose propuestas que han dado lugar a la teoría del ciclo corto de carácter oportunista a medio y largo plazo (racional). Para podernos aproximar empíricamente a los ciclos políticos de carácter racional utilizamos dos índices: retrospectivo y prospectivo. Las conclusiones que se extraen difieren respecto al caso del ciclo oportunista: con una perspectiva retrospectiva, tan sólo se utilizaron el 39,3% de los objetivos e instrumentos de política económica; mientras que desde la óptica prospectiva, este ratio asciende hasta el 60,7%.

El análisis longitudinal del ciclo político (ingenuo y racional) evidencia que la tasa de crecimiento económico ha sido la variable que más se ha utilizado con fines políticos: desde la óptica estrictamente oportunista, en las elecciones generales de 1979, 1982, 1986 y 1996; desde la perspectiva retrospectiva, en los mismos comicios mencionados anteriormente; y con un carácter prospectivo, en las convocatorias de 1979, 1989 y 1993. En segundo término, encontramos el desempleo como macrovariable que ha sido objeto de manipulación política, ya que tanto desde una óptica estrictamente oportunista como retrospectiva, se utilizó en las elecciones generales de 1989 y 1996; por el contrario, desde una perspectiva prospectiva, se manejó con fines electoralistas en los comicios de 1979 y 1993. El resto de los objetivos e instrumentos de política económica también fueron objeto de manipulación en algunas elecciones generales, pero sin alcanzar los niveles de las variables crecimiento económico y desempleo.

Si tuviésemos que enjuiciar la actitud política en los distintos períodos legislativos, concluiríamos afirmando que los gobiernos del PSOE fueron los más oportunistas, ya que utilizaron más veces, y en mayor magnitud, la política económica con fines electoralistas (ingenuo y racional). A diferencia de los socialistas, los ejecutivos de la UCD orientaron el 25% de la política económica con una finalidad oportunista, tanto en los comicios de 1979 como en las elecciones generales de 1982.

La teoría del ciclo ideológico y político de la economía presupone que los políticos (gobierno) están preocupados permanentemente por la situación económica, orientando la política económica de un modo discrecional. Frente a estos planteamientos, surgió la propuesta de ciclo ecléctico: los políticos (gobierno) interfieren en la economía solamente cuando la coyuntura es muy desfavorable y sus expectativas de reelección se ven seriamente amenazadas, o aprecian que la situación del país preocupa al electorado y ello daña su nivel de popularidad.

Si los electores revelan su malestar ante la actual coyuntura económica (inflación, desempleo, balanza de pagos, presupuestos, nivel de actividad...), el gobierno adoptará medidas económicas tendentes a mejorar la situación, al menos durante el período electoral, pues, de este modo, podrán salir reelegidos en los próximos comicios (ciclo electoralista). Sin embargo, cuando los niveles de popularidad evidencian que no peligra la reelección, debido a la buena marcha de la economía, los gobernantes articularán una serie de medidas encaminadas a cumplir sus objetivos de carácter ideológico, siempre que ello no perjudique sus expectativas electorales.

Las elecciones generales de abril de 1979, confirmaron que la UCD era una coalición de partidos capaz de gobernar en minoría, pero que aún tenía algunas asignaturas pendientes: afrontar de una manera decidida la crisis económica, acometer algunas reformas institucionales pendientes...; si a todo ello le agregamos que la división interna dentro de la UCD se iba haciendo más notoria, comprenderemos por qué los niveles de intención de voto de esta fuerza centrista descendían a un ritmo acelerado. Ante esta situación, caracterizada por el déficit de popularidad, el gobierno de Leopoldo Calvo Sotelo favoreció la reactivación económica durante los meses que precedieron a los comicios generales de 1982 aumentando el gasto público, ya que peligraba su reelección, como consecuencia del deterioro que experimentó el nivel de popularidad de la UCD.

Las elecciones de octubre de 1982 confirmaron la hegemonía electoral del PSOE, iniciándose así un nuevo ciclo legislativo. En los primeros comicios generales que se celebraron bajo el mandato de Felipe González constatamos la presencia de un ciclo ecléctico, ya que el partido del gobierno sufrió un déficit de popularidad durante toda la legislatura. El ejecutivo socialista favoreció la reactivación económica, ya que peligraba la reelección de Felipe González, como consecuencia del deterioro que experimentó el nivel de intención de voto del PSOE antes de las elecciones generales de 1986. Esta actitud oportunista del gobierno socialista se reforzó con un ciclo ecléctico racional en materia presupuestaria y en la política monetaria a medio plazo; de este modo, el Banco de España pretendía contribuir al estado de aceptación generalizada de la política económica articulada por el ejecutivo socialista, dinamizando la economía, reanimando la demanda interna y, muy especialmente, el consumo y la inversión privada.

A diferencia de lo sucedido en las elecciones generales de 1986, en los comicios de 1989 tan solo constatamos la presencia de un ciclo satisfactorio en materia presupuestaria. Además, los contrastes de hipótesis realizados confirman que Felipe González favoreció un ciclo retrospectivo en inflación y desempleo, y otro prospectivo en el objetivo de crecimiento económico y en los tipos de interés a corto plazo.

A finales de 1992, PP y PSOE empataban en intención de voto, y esa iba a ser la tónica de los meses que precedieron a los comicios generales de junio de 1993. Al igual que sucedía cuando analizábamos el ciclo oportunista, incurriríamos en un error si afirmamos que en estos comicios hubo un ciclo ecléctico en materia de política monetaria, ya que el Banco de España decidió bajar los tipos de intervención durante el año electoral, con el fin de mantener el tipo de cambio de la peseta dentro de las bandas de fluctuación del 15% que fijó el SME.

El adelanto de las elecciones generales de 1993 no facilitaba la presencia de ciclos satisfactorios, máxime cuando ello sucedió en un ambiente económico caracterizado por la crisis. En este sentido, esta convocatoria apenas se diferenció de las celebradas en 1986 y 1989, ya que no constatamos la presencia de ningún ciclo satisfactorio. No obstante, Felipe González favoreció un ciclo retrospectivo del saldo presupuestario. Tras la celebración de los comicios de 1993 apreciamos que el nuevo ejecutivo socialista orientó los objetivos de inflación, crecimiento económico y la política de empleo con una finalidad oportunista. La elevada popularidad de Felipe González fue fundamental para que el PSOE triunfara en estas elecciones generales, aunque con una mayoría relativa, que le obligó a establecer pactos puntuales con las dos fuerzas nacionalistas más importantes: PNV y CiU.

Tras retirar CiU su apoyo parlamentario al gobierno, Felipe González pretendió alargar la legislatura prorrogando los Presupuestos Generales de 1995, aunque muy pronto apreció que esta situación de crisis política no podía alargarse y disolvió las Cortes Generales, convocando elecciones generales para el 3 de marzo de 1996. Si tuviésemos que realizar una evaluación del ciclo político de la economía española en estos comicios, resaltaríamos que la actitud electoralista del último ejecutivo socialista fue similar a la manifestada en los comicios anteriores. El gobierno de Felipe González utilizó el 40% de los objetivos e instrumentos de política económica con fines electoralistas. En las circunstancias políticas en que se desenvolvieron las elecciones de 1996, el gobierno socialista pudo sentir la tentación de orientar la política económica con fines electoralistas, tal y como se deduce de los contrastes de hipótesis del ciclo oportunista del PIB y el desempleo.

Tras triunfar el PP en las elecciones generales del 3 de marzo de 1996, José María Aznar consiguió formar un gobierno que cuenta con el apoyo parlamentario del grupo popular y las principales fuerzas regionalistas. Al margen de las consideraciones anteriores, si tuviésemos que realizar una valoración conjunta del ciclo partidista en estos veintidós años de convivencia en libertad, resaltaríamos que el gobierno del PP se está distinguiendo por mantener una actitud ideológica menos firme que el PSOE. Al analizar los diferentes indicadores y contrastes que definen los ciclos partidistas de ambos mandatos, apreciamos que, en los primeros años de gobierno, Aznar tan sólo ha satisfecho el 50% de las propuestas programáticas. Desde la perspectiva de las diferencias ideológicas, el primer ejecutivo de Aznar está siendo fiel a los principios ideológicos de los liberal-conservadores, y está profundizando en el objetivo de control de la inflación y del déficit presupuestario, ya que entre sus retos prioritarios estaba disminuir el diferencial con respecto a la UEM y conseguir que España estuviese desde el inicio en Eurolandia.

Si nos atenemos a los contrastes de estabilidad/cambio en estos primeros años de gobierno del PP, el ejecutivo de Aznar está demostrando una gran estabilidad en las medidas económicas aplicadas, si bien es cierto que a estas alturas de la legislatura no ha alcanzado los niveles logrados por Felipe González, ya que este índice de fidelidad se situó en el 80%.

Bibliografía

AB Asesores. (1994). *Historia de una década de sistema financiero y economía española 1984-1994*. AB Asesores.

Ake, C. (1974). «Modernization and political inestability: A theoretical exploration». *World Politics,* vol. 26.

Ake, C. (1975). «A definition of political stability». *Comparative Politics,* vol. 7.

Alcántara, M. y Martínez, A. (1997). *Política y gobierno en España.* Tirant Lo Blanch.

Alesina, A. (1987). «Macroeconomic policy in a two-party system as a repeated game». *Quarterly Journal of Economics,* núm. 102.

Alesina, A. (1988). «Credibility and policy convergence in a two-party system with rational voters». *American Economic Review,* vol. 78.

Alesina, A. (1988). *Macroeconomic and politics.* NBER Macroeconomic Annual. MIT, Cambridge Mass.

Alesina, A. (1989). «Comments and discussions to Nordhaus (1989)». *Brookings Papers on Economic Activity,* núm. 2.

Alesina, A. (1989). «Politics and business cycles in industrial democracies». *Economic Policy,* núm. 8.

Alesina, A. y Rodrik, D. (1994). «Distributive politics and economic growth». *Quarterly Journal of Economics,* vol. CIX, núm. 2.

Alesina, A. y Sachs, J. (1988). «Political parties and the business». *Journal of Money, Creditt and Banking,* vol. 20, núm. 1.

Alesina, A., Cohen, G. D. y Roubini, N. (1993). «Electoral business cycle in industrial democracies». *European Journal of Political Economy,* vol. 9, núm. 1.

Alt, J. E. (1985). «Political parties, world demand and unemployment: Domestic and interantional sources of economic activity». *American Political Science Review,* vol. 79.

Analistas Financieros Internacionales (1999). «La política monetaria del Banco Central Europeo». *Cuadernos de Información Económica,* núm. 142.

Anduiza, E. y Méndez, M. (1997). *Elecciones y comportamiento electoral (1977-1996).* Tirant Lo Blanch.

Anes, G. y Rojo, L. A. (1983). *Estudios en homenaje a Diego Mateo del Peral.* Alianza Universidad.

Ayuso, J. y Escrivá, J. L. (1997). «La evolución de la estrategia de control monetario en España». Incluido en VV.AA. (1997). *La política monetaria y la inflación en España.* Alianza Economía.

Banco de España (1993). «La política monetaria en 1994». *Boletín del Banco de España,* diciembre.

Banco de España (mensual). *Boletín estadístico.* Banco de España.

Banco de España (mensual). *Boletín económico.* Banco de España.

Barro, R. J. (1996). *Getting id right.* Massachussetts Institute of Technology.

Barro, R. y Gordon, D. (1983). «Rules, discretion, and reputation in a model of monetary policy». *Journal of Political Economy,* núm. 86.

Bertola, G. (1993). «Factor shares, saving properasities, and endogenous growth». *American Economic Review,* vol. LXXXIII.

Black, D. (1958). *The theory of committees and elections.* Cambridge University Press.

Blanchard, O. y Summers, L. (1986). «Hysteresis and the European unemployment problem». Incluido en S. Fisher (1986). *Macroeconomic Annual.* Cambridge Mass.

Canzoneri, M. y Diba, B. (1997). «Restricciones fiscales a la independencia de los bancos centrales y a la estabilidad de precios». Incluido en VV.AA. (1997). *La política monetaria y la inflación en España.* Alianza Economía.

Castillo, P. del (1994). *Comportamiento político y electoral.* Centro de Investigaciones Sociológicas.

Cukierman, A. y Meltzer, A. H. (1986). «A positive theory of discretionary policy, the cost of democratic government, and the benefits of a constitution». *Economic Inquiry,* vol. 24.

Cutright, P. (1963). «National political development: Measurement and analysis». *American Sociological Review,* vol. 28.

Chappell, H. W. y Keech, W. R. (1988). «The unemployment consequences of partisan monetary policies». *Southern Economic Journal,* vol. 55, núm. 1.

Davison, L. S., Fratiani, M. y Von Hagen, J. (1990). «Testing for political business cycles». *Journal of Policy Modelling,* vol. 12, núm. 1.

Dolado, J. J. y Sicilia, J. (1995). «Explicaciones de la recesión europea: Un enfoque VAR estructural». *Cuadernos Económicos de ICE,* núm. 59.

Duréndez Sáez, I. (1997). *La regulación del salario en España.* Consejo Económico y Social.

Ellis, C. J. y Thoma, M. A. (1988). *Credibility and political business cycle.*

Escrivá, J. L. y Malo de Molina, J. L. (1991). *La instrumentación de la política monetaria española en el marco de la integración europea.* Documento de trabajo núm. 9104. Banco de España.

Espasa, A. (1990). *Metodología para realizar el análisis de la coyuntura de un fenómeno económico.* Documento de Trabajo núm. 9003. Banco de España.

Espasa, A. (1994). «El cálculo del crecimiento de variables económicas a partir de modelos cuantitativos». *Boletín Trimestral de Coyuntura,* núm. 54. INE.

Farlie, D. y Budge, I. (1977). «Newtonian mechanics and predictive election theory». *British Journal of Political Science,* vol. 7, parte 3.

Fisher, S. (1986). *Macroeconomic Annual.* Cambridge Mass.

FMI (1996). *Informe Económico del FMI.* Fondo Monetario Internacional.

FMI (1997). *Informe Económico del FMI.* Fondo Monetario Internacional.

Fogel, R. W. (1992). «Problems in modelling complex dynamic interactions: The political realignment of th 1850s». *Economics and Politics,* vol. 4, núm. 3.

Frey, B. S. y Schneider, F. (1978). «A politic-economic model of the United Kingdom». *Economic Journal,* vol. 88, núm. 350.

Frey, B. S. y Schneider, F. (1978). «An empirical study of politic-economic interaction in the United States». *The Review of Economics and Statistics,* vol. 60, núm. 2.

Frey, B. S. y Schneider, F. (1981). «A politic-economic model of the United Kingdom: New estimates and predictions». *Economic Journal,* vol. 91.

Frey, B. S. y Schneider, F. (1983). «An empirical study of politic-economic interaction in the United States: A reply». *The Review of Economics and Statistics,* vol. 65, núm. 3.

Fuentes Quintana, E. (1983). «Hacienda democrática y reforma fiscal». Incluido en G. Anes y L. A. Rojo (1983). *Estudios en homenaje a Diego Mateo del Peral.* Alianza Universidad.

Fuentes Quintana, E. (1990). «De los Pactos de la Moncloa a la Constitución (julio 1977-diciembre 1978)». Incluido en J. L. García Delgado (1990). *Economía española de la transición y la democracia.*

Fuentes Quintana, E. (1997). *El modelo de economía abierta y el modelo castizo en el desarrollo económico de la España de los años 90.* Prensas Universitarias de Zaragoza.

Fuentes Quintana, E. y Requeijo, J. (1984). «La larga marcha hacia una política inevitable». *Papeles de Economía Española,* núm. 21.

García Delgado, J. L. (1990). *Economía española de la transición y la democracia.* Centro de Investigaciones Sociológicas.

Grilli, V., Masciandaro, D. y Tabellini, G. (1991). «Political and monetary institutions and public financial policies in the industrial countries». *Economic Policy,* núm. 13.

Haynes, S. y Stone, J. (1990). «Should political models of the business cycles be revived?». *Economic Inquiry,* núm. 28.

Hibbs, D. (1977). «Political parties and macroeconomic policy». *American Economic Review,* núm. 7.

Hibbs, D. A. (1986). «Political parties and macroeconomic policies and outcomes in the United States». *American Economic Review. Papers and Proceedings,* vol. 76.

Hibbs, D. A. (1987). *The political economy of industrial democracies.* Harvard University Press, Cambridge, Mass.

INE (trimestal). *Contabilidad Nacional trimestral.* Instituto Nacional de Estadística.

INE (trimestral). *Boletín trimestral de coyuntura.* Instituto Nacional de Estadística.

Ito, T. (1990). «The timing of elections and political business cycles in Japan». *Journal of Asian Economics,* vol. 1, núm. 1.

Keenes, E. (1993). «History and international relations: Long cycles of world politics». *Canadian Journal of Political Science,* vol. XXVI, núm. 1.

Kydland, F. y Prescott, E. (1977). «Rules rather than discretion: The inconsistency of optimal plans». *Journal of Political Economy,* núm. 85.

Laborda Peralta, A. (1998). «Balance de la economía española en 1998 y perspectivas para 1999». *Cuadernos de Información Económica,* núm. 140/141.

Laborda Peralta, A. (1998). «Plan Nacional de Acción para el Empleo 1998». *Cuadernos de Información Económica,* núm. 132/133.

Lindbeck, A. (1976). «Stabilization policies in open economies with endogenous politicians». *American Economic Reviews. Papers and Proceedings,* vol. 66.

Lipset, S. M. (1959). «Some social requisites of democracy: Economic development and political legitimacy». Incluido en S. M. Lipset (1960). *Political man: The social bases politics*. Garden City, Nueva York.

MacRae, D. (1977). «A political model of the business cycle». *Journal of Political Economy,* núm. 85.

Malo de Molina, J. L. (1997). «Introducción», pp. 21-48. Incluido en VV.AA. (1997). *La política monetaria y la inflación en España*. Alianza Economía.

Malo de Molina, J. L. (1994). «Diez años de economía española». Incluido en AB Asesores (1994). *Historia de una década de sistema financiero y economía española 1984-1994*. AB Asesores.

Malo de Molina, J. L. y Pérez, J. (1990). «La política monetaria española en la transición hacia la unión monetaria europea». *Papeles de Economía,* núm. 43.

Martín, C. (1997). *España en la nueva Europa*. Alianza Economía.

Mauro, P. (1995). «Corruption and growth». *The Quarterly Journal of Economics,* vol. 23.

McCallum, B. T. (1978). «The political business cycle: an empirical test». *Southern Economic Journal,* vol. 44.

Miller, W. L. y Mackie, M. (1973). «The electoral cycle and the asymmetry of government and opposition popularity: An alternative model of the relationship between economic conditions and political popularity». *Political Studies,* vol. 21.

Minford, P. (1985). «Interest rates and bond financed deficits in a Ricardian two-party democracy». *CEPR,* Paper núm. 79.

Minford, P. y Peel, D. (1982). «The political theory of business cycle». *European Economic Review,* vol. 38.

Ministerio de Economía y Hacienda (1999). *Programa de estabilidad España 1998-2002*. Ministerio de Economía y Hacienda.

Montabes, J. (1997). «El gobierno». Incluido en M. Alcántara y A. Martínez (1997). *Política y gobierno en España*. Tirant Lo Blanch.

Montero, J. R. (1994). «Sobre las preferencias electorales en España: fragmentación y polarización (1977-1993)». Incluido en P. del Castillo (1994). *Comportamiento político y electoral*. Centro de Investigaciones Sociológicas.

Nordhaus, W. (1975). «The political business cycle». *Review of Economic Studies,* núm. 42.

Nordhaus, W. D. (1989). «Alternative models to political business cycles». *Brookings Papers on Economic Activity,* núm. 2.

OCDE (1996). *Perspectivas económicas mundiales*. Organización para la Cooperación y el Desarrollo Económico.

OCDE (1997). *Perspectivas económicas mundiales.* Organización para la Cooperación y el Desarrollo Económico.

Okun, A. M. (1970). *The political economy of prosperity.* Norton, Nueva York.

Olsen, M. E. (1968). «Multivariate analysis of national political development». *American Sociological Review,* vol. 35.

Paldam, M. (1979). «Is there an electional cycle?» *Scandinavian Journal of Economics,* vol. 82, núm. 2.

Peroti, R. (1992). «Income distribution, politics, and growth». *The American Economic Review,* vol. 82, núm. 2.

Persson, T. y Tabellini, G. (1990). *Macroeconomic policy, credibility and politics.* Harvard Academic Publishers.

Persson, T. y Tabellini, G. (1991). *Is inequallity harmful for growth? Theory and evidence.* Working Papers.

Poveda, V. y Martínez Méndez, P. (1973). «El empleo de tasas de variación como indicadores cíclicos». *Estudios Económicos,* núm. 2. Banco de España.

Raymond, J. L. (1995). «Análisis del ciclo económico». *Papeles de Economía,* núm. 62.

Rogoff, K. (1987). «Equilibrium political budget cycles». *American Economic Review,* vol. 80.

Rogoff, K. y Sibert, A. (1988). «Equilibrium political business cycle». *Review of Economic Studies,* núm. 55.

Rojo, L. A. (1984). «El déficit público». *Papeles de Economía Española,* núm. 21.

Roubini, N. y Sachs, J. (1988). «Political and economic determinants of budget deficits in the industrial democracies». *European Economic Review,* núm. 33.

Sáez, F. (1997). «Políticas de mercado de trabajo en España y en Europa». *Papeles de Economía Española,* núm. 72.

Sáez Lozano, J. L. (1998). «España 1998:Credibilidad, progreso y crecimiento». *Revista de Estudios Políticos,* núm. 100.

Sanders, D. y Herman, V. (1997). «The stability of governments in Western democracies». *Acta Política,* vol. 12.

Sebastián, C. (1997). *Las fluctuaciones de la economía española (1971-1996). Un ensayo en la teoría de los ciclos.* Marcial Pons.

Tufte, E. (1978). *Political control of the economy.* Princeton University Press.

Velarde Fuertes, J. (1997). «Por fin un crecimiento diferente». Diario *ABC* del 13 de abril.

VV.AA. (1997). *La política monetaria y la inflación en España.* Alianza Economía.

Wert, J. I. (1999). *Elecciones, partidos y gobiernos en la transición y la democracia.* Manuscrito.

Zabalza, A. (1996). «La recesión de los noventa en la perspectiva de los últimos años de crecimiento económico». *Moneda y Crédito,* núm. 202.

TÍTULOS PUBLICADOS